大眾社會學叢書　社會學理論（巨流）作者喬治瑞澤的最新力著

張家銘博士主編

社會的
麥當勞化

The McDonaldization of Society

New Century Edition

George Ritzer◎著　林祐聖・葉欣怡◎譯　王乾任◎校閱

The Mcdonaldization of Society
New Century Edition

George Ritzer

ISBN 957-0453-48-6

Printed in Taiwan, Republic
of China

大眾社會學叢書發刊詞

張家銘

社會學自從十九世紀由西歐傳入中國之後，已有百餘年的歷史，其思潮幾經轉折，業已大致形成一個完備的學術體系。社會學經世濟民與悲天憫人的特性是很強烈的，特別是馬克思主義一派以降，企圖全然翻轉社會體制，而其他的社會學支派中也不惶多讓，改革社會的想法也都很濃烈。然而社會學卻在學術氛圍之下逐漸形而上，充斥著數不清的專業術語與統計數字，企圖將自己科學化與制度化，而逐漸忘卻社會學知識的根源在於人、在於社會。這樣一個高度學術化、封閉性的知識系統，往往讓有心認識社會學的大眾不得其門而入。

有鑑於社會學批判性格的重要性，再加上社會學長期在台灣本土無法為社會大眾所接受與了解，於是有了大眾社會學叢書的構想。本叢書希望從國內外社會學著作中選擇具有高度重要性與可讀性的著作，引介給台灣社會，也希望藉由這些作品的引進，讓台灣社會了解社會學所學何事。

本叢書取材廣闊，舉凡文化、政治、身體、旅遊、休閒、風險、消費、人際互動等等不一而足，都是我們所亟欲引介的對象。除了讓社會大眾能夠由輕鬆簡單的社會學著作，了解一些我們從來不以為意的生活瑣事與食衣住行的重要性與趣味性，進而認識社會學之外，也期望引介一些尖端的世界思潮或

重要的思想著作，以期與國人的思想相互激盪，交會出智慧的火花。更期進一步協助思考、觀照台灣社會的特殊性，幫助吾人認識身處社會的特殊性與趣味性。衷心盼望社會大眾的迴響，也歡迎各界在書目方面的推介，讓本叢書更豐富與更有意義。

前　言

　　麥當勞化呼嘯的進入它的第二個世紀，或許更重要的是，麥當勞化跨越了千禧年。相較於二十年前我開始思考麥當勞化這個問題，或是在十年前當我開始撰寫本書第一版的時候，現在麥當勞化的趨勢顯得更爲成熟，更有影響力。麥當勞擁有許多通路，是非常有力量的跨國企業，並且利用本身獨特的方式，將麥當勞內化到許多消費者與企業家的內心與腦海之中。我們的社會中有許多模仿麥當勞的組織，在速食產業是如此，在其他的事業與機構也是如此。許多國家都被麥當勞化的美國企業所入侵，而且許多國家也創造出符合當地特色的麥當勞化式的企業。更重要的是，麥當勞化不僅對美國產生根深蒂固的影響，對於世界上的其他文化也是如此。

　　讓我提出三個簡短的描述，說明麥當勞與麥當勞化的現象是如何深深地鑲嵌在其他的文化中：

◆ 一位研究者描述一位日本球探因爲在芝加哥看到麥當勞而感到非常驚訝；他以爲只有日本才有麥當勞，甚至認爲麥當勞是日本的企業。

◆ 當以色列的第一家麥當勞開幕時，有人向美國駐以色列大使要求簽名。當他發現這位大使是美國大使而非麥當勞大使，他立刻收回要求簽名的請求。

◆ 在荷蘭，曾經有一位葛朗尼根大學（University of

Groningen）的學生載我到席佛（Schiphol）機場，我在那裡講授麥當勞化的課程。他告訴我當他和他的荷蘭朋友到荷蘭以外的國家旅行，他們到達目的地的第一件事便是把行李丟到旅館的床上，然後試圖尋找一家麥當勞—因為麥當勞讓他們有「家」的感覺。

這些趣事暗示著本書新版本的論述基調：麥當勞與麥當勞化的力量以及重要性的加速提升。

為了介紹更多自本書第一版出版的這些日子以來的細微轉變，提高本書的可讀性以及去除不必要的重複，我加入以下幾個主要的補充：

◆ 在第十章有關與麥當勞化互動的實際指南，希望能包含所有與麥當勞化過程的互動方式。最值得注意的是，本章提出以集體的治療以及組織的努力等與麥當勞化互動的方式，以及逃離麥當勞化社會的個人性方式。

◆ 第八章（在本版中，本章章名為「麥當勞化的邊境」）不只將討論延伸到生命與死亡，同時也包含「反抗死亡」的行動，像是攀登聖母峰的行為。

◆ 最大的改變是第九章（前一版是第八章），本章被重新修訂，並且延伸到與麥當勞化相關的廣泛社會變遷的議題。在新版中，本章包含有關驅動麥當勞化的力量的討論，麥當勞化與後工業社會、後福特主義以及後現代主義的關係。除此之外，本章還提出與全球化有關的討論。也包含關於文化的議題，例如，當地文化實體是否有足夠的力量修正麥當勞化的潮流，讓麥當勞化當地

化；或是麥當勞化─與文化帝國主義有關─將會壓制當
地文化，並且提高世界的同質性？關於麥當勞與麥當勞
化的未來，甚至是去麥當勞化的可能性，本章也闢有新
的節次說明。

◆ 第三章到第六章，說明麥當勞化的基本面向，以一連串
新的標題重組與簡化，反映出每個面向最普遍的層面。

◆ 在第七章則加入除魅（disenchantment）的討論，包含說
明理性中的不理性的概念。

　　我並沒有在新版本中加入越來越多有關麥當勞化的學術文
獻，以及一些對於麥當勞化理論的主要批判。本書一貫的將重
點放在一般的讀者，因此我不想讓每個章節陷入神秘的學術爭
論當中。我在其他更適當的地方回應對我的批評─例如，在
〈評估與抗拒〉（Assessing the Resistance），收入在史麥特
（Barry Smart）所編的《抗拒麥當勞化》（Resisting
McDonaldization）一書中（London：Sage，1999）以及在〈麥
當勞化並非全有或全無的過程：回應批判〉（McDonaldization
Is Not an All-or-Nothing Process：A Response to the Critics），收
入在荷蘭的Sociale Wetenschappen期刊第四卷中（1996）。無疑
的，部分的批判是相當有價值的，但是就我的觀點來看（或許
有所偏差），沒有一項能挑戰本書的基調。

　　本書是社會批判主義的產物。麥當勞明顯的帶來許多好
處，本書也將會多次提及這些好處。然而，麥當勞與其模仿者
有很多機會（也花費巨大的金錢）可以告訴你他們的優點。本
書試圖為公共的討論帶來小小的平衡，因此本書也將焦點放在

麥當勞化所造成的問題與引起的危險。

作為社會批判主義理論性的作品，本書的定位是屬於社會科學的歷史傳統，也就是將理論視為批判社會的工具，並藉此作為讓社會變得更好的基礎。許多社會理論家都是秉持這個傳統，像是韋伯（Max Weber）、齊美爾（Georg Simmel）、涂爾幹（Emile Durkheim）、馬克思（Karl Marx）、米爾斯（C. Wright Mills）以及哈伯馬斯（Jurgen Habermas）。

我必須說明我對於麥當勞並沒有敵意。有關速食業或是其他產業的理性化過程，並無所謂好或不好的定論。我之所以將這個過程稱為「麥當勞化」的過程，是因為麥當勞不管在過去或是現在，麥當勞是理性化過程中最明顯的個案。除此之外，相較於其他的可能的名稱，像是「漢堡王化」、「7-Eleven化」、「福德瑞克化」、「H&R化」、「親切看護化」或是「營養／系統化」，麥當勞化一詞顯得更為順口。

隨著本書不斷的進行，將提及與麥當勞化有關的廣泛社會現象。其中，部分現象直接受到速食餐廳的原則的影響，其他的例子則受到間接的影響。部分現象展現出麥當勞化的四個基本面向，其他的例子可能只符合其中一兩個基本面向。不管如何，從我的觀點來說，這些現象都是韋伯稱之為理性化過程的一環─或者讓韋伯跟上時代─也就是麥當勞化。

本書的基本論點，特別是對於麥當勞化產生的不理性的批判，可能會受到高度爭議。以我的上課經驗而言，聽眾普遍支持麥當勞化，並且感到應該要起身捍衛麥當勞化。對於麥當勞化的批判，無疑的在學術殿堂中掀起了熱切的爭論。我希望本書能在更廣泛的領域引起類似的爭論。類似爭論的產生，以及

由爭論中所發現的洞見，不僅有助於良好的教學，對於社會學本身也有幫助。無論讀者同不同意我的結論，如果本書引起讀者對於這個明顯的日常生活層面的思考，那麼，我也就成功的達成原先的目標。

　　本書的書寫對象是廣泛的讀者。然而，本書也是堅實的建立在最有力的社會理論之一，也就是韋伯的理性化理論之上。本書也是「實證」的作品，並避免高度的非正式性。資料來源是由廣泛的可接觸領域而來，包含所有與麥當勞化有關的社會現象。然而，雖然本書有其理論觀點，並且依賴收集的資料，本書卻並非枯燥的理論性與實證性的作品；但是也不因為沒有學者式的專題論文而貶低本書的價值。此外，本書的設計訴求是讓許多人來閱讀，並且告知他們身旁證在發生的廣泛社會發展。更重要的是，本書是用來警告大眾，不要因為麥當勞化的魅力與吸引力而遮掩了麥當勞化可能帶來的危險。

　　我希望藉由本書提供讀者新的觀點來觀察這個他們正在建構的世界。當他們警覺到我所提出的麥當勞化的可能的危險時，或許他們可以作出韋伯認為不可能作到的事—採取扭轉麥當勞化浪潮的行動。雖然我不認為這樣的扭轉是可能或是必須的，但我認為人們可以採取某些方式減輕麥當勞化所帶來的問題，讓麥當勞化的社會人性化。我希望本書不僅僅起著告知的作用，或許最重要的是，向讀者指出不管是工作或者生活，能讓「麥當勞化的鐵牢籠」更具人性的方向。

　　我收到許多有價值與珍貴的改善本書的建議，而且我要感謝下面這些提供意見的人士：

Lynn Comerford，California State School University，Bakersfield。

Simon Cordery，Monmouth College。

Debra Cornelius，Shippensburg University。

Carol Griffith Davies，Duquesne University。

David Ermann，University of Delware。

Ivan Evans，University of California，San Diego。

James A. Glynn，Bakersfield College。

Charles F. Hanna，Duquesne University。

Chris Hensley，Northeastern State University。

Glenn Hoffman，Butte College。

David Kyle，University of California，Davis。

Michael R. McDonald，Florida Gulf Coast University。

Jennifer McErlean，Siena College。

Roger McVannan，Broome Community College。

Kelly Moore，Barnard College。

Anthony J. Pogorele，Purdue University。

Edward Steinfeld，State University of New York，Buffalo。

John Tenuto，DePaul University。

Donna Trent，Eckerd College。

Chaim Waxman，Rutgers University。

Jonathan White，Framingham State College。

Roger Wojtkiewicz，Louisiana State University。

關於本版的發行，我要感謝許多人的幫忙。史密斯（Rebecca Smith）再一次作為本書的編輯，並且以無數的方式對於本進行修改。其他的修改則是由葛雷（Linda Gray）完

成。周（Zinnia Cho）以及珍（Jan Geesin）是無價之寶的研究助理。然後，當然要感謝Steve Rutter， Pine Forge出版社以及推動本書新世紀版的負責人。他用非麥當勞化的方式管理這家出版社，並且讓新版本問世。

　　期待本書可能但未開始著手的新修訂本，以及作者與讀者間的關係的去麥當勞化，我很高興收到對於本書的反饋以及麥當勞化其他的例子（如果可能的話，請附上相關文件），我的E-mail信箱為（Ritzer@socy.umd.edu），「蝸牛信件」的地址則為（Department of Sociology，University of Maryland，College Park，MD 20742）。

目　錄

第一章

麥當勞化的開始

雷伊克羅奇（Ray Kroc）是隱身於麥當勞身後的天才，他是一個有著豐富創意以及遠大抱負的人，但是即使是克羅奇本人，也無法預料到他一手創造的麥當勞會對世界帶來什麼巨大的影響。麥當勞是當代社會最有影響力的發展成果之一，麥當勞所造成的迴響遠遠超越本身企業發展的原點—美國以及速食業。麥當勞對於許多產業的發展與我們的生活方式有著重大影響，也影響著全世界廣大的範圍，而且，麥當勞的影響程度似乎仍以極快的速率繼續擴張[1]。

然而，雖然本書有相當篇幅涉及麥當勞或是速食業的討論，但是本書並非一本關於麥當勞或是速食業的書籍，進一步來說，麥當勞在本書中是作為一個重要的個案、典型或是完整的過程，用來說明我稱作麥當勞化（McDonaldization）的現象[2]，而麥當勞化指的是—

　　速食餐廳的原則逐漸在美國社會以及世界各地的各個部門取得統治地位的過程[3]。

如同你將看到的，麥當勞化不只影響著餐飲事業，甚至在教育、工作、衛生保健、旅行、政治、家庭以及社會的每一個層面，都可以看到麥當勞化的蹤影。各方面的訊息都顯示著麥當勞化進程的不可逆轉，並且即將席捲那些看似無法滲透的機構以及世界的每個角落。

麥當勞本身的成就是顯而易見的：在一九九八年，麥當勞的銷售總額達到三百六十億美金，其中營運收入達到三十一億美金[4]，同年美國的銷售通路平均只有一百六十萬美金的營業額。第一家麥當勞於一九五五年開始營業，到一九九八年底為

止，在全球共有兩萬四千八百家分店。英國的評論家普里墨（Martin Plimmer）頑皮的寫下這段紀錄：「每個地方都有麥當勞。你身旁不只有一間麥當勞，還有一間正在建造的麥當勞。很快的，如果麥當勞按照現在的速率擴張，說不定你家也會開起麥當勞。你可以在你的床下發現麥當勞叔叔（Ronald McDonald）的靴子以及他的紅色假髮」[5]。

麥當勞與麥當勞化已經在餐飲事業，或者更普遍的來說，在所有產業中發揮著重大的影響：

1.根據一項估計，美國大約有一百五十萬個加盟店通路，在零售產業中排名第三，加盟店通路以每年百分之六的速率成長[6]。而有超過百分之六十的麥當勞餐廳屬於加盟店的形式[7]。

2.在一九九八年底，美國速食店銷售總額上升到一千一百六十億美金[8]。一九九四年，所謂的快速服務（quick service）的餐廳的銷售額首次超過提供完全服務（full service）的餐廳，而且在一九九八年，兩者間的銷售差距已經達到一百億美金[9]。

3.麥當勞模式並非只被其他預算導向的漢堡加盟商，例如漢堡王或溫蒂漢堡所採用，而被廣泛的應用在強調低價的速食餐飲業。三康（Tricon）在全球擁有兩萬九千家的餐館，旗下加盟店包含必勝客、肯德基以及章魚鈴噹（Taco Bell），餐館數量甚至超過麥當勞，但是整體的年營業額（美金兩百億）並不算高[10]。賽百味（Subway，有將近一萬三千家的分店），被視爲成長最快的速食業新

星，將目標放在「在全世界各地趕上以及超越速食連鎖業的巨人麥當勞」[11]。

4. 星巴克在速食業中算是後起之秀，獲得令人矚目的成就。從一九八七年於西雅圖開設的第一家星巴克開始，星巴克在一九九八年已經擁有超過一千六百六十八家的分店（沒有加盟店），是一九九四年店面總數的三倍。星巴克計劃在二○○○年在亞洲地區開設兩千家的分店，並在二○○三年於歐洲地區開設五百家的分店[12]。

5. 或許我們不應該太過驚訝麥當勞模式被延伸到「偶遇性飲食」（casual dining）——也就是較「高級」的，提供高消費的齊全餐飲服務的餐廳（例如Outback Steakhouse、Fuddrucker's、Chili's、The Olive Garden以及Red Lobster）。墨頓（Morton）是一家屬於高級而且價格昂貴的連鎖牛排館，明顯的採取麥當勞的經營模式：「儘管有著討好客人的服務以及種類齊全的酒單，墨頓的肉品仍遵守著一致的要求、支出控制以及部位管制等美國速食業運用於世界上的規則」[13]。事實上，墨頓的執行長，同時也是溫蒂漢堡眾多通路的擁有者，表示：「我在溫蒂的經驗有助於墨頓的經營」[14]。為了達到一致的要求，員工被要求「按照手冊規定行事」：「一件接著一件的圖解說明關於墨頓廚房內五百項物品、醬料與裝飾品的精確使用規範。每一間墨頓廚房也展示著餐廳現在所使用的餐盤的逼真彩色圖片」[15], [16]。

6. 越來越多其他類型的產業採取速食工業的原則來達成本身經營的需要。玩具反斗城的副總裁提到，「我們希望

被視爲麥當勞玩具的其中之一」[17]，兒童運動歡樂俱樂部（Kidsports Fun and Fitness Club）的創立者對此回應道，「我希望兒童運動歡樂俱樂部能成爲麥當勞旗下事業的一員」[18]。其他的連鎖商店也有類似的態度，包括Jiffy Lube、AAMCO Transmissions、Midas Muffler＆Brake Shops、Hair Plus、H＆R Block、Pearl Vision Centers、Kampgrounds of America（KOA）、Kinder Care（別名 "Kentucky Fried Children" [19]）、Jenny Craig、Home Depot、Barnes＆Noble、Petstuff以及Wal-Mart[20]。

7.麥當勞在國際場域同樣獲得巨大的成功。大約有超過一半的麥當勞餐廳位於美國境外（在一九八〇年代中期，只有百分之二十五的麥當勞餐廳位於美國國外）。一九九八年新開幕的一千七百五十家麥當勞餐館中，絕大多數都是位於海外（同年美國境內的麥當勞餐廳的增加數量甚至不到一百家）。麥當勞的利潤有超過一半來自海外的營運，我們可以在全世界一百一十五個國家發現麥當勞的存在，其中數量最多的國家是日本，有兩千八百五十二家的麥當勞，其次是加拿大以及德國，分別有一千零八十五家與九百三十一家的麥當勞。一九九八年，在俄羅斯境內有四十五家麥當勞，麥當勞更計畫在前蘇聯以及東歐等缺乏速食餐廳發展的地區開設更多的分店。英國逐漸成爲「歐洲速食中心」[21]，由於「王牌硬體（Ace Hardware）、玩具反斗城、辦公倉庫（Office Depot）以及TCBY的商品在購物中心受到歡迎[22]，以色列也被描

述爲「已麥當勞化」（McDonaldized）的國家。

8. 許多餐飲事業以外的產業的公司，也由於本身高度麥當勞化的結果，使得這些公司在全球獲得巨大的成就。除了在美國境內擁有數千家的店面，威力炸彈（Blockbuster）在其餘二十六個國家也開設超過兩千家的分店。華爾超市（Wal-Mart）在一九九一年開設第一家位於國外的分店（在墨西哥），現在華爾超市在海外已經擁有超過六百家的聯鎖分店（美國境內的分店超過兩千八百家，包含超級中心以及山姆的俱樂部，Sam's Club）[23]。

9. 其他國家也發展出美國模式的變形。加拿大的連鎖咖啡店提姆荷登（Tim Hortons，最近爲溫蒂所購併），計畫在西元二〇〇〇年建立兩千個銷售通路[24]。印象中巴黎是一座講究烹飪的的城市，使得我們容易聯想到巴黎可能會免於速食業的入侵，但是這座城市仍有著爲數眾多的速食麵包店，這種以生產新月麵包聞名的商店，同樣也遭到被麥當勞化的命運[25]。印度的速食連鎖店印度教徒（Hindus），製作羊肉漢堡（超過百分之八十的印度人信仰印度教，印度教規定禁吃牛肉），同樣也是印度當地的特殊食品[26]；摩斯漢堡是日本的速食連鎖餐廳，擁有一千五百家的分店，也提供較爲當地的食品類型，例如串烤魚貝雞肉堡、米漢堡以及Oshiruko with brown rice cake[27]。拉斯克依餐館（Russkoye Bistro）是俄羅斯的連鎖餐廳，提供俄羅斯傳統的食物例如俄式小餡餅（肉與蔬菜製成的派）、小薄餅（薄的烤餅）、哥薩克杏仁牛奶

蛋糕、當然還有伏特加[28]。或許最難以想像受到麥當勞化影響的地區餐廳是 一九八四年在戰火連天的貝魯特所開設的趣味漢堡（Juicy Burger），類似麥當勞叔叔的小丑J.B，站在與麥當勞著名的金色拱門造型類似的彩虹之前，這家餐廳的老闆希望趣味漢堡能成為「阿拉伯世界裡的麥當勞」[29]。

10. 現在的麥當勞化已經形成一個完整循環，其他國家已被麥當勞化的機構開始向美國輸出本身的產品。美體小舖是英國強調生態敏感的化妝品連鎖店，在一九九八年，在全球四十七個國家當中，擁有超過一千五百家的分店，其中有三百家位於美國[30]。更進一步來說，美國的公司也開始模仿英國的連鎖事業，例如沐浴與身體工作室（Bath and Body Works）[31]。

麥當勞就像是全世界的插畫

麥當勞並不僅是速食業界的霸主，同時也已經佔據美國大眾文化的核心[32]。一家在某個小鎮開幕的麥當勞可能會是個重要的社會事件，一位馬里蘭州的高中生談到鎮上新開幕的麥當勞，「從沒有任何事件如同麥當勞開幕般，能在戴爾城引起大家的興奮」[33]。甚至大城市的報紙也熱切報導有關速食業的發展。

速食餐廳也在電視節目與電影扮演著某種符碼。電視喜劇節目週六夜晚現場，演出連鎖商店除了史高奇清潔帶以外，什

麼都沒有賣，藉由表現的經營困難來挖苦特定的連鎖商店。在電影《來去美國》（Coming to America）中，艾迪墨菲飾演來自非洲的王子，初次來到美國並且被介紹到麥當勞工作。在《城市英雄》（Falling Down）中，麥克道格拉斯對現代世界奉行愚蠢的原則而計畫傷害顧客的速食餐廳發出他的怒吼。《莫斯科先生》（Moscow on the Hudson）裡的羅賓威廉斯，飾演由俄羅斯來到的新移民，在麥當勞得到工作。威爾斯是電影《時光之後》（Time after Time）的核心角色，在他通往摩登世界的麥當勞的過程中發現自我，威爾斯試著在麥當勞點一杯他在維多利亞英國時代習慣喝的茶。在《睡人》中，伍迪艾倫只有在遇到麥當勞才會醒過來。《罐頭人》（Tin Man）片中的英雄們，最後駛向遠方浮現的金色拱門到達未來。

　　進一步證明麥當勞已經成為美國文化的象徵的證據，可以由拆除克羅奇的第一家麥當勞的計畫所發生的事件看出，消息傳出後，數百封的信件湧入麥當勞的總部，其中一封的內容如下：

　　　　請不要把它拆除…你的公司的名字已經成為家居生活的用語，不只是美國，在全世界都是如此。破壞這個當代文化最重要的建築物，確實的，也破壞著生活在麥當勞世界的人們的信仰[34]。

　　最後，這家麥當勞不但沒有被拆除，還成為一間博物館。麥當勞的行政部門解釋計畫的轉變：「麥當勞…真的是美國文化的一部分」。

　　美國並非是唯一感受到麥當勞如此影響力的國家。一位記

者描述在莫斯科新開幕的麥當勞就像是「美國文化的最終插圖」[35]，當第一家必勝客在莫斯科開幕時，一位俄國學生表示，「這是美國領土的一部分」[36]。為了反映速食餐廳在巴西的蓬勃發展，必勝客巴西分部的行政人員表示巴西「正經歷著熱衷美國事物的浪潮」[37]。對於國內深受歡迎的肯德基，馬來西亞的財政部長說道，「任何西方事物，特別是與美國有關的，這裡的人們都非常喜愛…他們希望能與美國相連結」[38]。

　　我們可以進一步論證麥當勞至少在美國的某些層面上變得越來越重要。下面這段故事是關於前美國駐以色列大使，戴著繡有麥當勞金色拱門圖案的棒球帽，主持第一家耶路撒冷的麥當勞的開幕典禮：

　　　　一位以色列的少年走向他，這位少年帶著自己的麥當勞帽子，拿著筆握住大使印迪克的手，並且問道：「你就是大使先生嗎？你可以幫我簽個名嗎？」，雖然有點害羞，印迪克回答：「當然好啊，我之前從沒有被要過簽名」。

　　　　當大使準備為他簽名的時候，這位以色列少年告訴他，「喔！當麥當勞的大使會是什麼樣子，到世界各地開設新的麥當勞餐廳？」

　　　　印迪克大使看著這位以色列少年而且說道，「不，不。我是美國大使，不是麥當勞大使」，印迪克大使描述接下來發生的事：「我告訴他，『如果我不是麥當勞的大使，你是不是就不想要我的簽名了？』這個小朋友回答，『不要，我不想要你的簽名』，然後

他把他的帽子拿走並且走開」[39]。

另外有兩個與麥當勞（或說麥當勞化）有關並且值得一提的例子。第一個是由具有高度學術聲望的經濟學人期刊所出版的年度「麥香堡索引」（Big Mac index），這個索引根據世界各地的當地漢堡售價來說明各種貨幣的消費力，而之所以會使用麥香堡作為標題，是由於全世界有許多（一百一十五個）國家提供規格一致的麥香堡漢堡。根據一九九八年的調查，一個麥香堡在美國的售價為2.56美元；在印尼與馬來西亞則是1.16美元；在瑞士一個麥香堡則要3.87美元[40]。這樣的結果至少指出著各個地區生活花費的高低、哪些貨幣的價值是被低估的（印尼與馬來西亞）以及哪些貨幣的價值是被高估的（瑞士）。雖然經濟學人謹慎的處理麥香堡索引，但至少在某個層面，這個索引代表麥當勞在世界上的普遍性以及重要性。

第二個有關麥當勞全球化的顯明例子，可以由佛德曼（Thomas J. Friedman）所提出的概念略窺一二，佛德曼指出「沒有兩個擁有麥當勞的國家，在擁有麥當勞之後，仍然發生戰爭」，佛德曼稱呼這個理論為「避免衝突的黃金拱門理論」[41]。另一個半開玩笑的概念，表示世界和平的路途必須建立麥當勞的持續擴張之上，不幸的是，這個理論在一九九九年北大西洋公約組織轟炸南斯拉夫後被證明是錯誤的，因為南斯拉夫在一九九七年擁有十一家麥當勞。

世界上有越來越多的人相信，麥當勞會變成令人敬畏的機構[42]。當麥當勞在莫斯科開幕的時候，一位工人高喊著，「這就像獲得特許的大教堂…一個可以經驗天國歡樂的地方」[43]，

科維斯基認為那些多半伴隨速食餐廳的購物中心，是提供人們實踐「消費宗教」教條的「消費教堂」[44]。在參觀人類世界另一個麥當勞化的主要部分──迪士尼樂園時，也會出現類似的感覺[45]，迪士尼樂園被描述為「中產階級的聖地，人們有義務參訪這個光芒四射的聖城」[46]。

麥當勞已經獲得至高無上的地位，因為所有的美國人以及許多其他國家的民眾，已經在無數的場合中，穿越麥當勞的金色拱門。此外，我們受到麥當勞產品的疲勞轟炸而被征服，麥當勞的商品針對不同顧客的需求而設計，並且經常將新食物與新活動串連在一起，作出一系列的改變。有許多與這些曾經推出的產品有關的場景，例如我們絕不可能在沒有麥當勞汽水的陪伴下進行長途開車的旅程，這些都證明麥當勞已經牢牢的嵌入美國民眾的意識深處之中。一項學齡兒童的投票結果顯示，百分之九十六的兒童認得麥當勞叔叔，接下來就只記得聖誕老人[47]。

在過去的日子裡，麥當勞在許多方面吸引著人們。麥當勞的餐廳被描述為環境乾淨而且嶄新，食物新鮮而且營養，員工多為年輕人而且熱誠，經理也表現出彬彬有禮而且關心顧客的態度，最後，在麥當勞的用餐經驗總是充滿歡樂的。人們甚至被引導相信在他們在麥當勞的消費行為，至少間接的對麥當勞叔叔之家的生病兒童作出貢獻。

麥當勞化的長臂

麥當勞持續在美國以及美國以外的社會，積極延伸本身的版圖。麥當勞的總裁提到，「我們的目標：是完整的統治全世界的快速服務餐廳……我希望麥當勞不只是這一行的領導者，我希望麥當勞能統治整個速食業」[48]。

麥當勞起初是在都市的郊區以及中型的城鎮起家，但是近年來，麥當勞開始向以往認爲無法支持麥當勞生存的小城鎮進發，同時也向過去評估過於複雜的許多大城市進軍[49]，你現在可以在紐約的時代廣場以及巴黎的總統官邸發現速食餐廳的蹤影。莫斯科的麥當勞在一九九二年開幕之後沒多久，每天幾乎可以賣出三萬個漢堡，雇用一千兩百名的年輕員工，兩個兩個的負責收銀機操作[50]。一九九二年年初，麥當勞在北京開設全球規模最大的麥當勞餐廳，北京的麥當勞有七百個座位，三十九台收銀機，以及將近一千名的員工。北京麥當勞開始營業的第一天，便締造出麥當勞的紀錄，一天之內大約有四萬民衆前往消費[51]。

麥當勞也在無法開設完整的速食餐廳的地區，建立規模較小的衛星式、快捷式或移動式的通路，這樣的通路以極快的速度增加。麥當勞的招牌開始在大城市內的小店面以及非傳統場域出現，例如百貨公司、休息站[52]甚或是學校。這些衛星店面通常只提供有限的菜單，並且依賴較大型的通路來處理儲藏以及前製的工作[53]。麥當勞計畫在博物館、辦公大樓以及複合式

自助餐館提供快捷式餐飲服務，最近較爲引人注目建立快捷式服務的地方是位於波士頓的新聯邦法庭大樓[54]。

不只在大學校園的周邊充滿速食餐飲的服務，速食餐廳更已經進入校園裡。第一家校園速食餐廳於一九七三年在辛辛那提大學開設，到了今天，大學的自助餐廳經常看起來更像是購物中心式的食品庭院。在大學飲食與「有品牌的夥伴」（例如必勝客與賽百味）相結合的風氣之中，莫瑞特（Marriott）負責許多大學與學院食物的提供[55]。很明顯的，學校的管理部門准許速食餐廳進入校園，使得這些速食餐廳取得有利的位置，得以進一步影響年輕的一代。

直到最近，另外一種類型的擴張開始發生：人們不需要把車輛開下交流道，便能獲得快速以及簡單的速食服務。現在高速公路的便利休息站也提供速食的服務。經過「重新加油」之後，我們可以繼續進行我們的旅程，而這個旅程的終點可能是另一個混合與充滿著速食餐廳的社區，就像這趟旅程的起點一樣。

速食在旅館[56]、火車站、機場、甚至在飛機上都有供應。下面是幾年前一段刊登在華盛頓郵報以及紐約時報的廣告，「在三萬五千英呎的高空，誰能提供您的孩子一份麥當勞特餐？只有聯合航空的奧蘭多航線」。現在，達美航空也提供所謂的友善天空特餐給小朋友。與這樣的情形類似，在一九九四年十二月，達美航空在北美航線提供飛船三明治[57]，大陸航空則提供賽百味三明治。麥當勞化的餐點要花多久的時間才能在所有航線或所有客機供應？事實上，越來越多的航線或客機以套裝的餐點代替原本的菜單。

　　在社會其他的部門中，速食餐廳已經產生微妙但較不深刻的影響。由麥當勞以及其他速食業者製作的食品開始在高中或職業學校出現；百分之十三的學校自助餐廳提供麵包類的速食[58]。美國學校食物服務協會（American School Food Service Association）的營養部門的負責人提到：「對於生活在今日世界的兒童來說，速食已經變成他們生活的一部分，我們帶著孩子去吃，就這樣，我們必須提供一些令他們熟悉的東西」[59]。少數低年級的學校開辦家庭（in-home）速食餐廳，然而，大多數的學校已經改變校內餐廳的菜單與程序，使得學生天天都吃得到速食[60]。蘋果、優格與牛奶直接被丟到垃圾桶，但是漢堡、薯條以及奶昔卻被狼吞虎嚥的吃著。除此之外，速食連鎖業者嘗試在學校的自助餐廳行銷本身的商品[61]，企圖藉由速食引誘學齡兒童到達伊利諾州的某個山丘，麥當勞在這個山丘舉行稱為「得到A就有起士漢堡」的活動。在成績單上得到A的學生，可以免費得到一個起士漢堡，藉由這樣的活動，將學校的成績表現與麥當勞的產品結合在一起[62]。

　　軍隊也被要求在基地或在船上提供速食。儘管有來自心理學家以及營養學家的批評，速食業者的通路也逐漸在醫院內部增加。不在家的民眾可以吃麥當勞，但是家裡的餐點也與速食餐廳所提供的類似，冷凍的、微波的以及事先處理過的食物，與速食餐廳提供的食品並無二致，而具有這些特性的食物，卻經常出現在晚餐的桌上。速食業者同時也提供將餐點送到家的服務，特別是披薩，這是達美樂的革命性創造。

　　由於麥當勞是一個影響力相當巨大的模特兒，因此許多公司紛紛以Mc開頭的字串作為該公司的別名，像是「麥克牙醫」

（McDentists）以及「麥克醫生」（McDoctors），意味著本診所能提供快速而有效的牙齒與醫藥問題[63]；「麥克托兒中心」（McChild），暗示著兒童托育中心提供與幼兒照育（Kinde-Care）相同的服務；「麥克馬廄」（McStable），由全國賽馬活動的負責人威尼盧卡斯（Wayne Lucas）命名；「麥克報紙」（McPaper）則是今日美國（USA TODAY）的別稱[64]。

麥當勞並非永遠喜歡藉由其他業者的使用，使得麥當勞的知名度增加。以「我們是壽司」（We Be Sushi）為例，這是一家位於舊金山有三家店面的連鎖商店，店裡的菜單背面附有一段註腳，解釋為什麼不將店名取為「麥克壽司」（McSushi）：

> 原始的名稱是「McSushi」。我們的招牌已經掛上，並準備開始營業，但在我們正式開門營業之前，我們收到由律師寄來的一份非常正式的文件，你猜是誰寄來的，是麥當勞。看起來像是麥當勞已經壟斷所有以Mc為開頭的食品名稱，從McBagle到McTaco。他們說明如果我們用「McSushi」作店名，將會削弱麥當勞的形象[65]。

由於麥當勞化巨大的影響力，使得由麥當勞引申出的物品也有本身的力量。舉例來說，今日美國的成功模式，無論在美國或其他國家，都有報紙加以採用，例如，刊登短篇的故事以及利用精美的天氣地圖。一位今日美國的編輯提到，「那些稱呼我們麥克報紙的同業，已經偷走我們的麥克雞塊了」[66]。甚至那些強調嚴謹的報業，像是紐約時報以及華盛頓郵報，也因為今日美國成功的結果而進行一些改變（例如報紙的用色）。今

日美國的影響在波加雷頓新聞（The Boca Raton News）有相當明顯的模仿，被描述為「某種飯前小菜的片段，這份報紙能比今日美國將新聞分割與切塊成為更小的片段，用色彩鮮豔的圖片、有趣的故事以及可愛的專欄像是『今日英雄』以及『生物觀察』，增加報紙的趣味程度」[67]。就像今日美國的編排，波加雷頓新聞通常把報紙的開頭與結尾放在同一頁，許多重要的細節，更多故事的背景以及更多相關人物的談話，都被削減甚至整個省略。就整份報紙充斥重要新聞的強調以及生動的圖畫來看，看起來報紙的主要功能是提供娛樂。

就像社會上的其他部門，性也經歷麥當勞化的過程。在電影《睡人》中，伍迪艾倫不只創造一個夢幻的世界，在這個世界中，麥當勞象徵著相當重要並且到處林立的元素，同時也想像出一個具備名為「激烈性愛」機器的社會，人們可以進入這個機器享受激烈的興奮，而不需面對世俗的爭論以及雜亂的性行為。

與此類似的，真實生活的「情色電話」允許人們能與他們素未謀面，甚至一輩子都不會見面的對象進行親密的、性開放的甚至是猥褻的談話[68]。情色電話有著相當程度的特殊化：撥下555-FOXX的號碼所得到的電話訊息，與打555-SEXY所獲得的內容並不相同。那些輕聲細語並且按照劇本回答電話的女郎可能會說「抱歉，虎哥，你的夢中女孩已經走了…等會兒再打來找我」[69]。較不按照腳本走的是性愛系統，允許兩個全然的陌生人進行性愛的談話。伍迪艾倫對於「激烈性愛」機器相當期待，人們可以在彼此互不相見與接觸的情形下經驗性愛[70]。「在一個方便就是一切的世界，非身體接觸的性是有誘惑力的。

你不需要離開你舒適的家，你只要拿起電話或者登入電腦，如果你記得插電的話，一個從未聽過的性愛壯麗世界將呈現在你的眼前」[71]。在紐約市，一位官員稱呼三層樓高的色情中心為「性的麥當勞」，因為這個色情中心內部「非常的清潔並且順從法律規範」[72]。這些例子都暗示著在我們的生活中，沒有任何一個層面能免除麥當勞化的洗禮。

麥當勞化的層面

　　為什麼麥當勞模式是那麼難以抗拒？在麥當勞餐廳享用速食已經變成一種「象徵」[73]，也就是說，麥當勞是當代生活型態的旋律之一。麥當勞的食物與擺設也造成某種程度的魔法效果與吸引力。然而，我們在這裡將把重心放在麥當勞的四個令人著迷的層面，這四個層面是麥當勞模式之所以成功的核心，更普遍來說，是麥當勞化的關鍵。簡而言之，麥當勞的成功是建立在提供給消費者、員工與管理人員，麥當勞的效率（efficiency）、可計算性（predictability）、可預測性（calculability）以及透過非人科技的控制（control through nonhuman technology）之上[74]。

效率

　　麥當勞成功的重要原因之一是效率，換句話說，是從一點到達另一點的最理想的移動方式。對於消費者來說，麥當勞在

他們感到饑餓的時候，以最方便的方式填飽他們的肚子。對於一個充斥父母都在工作的雙薪家庭或是掙扎求生存的單親家庭的社會，能有效的解決饑餓是很有吸引力的。在一個人們匆忙的利用車輛由某一個地方趕往另一個地方的社會，有效率的速食使得人們能邊開車邊填飽肚子，而這樣的好處通常是我們難以抗拒的。

速食模式同時作為，或者說至少同時作為，滿足民眾其他需要的有效途徑。伍迪艾倫的「激烈性愛」機器提供有效的方式，讓我們能從沉默的狀態進入性的滿足。其他的機構順著麥當勞模式的做法，提供類似的效率服務，像是塑身、汽車美容、配新眼鏡或簽定合約，以及完整的報稅表格。

就像是麥當勞的顧客，麥當勞化系統內的員工有效率的依照事先規定的步驟運作。員工被管理階層訓練必須遵守這種方式，管理階層同時也會近距離的監視他們，確定員工有按照規定。組織內部的規則以及規範也同時確保高度效率的工作表現。

可計算性

可計算性強調的是商品販賣（產品體積以及售價）以及服務提供（取得商品的時間）的量化層面。在麥當勞化的系統中，數量與品質的重要性是相同的：「很多的東西」或是「快速的運送」都代表著正面的意義。就像兩位當代美國文化的觀察家推論道，「這是一種文化表徵，我們普遍傾向深信『大就是好』」[75]。所以消費者點大杯飲料、麥香堡或是大包薯條。

最近的促銷活動是「雙份」（例如，漢堡王的「起士雙層大漢堡」）以及「三倍」。民眾會量化這些商品，並且覺得只要拿出一定數目的金錢，便能得到如此豐富的的產品。但是這種可計算性並不將仔細的算計視爲重點：因爲得到最大利益的是連鎖商店的老闆，不是消費者，只有老闆才能得到最有利的交易。

　　人們同時也會計算從麥當勞取得食物所需花費的時間，提供餐點花費的時間，享用食物所花費的時間以及回家的時間；然後他們比較在家裡準備食物所許耗費的時間。他們通常做出這樣的結論，不管對或錯，一趟到速食餐廳的旅程所耗費的時間比在家裡準備來得短。這種類型的計算特別有助於提供外送的業者，像是多米諾，以及強調省時的速食餐廳。另一個引人注目節省時間的例子，是另一類型的連鎖商店鏡片藝師（Lens Crafters），他們承諾顧客，「只要花一小時就能拿到配好的眼鏡」。

　　部分麥當勞化機構結合對於時間與金錢的強調，達美樂保證披薩在半個小時內一定送到，不然披薩就免費供應。必勝客則提供五分鐘就能完成的個人口袋披薩，如果超過五分鐘，當然也是免費。

　　麥當勞化系統內的員工所負責的工作也強調量化面向勝過品質層面。既然品質層面的要求並不高，員工便將焦點放在如何快速的完成工作。在這樣的情境下，員工與顧客倒是有幾分雷同，因爲員工總被期待做更多的工作，更快的完成工作，領著更低的薪水。

可預測性

　　麥當勞同時具備可預測性，確保每個區域或每個時間所提供的商品與服務都是相同的。位於紐約分店所提供的滿福堡，不管是為了什麼原因與目的，成為芝加哥與洛杉磯分店的典型。同時，下個禮拜在此享用的食品，甚至是明年提供的食品，都與今天吃的東西一樣。麥當勞模式的成功，意味著人們偏好一個較規律，較少驚喜的世界。一位英國的觀察家談到，「把（麥當勞）看作鼓吹個人主義的文化產物是奇怪的」[76]。

　　麥當勞化系統下的員工也依著可預測的方式工作。他們根據公司的規則以及管理階層的指示行事，許多案例顯示，員工的言行舉止都是高度可預測的。麥當勞化的組織通常有一套行事規範，員工被要求記得與遵守哪些場合該做哪些事[77]。這種劇本化的行為在員工與顧客間創造出高度可預期的互動行為。當消費者不按照劇本走的時候，便是試圖與麥當勞化系統的員工建立簡單應對處方[78]。就像雷德納（Robin Leidner）論證的：

　　　　麥當勞率先探索服務互動過程的規律化，並且仍舊是極端標準化的實例。創新並不會帶來挫折…至少對於管理階層或品牌是如此。但是，諷刺的是，「麥當勞希望尋找更新的方式，創造極為相同的經驗，無論你走進哪一家麥當勞，無論你在世界哪一個地方」[79]。

非人性科技的控制

　　麥當勞第四個成功的因素是控制[80]，運用在所有進入麥當勞世界的人們。分隔線、有限的餐點組合、少量的選項以及不舒適的座位，使得顧客做出與管理階層期望一致的行為—快吃，然後離開。除此之外，車道式（或部分走道式）的銷售窗口，讓顧客在還沒有享用餐點之前便已經離開。在達美樂模式中，顧客甚至一開始就不會進到店裡。

　　在麥當勞化組織工作的員工也受到高度的管制，而員工所受的管制通常比顧客更明顯以及更直接。員工被訓練在有限的事務內依照公司的規則精確的執行，技術的援用以及公司的設定加強這樣的控制。經理與視察員甚至要確定員工的腳趾都在線上。

　　麥當勞同時威脅員工將會運用，最後還是運用科技來取代人工，來達到控制的目的。無論麥當勞的計畫有多完美，控制有多嚴密，員工還是有辦法搞亂公司的運作，一個動作緩慢的員工，可以讓麥香堡的前置與輸送工作變得沒有效率；一位拒絕按照規定的員工，可能會在漢堡上留下小黃瓜與醬料，造成非預期性的結果；一位心不在焉的員工可能會給予客人與份量不合的薯條，讓大包薯條看起來像小包薯條。因為這些原因，麥當勞與其他速食業者感受到壓力，必須慢慢的機器代替人工，例如飲料分配機，會在杯子滿溢之前停止；炸薯條的機器會在薯條炸得最香脆的時候發出聲音，並且將薯條移開油鍋；格式化的收銀機使得收銀員不需要計算價錢與總額，並且在可

見的未來，會有製作漢堡的機器人[81]。科技逐漸取代人工，使得麥當勞化系統可以向顧客保證他們的產品與服務永遠都是一致的。

麥當勞化的優勢

有關麥當勞化四個基本面向的討論，讓我們更清楚的看見麥當勞如此成功原因。許多智識份子像是經濟專欄作家山繆森（Robert Samuelson），強力的支持麥當勞的經營模式，山繆森向「敬愛的麥當勞」告解，並且認為「麥當勞是歷史上最偉大的連鎖餐廳」[82]。除此之外，麥當勞提供許多慈善計畫回饋社會，例如麥當勞叔叔之家，允許父母能陪伴患有嚴重疾病的兒童進行治療；針對青少年的職業訓練計畫；幫助麥當勞員工持續學習的的計畫；麥克大師計畫則把目標放在雇用年紀較大的民眾；以及一個令人稱讚的雇用紀錄與幫助弱勢團體的活動[83]。

由於麥當勞化帶來的正面變革，使得麥當勞化的過程無疑的將繼續在眾人矚目下發展[84]。下面是幾個比較特別的變革方向：

◆ 相較於過往，將有更多的民眾能接觸到更廣泛的商品與服務。

◆ 商品與服務的可及性將不像過去受到時間與地點的限制；人們可以從事許多過去無法做到的事，例如半夜在雜貨店或是銀行提款。

◆ 民眾可以立即得到他們想要或所需的商品與服務,並且以更方便的途徑取得。

◆ 商品與服務的品質將進一步的統一;至少部分民眾能獲得比麥當勞化之前更好的商品與服務。

◆ 更多替代高價值的商品與服務的產品出現:因此,人們可以負擔以前她們負擔不起的物品。

◆ 對於那些長時期工作,沒有辦法空出時間的人們,將可以獲得更快,更有效率的商品與服務。

◆ 在這個變換快速、不熟悉甚至還帶有敵意的社會中,麥當勞化系統的相對穩定,熟悉而且安全的環境,提供民眾舒適的感覺。

◆ 由於量化的結果,使得民眾能更輕易的比較互相競爭的產品。

◆ 麥當勞化的產品(例如,減肥計畫)在仔細規範以及嚴格的控制系統下,顯得更為安全。

◆ 人們更喜歡被同等的對待,不因種族、性別或社會階級而有不同。

◆ 組織與技術的革新將更迅速也更容易透過網絡的運作而擴散。

◆ 某個文化中最受歡迎的商品,將更輕易的擴散到其他文化。

一個對麥當勞化的批判：理性中的不理性

雖然麥當勞化會帶來許多競爭優勢與好處，但是麥當勞化還是有缺陷的。效率、可預測性、可計算性以及通過非人科技的控制，可以被視為理性化系統的構成要素[85]，但是，理性化的系統勢必帶來不理性的現象。麥當勞化的缺陷可以被看作是必須系統性的處理因為理性所帶來不理性的問題，事實上，吊詭的是，理性中的不理性似乎可以被視為麥當勞化的第五個面向，這裡的基本概念是理性制度勢必伴隨不理性的結果。換句話說，理性制度會扭曲我們的理性；理性制度通常是不理性的。

舉例來說，麥當勞化在自然環境上造成廣泛的反效果。其中之一是需要相同的馬鈴薯來製作符合可預測性要求的炸薯條，因此，現在美國西北方靠近大西洋的地方，有廣闊的農田使用大量的化學藥劑來種植馬鈴薯。除此之外，為了製作標準的麥當勞薯條，許多馬鈴薯必須被捨棄，用來餵養家畜或是作為肥料。這個地區的地下水現在被檢驗出含有大量的硝酸鉀，而這樣的情形似乎是農田使用的肥料以及動物的排泄物所造成的[86]。許多的生態問題與麥當勞化的速食業者有關：砍伐森林以便獲得製作包裝紙的原料，由多苯乙烯以及其他包裝材料所造成的損害，為了豢養供食用的家畜，必須準備大量的食物，以及其他種種類似的問題。

其他不理性的效應表現在不管是工作或吃飯，速食餐廳的

設計經常是去人性化的，像是顧客在櫃檯前排隊買漢堡，或是在車道式窗口等待餐點，以及員工在準備食物的時候，會感覺到他們只是生產組合線的一員。員工幾乎不能吃這些食物，組合線恰好顯現他們工作的地方的不合人性設計。

　　這樣的批評可以延伸麥當勞化的世界的任何一個層面。例如，在歐洲迪士尼樂園開幕的時候，一位法國的政治人物表示這將會「以一種優式文化轟炸法國，這是一種以速食作為調味方式的文化」[87]。

　　就像你已經看到的，麥當勞化的確帶來很多好處，然而，本書將把焦點放在伴隨麥當勞化而來的鉅量花費以及龐大風險。麥當勞以及其他的速食業者，每年花費幾十億美元以便藉由他們的速食系統獲得利益。但是，對於這些業者的批判卻經常沒有管道可以表示，舉例來說，沒有人會在星期天早上的卡通時段，播放警告小朋友速食餐廳可能會帶來危害的廣告。

　　儘管如此，對於麥當勞化的批評仍必須面對批評本身的合法性問題：我們是否過分浪漫化過往的日子？我們是否只是想回到那個已經不存在的過去？部分的人士將他們對於麥當勞的批判建立在懷舊情懷之上，懷念節奏較慢並且充滿驚喜的過去，懷念那個人們較為自由的過去，以及懷念與人類而非機器人或電腦接觸的過去[88]。儘管他們信奉這樣的觀點，但是這種類型的批判，無疑的將沒有麥當勞的世界過度美化，並且他們傾向遺忘與早期相連結的情況與責任。下面的例子是在參觀古巴哈瓦那的披薩店所發生的趣事，在許多方面來看，這家哈瓦納的商店顯然落後美國的披薩店好幾個世代：

　　這家披薩店的食品並沒有被讚揚─他們減少披薩上的蕃茄醬，而且麵團的糊在一起。

　　晚上七點半的時候，如同往常，店裡的空間只允許大家站著，人們兩兩坐在板凳上等待披薩店的開門，而排隊的人潮擠滿整個走道。

　　店裡的菜單與斯巴達式類似…渴的話，有自來水可以喝。就只有這樣─沒有點心，沒有汽水，沒有啤酒，沒有咖啡，沒有鹽巴，沒有衛生紙，當然也沒有特餐。

　　只有很少的民眾在吃披薩，大部分的人都還在排隊…手指輕輕的擺動，蒼蠅嗡嗡的飛舞，時鐘也滴滴答答的走著。服務生在手腕上戴著手錶，不過看起來他幾乎不會用到手錶；時間顯然不是他最關心的項目。過了一會兒，大家的火氣也越來越大。

　　但是到現在為止，晚間八點四十五分，我為了兩個小披薩已經花一小時又十五分鐘的時間[89]。

　　或許只有少數人會偏好服務快速、態度友善以及提供多樣選擇的餐廳，像是必勝客。但是，更重要的是，那些推崇過去的評論，似乎不了解我們回到的是這樣的舊日世界，事實上，第一家披薩店就是出現在哈瓦納[90]。這個星球上的人類越來越多，科技革新的累積，生活步調的加快─即使舊日世界真的存在，這所有的一切都讓我們無法回到過去，回到那個在家裡開伙、在傳統餐廳享用餐點、強調高品質的食物、充滿驚奇的肉品或是自由表現創意的餐廳的時代。

很明顯的，越來越多關於麥當勞化的評論是著眼於未來的 [91]，這種類型的評論不單強調將人類從麥當勞系統中解放出來，同時指出利用進步的科技可能讓這樣的期望得以實現，人類擁有的潛力讓我們有機會更能思考、更有技術、更有創造力並且比現在過得更好。簡而言之，如果整個世界的麥當勞化的程度能降低，人們便可以依著自身的潛能過著更好的生活。

我們必須同時將麥當勞化視爲兼具「實現」與「束縛」的作用 [92]。麥當勞化讓我們做到許多我們以前做不到的事，但是，麥當勞化的系統也讓我們無法做我們想做的事情。因此，麥當勞化可以被看作具備「雙鋒」性質的現象，我們絕對不能忽視這個事實，即使本書將把焦點放在麥當勞化的「束縛」特質—也就是麥當勞化的「黑暗面」。

什麼沒有被麥當勞化？

本章不應該只是提醒你麥當勞化的優勢與缺陷，本書同時也要指出麥當勞化現象的界線。事實上，許多範圍廣泛的現象都能與麥當勞化扯上關係，或許你更想知道的是到底什麼沒麥當勞化。麥當勞等於現代性（modernity）嗎？當代所有的一切都被麥當勞化了嗎？

雖然世界的許多部分已經被麥當勞化，但是在現今社會中，至少有三個層面能逃離麥當勞化的浪潮：

◆ 那些我們可以追溯到較早期（前現代）的層面。最好的

　　例子是老字號的雜貨店。

◆ 至少在社會某些部分，許多新興事業正在萌芽，可以被
　視爲反抗麥當勞化的反應。例如，那些住在假日飯店或
　汽車旅館的人們，會希望在房間內享用早餐，房間可以
　做爲私人的空間，然後在房間內吃著飯店業者所提供的
　家庭式早餐。

◆ 那些指向未來（後現代）的層面。舉例來說，在後現代
　的社會，較爲流行的建築計畫傾向以較小，更適合人們
　居住的社區爲主軸。

　　因此，雖然麥當勞化是無所不在的，完整的世界卻仍然涵
蓋住麥當勞化的世界。麥當勞化或許是一個非常重要的社會過
程，但是麥當勞化絕不是當代社會唯一的發展方向。

　　此外，麥當勞化並非全有或全無的過程，麥當勞化仍舊有
程度上的差別。舉例來說，速食店麥當勞化的程度最高，大學
則受到中等程度的影響，老字號的雜貨店受到的影響最低。我
們很難去想像一個完全不受麥當勞化影響的社會現象，但是確
實有部分地區性的企業，像是富士，還沒有接觸到這個過程。

向前看

　　由於本書屬於社會科學的研究，我們並不能僅僅宣告麥當
勞化已經席捲全世界；我們必須提出更多的證據來證明這項宣
告。因此，在結束第二章有關麥當勞化先驅的討論之後，第三

章到第六章的討論脈絡，將順著本章所提出麥當勞化的四個面向：效率、可預測性、可計算性以及控制進行，提出相關的證據。每個章節都會引用許多例子，說明麥當勞化現象貫穿社會的程度，以及貫穿的急速。

　　本書剩下的部分是更豐富的分析。在第七章，我們將探索麥當勞化吊詭—理性中的不理性—的五個元素，通過許多批判麥當勞化的書籍，本章將更直接與更清楚的呈現這些批判，討論不理性的各種類型，其中最重要的是去人性化。第八章則討論麥當勞化擴大勢力範圍的途徑，麥當勞化不只涵蓋生命的開始（與開始之前），也涵蓋生命的結束（結束之後）以及對抗死亡的行動，例如攀登聖母峰。在第九章將討論麥當勞化在變化世界的位置、麥當勞化對全球的影響、未來的展望以及去麥當勞化的可能性。第十章是結論，說明個人或團體對於如何應付不斷麥當勞化的世界的方式，將感到不安與憤怒。

註釋

[1] 更多相似但較為狹窄的觀點可參閱Benjamin R. Barber的 "Jihad vs. McWorld." The Atlantic Monthly, March 1992, pp.53-63; Jihad vs. McWorld. New York：Times Books, 1995. 更多關於相關衝突的討論可參閱Thomas L. Friedman的The Lexus and Olive Tree: Understanding Globalization, New York: Fazzar, Straus, Giroux, 1999。

[2] 從1993年第一本相關出版品開始，麥當勞化（McDonaldization）一詞至少在某種程度上，成為部份學術界與公眾的用語。舉例來說，相關的學術著作包含Barry Smart Ed. Resisting McDonaldization, London: Sage, 1999、Mark Alfino, John Caputo and Robin Wynyard Eds. McDonaldization Revisited, Westport, CT: Greenwood, 1998以及荷蘭的學術期刊Sociale Watenschappen（Vol. 4, 1996）。我們也可以在受歡迎的媒體談話性節目看到 "全球的 '麥當勞化'" 的討論，例如John Omicinski, "Exactly 100 Years Ago, A Superpower Was Born" ：Gannett News Service（Internet article）；"'McDonaldization' of the (poison) System"；Susan Horsburgh, "System under Siege." Time (International Edition), April 6, 1998, p.54; "'McDonaldization' of Radio: Standardization of Product from market to market." (Bill Cole, "local Radio Stations Cling to Individuality." Chicago Daily Herald, December 19, 1997, pp.1ff)；"McDonaldization of the health care industry." (A. B. Duke, "Hospitals Cut 'Columbia' from Name.", Post and Courier (Charleston, SC), September 23, 1997, pp.1Aff)；"McDonaldization of Banking." (Amy Feldman, "Merger Rivals Emerge: Consumer Groups Draw Line in the Sand.", Daily News (New York), April 8, 1998, p.55)；"'McDonaldization' of the underwriting process." (Robert Littell, "More on McDonaldizing of Underwriting.", National Underwriter, August 4, 1997, pp.22ff)。此外，相關文章像是

"America's Quiet Rebellion against McDonaldization." (New York Times，July 28，1996，Sec.4，p.5）提到，現任與前任的California Jerry Brown 的總裁將麥當勞化的概念視為笑料，甚至恐怖份子豺狼卡洛斯都對他的刑責大聲咆哮道，「麥當勞化的人性，這是一場介於傳統文明與美國的新蠻橫主義的戰爭」，豺狼卡洛斯被宣判終身監禁，Chicago Tribune，December 24，1997，p.4）。

[3]Alan Bryman最近運用迪士尼化（Disneyization）一詞，他將迪士尼化界定如下：「迪士尼主題公園的原則逐漸在美國社會以及世界各地的各個部門取得統治地位的過程」(p.26)，請參閱Alan Bryman的 "The Disneyization of Society."，Sociological Review 47（February，1999）：25-47。

[4]McDonald's，The Annual，Oak Brook，IL.，1999。

[5]Martin Plimmer， "This Demi-Paradise：Martin Plimmer Finds Food in the Fast Lane Is Not to His Taste."，Independent（London），January 3，1998，p.46。

[6]Scott Shane and Chester Spell， "Factors for New Franchise Success."，Sloan Management Review 39（March 22，1998）：43ff；Paul Gruchow， "Unchaining America：Communities Are Finding Ways to Keep Independent Entrepreneurs in Business."，Utne Reader，January-February 1995，pp.17-18。

[7]McDonald's，The Annual，Oak Brook，IL.，1999。

[8]Richard L. Papiernik， "On Site Foodservice Films Carve out Significant Growth."，Nation's Restaurant News，October 5，1998，p.6。

[9]Richard L. Papiernik， "On Site Foodservice Films Carve out Significant Growth."，Nation's Restaurant News，October 5，1998，p.6；Mark Albright， "INSIDE JOB：Fast-Food Chains Serve a Captive Audience."，St. Petersburg Times，January 15，1995，p.1H。

[10] Tricon 網址：http://www.triconglobal.com/triconroot/default.html。

[11]賽百味網址：http://www.賽百味.com。

[12]星巴克官方在網路上所公佈的消息；Lorraine Mirabella， "Trouble Brews for Starbucks as Its Stock Slides 12 Percent."，Baltimore Sun， August 1，1998，p.10c；Margaret Webb Pressler， "The Brain behind the Beams."，Washington Post，October 5，1997，pp.H01ff；Alex Witchell， "By Way of Canarise, One Large Hot Cup of Business Strategy."，New York Times，December 14，1994，p.C8。

[13]Glenn Collins， "A Big Mac Strategy at Porterhouse Price."，New York Times，August 13，1996，p.D1。

[14]Glenn Collins， "A Big Mac Strategy at Porterhouse Price."，New York Times，August 13，1996，p.D1。

[15]Glenn Collins， "A Big Mac Strategy at Porterhouse Price."，New York Times，August 13，1996，p.D1。

[16]另一家高級的牛排連鎖店Ruth's Chris，雖然在有點招搖並且自知的情形下，表示「我們不是麥當勞概念下的產物」(Glenn Collins， "A Big Mac Strategy at Porterhouse Price."，New York Times，August 13，1996，p.D1)。甚至如果這家店說的是真的（這還是存疑的），意味著所有類似的商店必須企圖將本身區分出來，不管是正面或負面，都要與麥當勞的標準形式也所不同。

[17]Timothy Egan， "Big Chains Are Joining Manhattan's Toy Wars."，New York Times，December 8，1990，p.29。

[18]Stacey Burling， "Health Club…For kids."，Washington Post，November 21，1991，p.D5。

[19]Tamar Lewis， "Small Tots，BigBiz."，New York Times Magazine，January 19，1989，p.83。

[20]Wal-Mart Website：http://www.wal-mart.com。

[21]Robin Young， "Britain Is Fast-Food Capital of Europe"，Times (London)，April 25，1997。

[22]Ilene R. Prusher，"McDonaldized Israel Debates Making Sabbath 'Less Holy'."，Christian Science Monitor，January 30，1998，p.8。

[23] 本項訊息的資料來自媒體在網路上的披露。

[24]Les Whittington，"Tim Hortons：Canada Success Story."，Gazette (Montreal)，October 17，1997，pp.F4ff。

[25]Eric Margolis，"Fast Food：France Fights Back."，Toronto Sun，January 16，1997，p.12。

[26]Valerie Reitam，"India Anticipates the Arrival of the Beefless Big Mac."，Wall Street Journal，October 20，1993，pp.B1、B3。

[27]Mos Food Service Website：http://www.mos.co.jp。

[28]Lee Hockstader，"Attack on Big Mac."，Washington Post，August 8，1995，A13。

[29]Alison Leigh Cowen，"Unlikely Spot for Fast Food."，New York Times，April 29，1984，section 3，p.5。

[30]The Body Shop Website：http://www.bodyshop.com。

[31]Philip Elmar-Dewitt，"Anita the Agitator."，Time，January 25，1993，pp.52ff；Eben Shapiro，"The Sincerest Form of Rivalry."，New York Times，October 19，1991，pp.35、46；Bath and Body Works Website：http://www.bbwhome.com 。

[32]Marshall Fishwick ed. Ronald Revisited：The World of Ronald McDonald.，Bowling Green，OH：Bowling Green University Press，1983。

[33]John F. Harris，"McMilestone Restaurant Opens Doors in Dale City."，Washington Post，April 7，1988，p.D1。

[34]E. R. Shipp，"The McBurger Stand That Started It All."，New York Times，February 27，1985，section 3，p.3。

[35]Bill Keller，"Of Famous Arches, Beeg Meks and Rubles."，New York Times，January 28，1990，section 1，pp.1、12。

[36] "Wage of Americana：In Moscow, Pizza Hut Opens 2 Restaurants."，Washington Post，September 12，1990，p.B10。

[37] Jeb Blount，"Flying Down to Rio."，Washington Post/Business，May 18，1994，pp.F1、F5。

[38] Thomas L. Friedman，The Lexus and Olive Tree：Understanding Globalization，New York：Fazzar, Straus, Giroux，1999，p,235。

[39] Thomas Friedmen，"A Manifesto for the Fast World."，New York Times Magazine，March 28，1999，pp.43-44。

[40] The Economist，"Big MacCurrencies."，April 11，1998，p.58。。

[41] Thomas Friedmen，"A Manifesto for the Fast World."，New York Times Magazine，March 28，1999，p.84。

[42] Conrad Kottak，"Rituals at McDonald's"，in Marshall Fishwick ed. Ronald Revisited：The World of Ronald McDonald.，Bowling Green，OH：Bowling Green University Press，1983，pp.52-58。

[43] Bill Keller，"Of Famous Arches, Beeg Meks and Rubles"，New York Times，January 28，1990，section 1，pp.84。

[44] William Severini Kowinski，The Malling of America：An Inside Look at the Great Consumer Paradise，New York：William Morrow，1985，p.218。

[45] Stephan M. Fjellman，Vinyl Leaves：Walt Disney World and America，Boulder，CO：Westview Press，1992。另外，其他的國家也會創造麥當勞化的制度並向外輸出，日本的Sega企業於1996年在倫敦開設第一家室內主題樂園—Sega World，請參閱"A Sega Theme Park for Piccadilly Circus"，New York Times，February 14，1995，p.D5。

[46] Bob Garfield，"How I Spent（and Spent and Spent）My Disney Vacation"，Washington Post，July 7，1991，p.B5；同時參閱Margaret J. King "Empires of Popular Culture：McDonald's and Disney" in Marshall Fishwick ed.，Ronard Revisited：The World of Ronald

McDonald，Bowling Green，OH：Bowling Green University Press，
1983，pp.106-109。

[47]Steven Greenhouse，"The Rise and Rise of McDonald's"，New York
Times，June 8，1986，section 3，p.1。

[48]Richard L. Papiernik，"Mac Attack？"，Financial World，April 12，
1994，p.30。

[49]Laura Shapiro，"Ready for McCatfish？"，Newsweek，October 15，
1990，pp.76-77；N.R. Kleinfeld，"Fast Food's Changing
Landscape."，New York Times，April 14，1985，section 3，pp.1、6。

[50]Louis Uchitelle，"That's Funny, Those Pickles Don't Look Russian."，
New York Times，February 27，1992，p.A4。

[51]Nicholas D. Kristof，"Billions Served（and That Was Without
China）."，New York Times，April 24，1992，p.A4。

[52]Gilbert Chan，"Fast Food Chains Pump Profits at Gas Stations."，
Fresno Bee，October 10，1994，p.F4。

[53]Cynthia Rigg，"McDonald's Lean Units Beef Up NY Presence."，
Crain's New York Business，October 31，1994，p.1。

[54]Anthony Flint，"City Official Balks at Placement of McDonald's at New
Courthouse."，Boston Globe，March 9，1999，p.B3。

[55]Carole Sugarman，"Dining Out on Campus."，Washington
Post/Health，February 14，1995，p.20。

[56]Edwin McDowell，"Fast Food Fills Menu for Many Hotel Chains."，
New York Times，January 9，1992，pp.D1、D6。

[57] "Fast Food Flights."，Phoenix Gazette，November 25，1994，p.D1。

[58] "Back to School：School Lunches."，Consumer Reports，September
1998，pp.49ff.；Mark Albright，"INSIDE JOB：Fast-Food Chains
Serve a Captive Audience."，St. Petersburg Times，January 15，1995，
p.1H。

[59] "Back to School：School Lunches."，Consumer Reports，September 1998，p.F3。

[60]Mike Berry，"Redoing School Caferterias to Favor Fast-Food Eateries."，Orlando Sentinel，January 12，1995，p.11。

[61]Paul Farhi，"Domino's Is Going to School."，Washington Post，September 21，1990，p.F3。

[62] "Grade 'A' Burgers."，New York Times，April 13，1986，pp.12、15。

[63]George Anders，"McDonald's Methods Come to Machine as Chains Acquire Physicians' Practices."，Wall Journal，August 24，1993，pp.B1，B6。

[64]Peter Richard，The Making of McPaper：The Inside Story of USA TODAY.，Kansas City，MO：Andrews，McMeel and Parker，1987。

[65]我要特別感謝Lee Martin告知我這個案例，並且帶回這份菜單。

[66]Peter Richard，The Making of McPaper：The Inside Story of USA TODAY.，Kansas City，MO：Andrews，McMeel and Parker，1987，pp.232-233。

[67]Howard Kurtz，"Slicing、Dicing News to Attract the Young."，Washington Post，January 6，1991，p.A1。

[68]Nicholas D. Kristof，"Court Test Is Likely on Dial-a-Porn Service Games."，New York Times，October 15，1986，section 1，p.16。

[69]轉引自Robin Leidner 的Fast Food，Fast Talk：Service Work and the Routinization of Everyday Life.，Berkeley：University of California Press，1993，p.9。

[70]Jean Sonmor，"Can We Talk Sex：Phone Sex Is Hot-Wiring Metro's Lonely Hearts."，Toronto Sun，January 29，1995，pp.M11ff。

[71]Jean Sonmor，"Can We Talk Sex：Phone Sex Is Hot-Wiring Metro's Lonely Hearts."，Toronto Sun，January 29，1995，pp.M11ff。

[72]Martin Gottlieb，"Pornography's Plight Hits Times Square."，New York Times，October 5，1986，Section 3，p.6。

[73]Arthur Asa Berger，Sign in Contemporary Culture：An Introduction to Semiotics.，2nd ed. Salem，WI.：Sheffield，1999。

[74]Max Weber，Economic and Society.，Totowa，NJ：Bedminster，1921/1968；Stephen Kalberg，"Max Weber's Types of Rationality：Cornerstones for the Analysis of Rationalization Processes in History."，American Journal of Sociology 85（1980）：1145-1179。

[75]Ian Mitroff and Warren Bennis，The Unreality Industry：The Deliberate Manufacturing of Falsehood and What It Is Doing to Our Life.，New York：Birch Lane，1989，p.142。

[76]Martin Plimmer，"This Demi-Paradise：Martin Plimmer Finds Food in the Fast Lane Is not to His Taste."，Independent（London），January 3，1998，p.46。

[77]Robin Leidner在她的書中發展與劇本相關的概念，請參閱Fast Food，Fast Talk：Service Work and the Routinization of Everyday Life，Berkeley：University of California Press，1993。

[78]處方（recipes）的概念來自Alfred Schutz的研究，請參閱The Phenomenology of the Social World，Evanston，IL.：Northwestern University Press，1932/1967。

[79]Robin Leidner，Fast Food，Fast Talk：Service Work and the Routinization of Everyday Life，Berkeley：University of California Press，1993，p.82。

[80]我們將第六章看到，機器取代人工，將帶來控制不斷增強的結果。

[81]這一類的實驗性機器人已經存在。

[82]Robert J. Samuelson，"In Praise of McDonald's"，Washington Post，November 1，1989，p.A25。

[83]Edwin M. Reingold，"America's Hamburger Helper."，June 29，

1992，pp.66-67。

[84]我要謝謝我的同事Stan Presser，建議我利用幾頁的篇幅，條列出不同的優勢類型。

[85]這裡必須先指出合理性（rational）、理性（rationality）以及理性化（rationalization）等三個字眼具有不同的意義，本書並非隨意混用三者。還有一點必須注意，大家通常把這些字眼視爲具備積極正面的意義，理性更經常被當作一個好的字眼。然而，這三個詞在本書中卻帶有負面的意像，在本文的分析中代表正向的詞句是人的「理智」（reason，舉例來說，具備創意行動與工作的能力），而「理智」是被非人與理性系統，像是速食餐廳所不允許的。另一方面，理性化一詞通常與佛洛伊德的理論連結，用來解釋人類的部分行爲，但是本文將理性化用來描述理性逐漸擴散到整個社會的過程。因此，在閱讀本書的時候，你需要更精確的判斷這些詞句的意義，而並非以慣常的想法解讀。

[86]Timothy Egan， "In Land of French Fry, Study Finds Problems."，New York Times，February 7，1994，p.A10。

[87]Alan Riding， "Only the French Elite Scorn Mickey's Debut."，New York Times，April 13，1992，p.A13。

[88]George Stauch and Bryan S. Turner， "Nostalgia, Postmodernism and the Critique of Mass Culture."，Theory，Culture and Society 5（1988）： 509-526；Bryan S. Turner， "A Note on Nostalgia."，Theory，Culture and Society 4（1987）：147-156。

[89]Lee Hockstader， "No Service，No Smile，Little Sauce."，Washington Post，August 5，1991，p.A12。

[90]Douglas Farah， "Cuban Fast Food Joint Are Quick Way For Government to Rally Economy."，Washington Post，January 24，1995，p.A14。

[91]這種形式的評論，相當接近馬克思對於資本主義的批判。馬克思並沒

有想像一個浪漫的前資本主義社會，而是在資本主義社會作爲前提的情況下，建立眞正屬於人的（共產）社會。儘管本書在這點上與馬克思理論相接近，但是，如同你將看到的，本書將以韋伯的理論作爲論述前提。

[92] 這些概念可以連結到社會理論家Anthony Giddens的作品，例如《社會的構成》The Constitution of Society., ，Berkeley：University of California Press，1984（上海三聯出版社有中譯本）。

第二章

麥當勞化與麥當勞化的先驅：
從鐵牢籠到速食工廠

　　麥當勞化並非無中生有，麥當勞化是伴隨著一系列的社會與經濟發展的腳步前進，這些社會經濟面向的改變，不只造成麥當勞化的浮現，同時也對麥當勞化本身發生影響，形成第一章所提及的麥當勞化的特性[1]。在本章當中，我將會簡單的回顧社會經濟層面發展的片段。首先，我將考察科層制（bureaucracy）的概念，韋伯所提出與科層制相關的理論，以及理性化的巨大過程。其次，我將進行與納粹大屠殺相關的討論，集體屠殺的行為可以被視為韋伯對於理性化與科層制的恐懼的最極端展現。接著，我將檢視幾個與社會經濟有關的發展，而這些發展都可以視為麥當勞化發展的先驅：在世紀之交，由泰勒（F. W. Taylor）與亨利福特（Henry Ford）所創造的生產裝配線，有助於科學的管理工人與產品；利維鎮（Levittown）式的廉價郊區房屋；購物中心；以及雷伊克羅奇所創造的麥當勞連鎖事業。這些發展並非只是歷史上的大事，其中的大部分在今日仍相當重要。

科層化：讓生活更理性

　　科層制代表一個依照階級體系運作的大型組織。組織的成員依著他所屬的位置有不同的職務，並且必須按照組織的規定行事，同時也要接受來自較高階級的命令。

　　科層制是現代西方世界所創造的鉅型產物。雖然早期社會具備組織結構，但是早期的組織運作並未如科層制般如此有效率。舉例來說，在傳統社會中，人們之所於會執行自身的工

作，是由於對於領袖的忠誠，相較於非個人性的規則，他們更容易受到個人心中意向的支配。傳統社會的職務執掌範圍缺乏明確的界定，沒有清楚的階級體系，而且組織成員並不需要接受任何技術訓練，就能取得特定職位。

　　無疑的，科層制與早期的組織運作方式有很大的不同，因為科層制的正式結構使得組織的運作能有更高的效率。由於制度化的規範以及規律化的領導，甚至武力都可以派上用場，在科層組織工作的人們可以選擇最有效的方法，來完成他們的目標。一件任務被分割為幾個部分，每個組織成員只負責任務的某個特定步驟。每個成員通常會照著已經設定好的規定與規則，並且在知道結果的情況下，處理自身所負責的部分。當所有成員按照程序完成份內的工作後，整個任務也隨即完成。依著這樣的模式達成任務，科層制向過去社會展現科層制才是完成目標的最佳途徑。

韋伯的理性化理論

　　對於科層制的現代思考，奠基於處在世紀交替的德國社會學家馬克斯韋伯[2]的學術研究之上，韋伯有關科層制的觀點是鑲嵌在他更廣闊的理性化理論之中。韋伯的理性化理論描述的是西方現代社會如何朝向理性發展。換句話說，就是如何被效率、可預測性、可計算性以及非人性技術的控制所支配。韋伯同時也說明為何西方以外的世界無法完成理性化的進程。

　　如同你看到的，麥當勞化的現象就是韋伯理性化理論的擴大與延伸。對於韋伯而言，理性化的模式就是科層制；對我來

說，速食餐廳的型態就是麥當勞化的典型[3]。

韋伯在他的研究中，說明現代西方社會如何創造出西方特色的理性。儘管不同的社會與不同的時期存在著各式各樣的理性類型，但是只有現代西方社會發展出韋伯稱為形式理性（formal rationality）的理性類型。因此，當我在麥當勞化或理性化過程的討論中提到理性一詞時，我指的就是形式理性。

形式理性的內涵是什麼？根據韋伯的定義，形式理性代表行動者在受到規則、規律以及龐大社會結構的形塑時，尋找最理想的方式達成本身所欲求的目標。行動者並不依賴運氣尋找完成目標的最佳方式。韋伯認為形式理性的形成是世界歷史的重要發展：在過去，人們依賴本身信奉或模糊與普遍遵循的價值體系，作為尋找達成目標的手段的機制（舉例來說，宗教便具有這種功能）[4]。在形式理性逐漸開展之後，行動者可以藉由利用制度化的規則，來協助他們判斷—或甚至是指引他們—怎麼作比較恰當。其次，形式理性其中一個重要面向，是給予行動者極少的選項來選擇完成目標的方式，在形式理性體系中，實際上，每個擁有相同目標的行動者會選擇（或是必須選擇）相同的理想方式。

韋伯對於科層制作為他所謂形式理性的典型有所讚揚，因為科層制的許多優點，能夠作為幫助人們尋找與應用最佳完成目標的手段的機制。而科層制最重要的特點，就是理性化（或說麥當勞化）的四個主要面向。

首先，韋伯認為科層制是最有效率的組織結構，能夠處理需要大量人力以及繁忙文書處理的工作。舉例而言，韋伯或許會喜歡國內的稅務服務處，因為沒有其他結構能有效的處理數

以百萬計的退稅案件。

　　其次，科層制在任何層面都強調量化。成員表現的好壞，是以他工作的相關數值來斷定。例如，一位國內稅務服務處的辦事員，被期待每天能處理一定數量的退稅案件，若這位辦事員一天處理的案件低於這個數字，那麼他的表現就是不合格的工作表現；反之，他的工作表現就是相當優秀的。

　　然而，過於強調量化取向產生一個問題：對於工作的實際品質顯得不太關心。我們期待員工能達到某個工作量，但是卻很少對員工的工作品質投以關心。舉例來說，國內稅務服務處的辦事員可能因為處理大量的案件而受到稱讚，但是他所做的工作品質卻是相當低劣的，使得政府少收幾千甚至幾百萬元的稅金；或者辦事員過於積極，造成納稅人的不滿。

　　第三，由於科層組織已經具備妥善穩固的規範與規則，使得科層式組織同時是以一種可預測的方式運作。處於某個職位的人明確知道並深信不疑其他職位的人會如何行事，組織成員知道他們要提供些什麼，以及什麼時候他們會得到些什麼。科層式組織也向組織以外的人們保證，他們會得到什麼以及再什麼時候得到。我再舉一個韋伯可能會喜歡的實例，數百萬名在社會保險局領取支票的民眾，清楚知道他們什麼時候會拿到支票，會拿到多少金額的支票。

　　最後，科層制強調以規則、規範以及制度取代個人式的判準，來掌控人們。勞工被工作的分配所控制，每個員工都被分配固定數目，並且被明確定義的工作項目，員工必須從事他們負責的工作，同時必須按照組織的規定來做。在大多數的案例中，他們不被允許以其他有別於組織規定的方式完成工作。此

外，人們也開始應用少量的人形機器人或電腦，如此一來，員工的地位便遭到降低的命運，組織的領導階層便思考著如何運用機器取代人力。這樣的替換已經在某種程度上發生：在許多場合裡，電腦已經開始處理以往只由人類負責的工作。同樣的，科層式組織的顧客也是受到控制，他們或許只能獲得某項特定服務，並且只有在特定組織才能獲得。例如，國內稅務服務只能提供民眾有關退稅的建議，但對於他們的婚姻卻幫不上忙。人們也只能以特定的方式得到所需的服務。舉例來說，民眾只能得到支票形式的社會福利給付，而非現金。

不理性與鐵牢籠

　　儘管科層制提供相當的好處，但是科層制同時也帶來理性中的不理性結果：就像是速食餐廳一般，對於在科層組織工作的員工或是接受服務的顧客，科層制都可以被視為一個去人性化的情境。高木（Ronald Takaki）認為理性化的情境就是一個「自我設限，情緒遭到控制而且精神遭到壓抑」的地方[5]。換句話說，科層制就是人類無法活得像人類的社會情境—科層制裡的人們都被去人性化了。

　　除了去人性化以外，科層制的運作還帶來其他不理性的表現。由於科層制組織內部繁瑣的程序以及其他症狀的交織，使得科層制以逐漸增長的無效率取代原本強調的有效率。對於過度強調量化層面，通常造成大量品質低落的工作結果。科層制在組織成員不清楚本身應該負責什麼，以及客戶沒有得到預期的服務的情形下，組織運作也變得更加不可預測。由於前述情

形以及其他缺陷，使得科層制失去對於組織內的成員與組織外的顧客的控制能力。對於以非人技術取代人工的憤怒，經常使得組織成員妨礙或降低這些技術帶來的作用。總而言之，為因應高度理性運作而生的一切，最後卻經常以不理性的結果收場。

　　雖然韋伯關心形式理性體系帶來的不理性，但是他卻對他所謂理性的「鐵牢籠」（iron cage）作出更多的描述。從韋伯的觀點來看，科層制在某種程度上可以被視為一座巨大的鐵牢籠，人們不但身陷其中難以逃離，同時基本的人性在鐵牢籠內也被扭曲。韋伯最擔心的是科層制會越來越朝向理性發展，而且理性的原則也將逐漸蔓延人類社會，支配人類社會的每個角落。他認為一個人們被鎖在一系列理性的牢籠之中的社會即將來臨，而我們在這個社會只能從某個理性體系移到另一個理性體系－從理性化的教育機構到理性化的工作場所，從理性化的社會情境到理性化的家庭。最終，整個社會除了理性化結構間所構成的一張看不見的網之外，將什麼也不剩；而且沒有任何人能逃離這樣的命運。

　　當代社會最能說明韋伯所憂心的實例是休閒活動的理性化。休閒可以被視為逃離因為理性化所帶來日復一日的規律生活的方式，然而，這些年來，這種逃脫理性化桎梏的方式也被理性化了，休閒活動也接受科層制以及速食餐廳的原則。梅德俱樂部（Club Med）[6]，是娛樂理性化的眾多實例之一[7]，梅德俱樂部是一家提供營地以及套裝旅遊服務的連鎖俱樂部，例如提供為期三十天的歐洲之旅。在旅程中，遊客搭著巴士只路過歐洲的主要城市，並盡量讓遊客在有限的時間，蜻蜓點水般

的瞥見最多數量的觀光景點，如果經過特別有趣或重要的觀光
景點，巴士會開得比較慢，甚至允許遊客下車拍張相片。在最
重要的觀光地點會計畫短暫的停留，讓遊客可以急急忙忙走過
這個地點，花個幾分鐘拍照，買些紀念品，然後趕快跑回巴士
進行接下來的旅程。甚至連休閒活動都無法擺脫理性化的糾
纏，人們真的活在一個廣大的理性鐵牢籠裡。

大屠殺：群眾製造死亡

韋伯在一九〇〇年代早期寫下他對於理性化的鐵牢籠以及
科層制的態度與看法。包曼（Zygmunt Bauman）則認為，韋伯
對於理性化以及科層制最深沉的擔憂，可以由納粹在二次世界
大戰期間屠殺猶太人的事件清楚的理解，韋伯於一九二〇年離
開人間，經過短短幾個世代便爆發血腥的屠殺。

包曼提到「納粹對猶太人的屠殺行為可以被視為現代科層
理性的典範」[8]，就像科層制，納粹的屠殺行為也是西方文明
化下的引人注目的產物。事實上，包曼認為納粹的種族滅絕行
動並非脫離正道或精神錯亂的表現，而是「保留我們所認識的
社會的一切，我們遵從的精神、優先性以及內於我們心中的世
界觀」[9]，也就是說，納粹的屠殺行為是符合現代社會的理性
原則的，大屠殺並不會發生在前現代以及形式理性不強烈的社
會[10]。事實上，前現代的社會所制定的計畫，由於執行的無效
率，根本不可能像納粹屠殺猶太人那般有系統的進行謀殺數百
萬人的行動。

納粹的種族滅絕行動也可以被看作是現代社會追尋完美社會的例子，對納粹而言，最完美的社會並不包含猶太人，以及吉普塞人、男同性戀者、女同性戀者以及殘障人士。希特勒本身將猶太人界定為「病毒」，一種必須在納粹社會根除的疾病。

　　納粹對於猶太人的屠殺行為，具備理性化（以及麥當勞化）的基本特質。納粹的屠殺是殘害大量人類的有效工具，舉例來說，由早期的經驗發現用子彈是沒有效率的；納粹最後發現瓦斯是屠殺人類罪有效的方式。納粹同時發現利用猶太團體完成某些任務是相當有效率的（例如，選擇下一批處死的對象），而這些任務是納粹本身無法做好的[11]。許多猶太人因為這些工作在這樣的理性體系中，看起來是合乎理性的（可能可以拯救他人或自己），因而聽從納粹的命令。

　　納粹的屠殺行為強調如何在最短時間坑殺許多生命，包曼提出另一個例子：

　　　　對鐵路經理們而言，最有意義的評估指標是每公里的噸數。他們不載人、羊或是有刺的線；他們只載貨物，而這意味著注重完全的測重以及缺乏品質。對許多科層制的官僚來說，甚至是類似貨物的種類對於品質的限制都還太過。他們只處理本身行動帶來的金融影響。他們的目標是錢[12]。

　　在大屠殺中，在猶太人接受無情的施放瓦斯的時候，生命甚至是死亡的價值都很少被注意到。

　　從另一種量化的角度來看，納粹的屠殺與極端的大眾屠殺有著曖昧的界線：

就像其他屬於現代社會的一切運作的─理性、計畫、科學的資訊、專家、有效率的管理、合作─方式，納粹屠殺猶太人將前現代社會留在身後，並對於所有前現代社會的設備加以侮辱，相較於納粹，前現代社會是原始的、浪費的以及無效率的。就像其他屬於現代社會的一切，納粹的屠殺是現代社會各方面都較為優越的表現⋯納粹的屠殺舉動達到以往屠殺曲目無法達到的境界[13]。

納粹在屠殺猶太人的過程中，也試著讓謀殺群眾的工作規律化，整個過程就像是一條生產線。火車把猶太人載往到集中營，營內人員則將屍體堆放起來，作有系統的銷毀。

最後，在大屠殺當中遇害的受難者也受到非人技術的控制。部分技術系統元素被這樣的描述：

那同時也是一間現代工廠系統在俗世的擴張。這間工廠不只是製造產品，工廠所使用的材料是人類，而最終的產品是死亡，管理人員每天在生產圖表上，每天仔細的畫下記號。工廠的煙囪，煙囪是現代工廠系統的象徵，因為燃燒人類肉體而排放出陣陣刺鼻的煙霧。壯觀的現代歐洲鐵路網載運新的原料到這些工廠。用與運送貨物一樣的方式⋯工程師設計火葬場；管理階層則熱誠的並有效率設計科層制式的系統[14]。

即使不用多加說明，我們也可以發現納粹的屠殺行為最終展現的是不理性的結果。畢竟，有什麼可以超過以機械式的手

段屠殺百萬人的泯滅人性？進一步來說，當謀殺開始進行，受害者便被去人性化了—也就是說，「降低到只側重量化的層面」[15]。包曼對此作出結論道，「德國將科層制這個大機器用來完成不理性的，以及令人難以理解的目標」[16]。

在麥當勞化的脈絡裡談論納粹對於猶太人的屠殺，部份讀者會認為過於極端。很明顯的，速食餐廳不能以與大屠殺的相同氣息進行討論，因為在人類歷史上在也沒有比大屠殺更令人痛恨的罪行，但是，我還是有重要的理由將大屠殺視為麥當勞化的先驅。首先，大屠殺是環繞形式理性原則所組織而成的，依賴理性的的典範—科層制。其次，大屠殺也與現代工廠相結合，你很快會發現這與麥當勞化其他的先驅有密切關連。最後，形式理性在今日社會透過麥當勞化過程的擴張，支持著包曼認為未來有可能再發生類似種族滅絕的慘事的預言。

科學化的管理：找出最佳的道路

一個不起眼但是對於麥當勞化有重要影響的是科學化管理的發展，事實上，韋伯在討論理性化過程已經數次提到科學化的管理。

科學化管理是由泰勒所創造，他的管理概念在整個二十世紀的工作環境的建構中，扮演極為關鍵的角色[17]。泰勒建立一系列用來將工作理性化的原則，並且為許多組織（例如伯利恆鋼鐵）所採納並加以應用，大多將這些原則應用在工廠的部分。

　　泰勒堅信美國受著「幾乎所有日常生活都是無效率」之苦，因此，美國需要「更強大的國家效率」；他的追隨者因為「效率專家」而知名。他的「時間與動作」的研究是用來代替泰勒稱為無效率的「笨拙規定」，以泰勒腦海中「最佳道路」來管理一天的工作─所謂最佳的道路，就是完成工作最理想的手段[18]。泰勒在時間與動作的研究中，勾勒出一系列的步驟：

1. 尋找適當數量的工人，在完善的分工情境工作，而這些工人對於自身負責的工作特別熟悉。

2. 對工人工作所需的基礎設備（以及工具與用品）進行仔細的研究。

3. 以發現完成每個步驟的最有效方式為目標，精細規劃每個基本生產步驟的時程（在這個層面上，泰勒強調的是可計算性）。

4. 藉由根除無效率的步驟來完成有效率工作，這些無效率的步驟像是「不符需要的設備、速率緩慢的設備以及沒有用的設備」。

5. 最後，當清除完所有不需要的設備後，結合更有效率的設備（與工具），創造完成工作「最佳道路」[19]。

　　科學管理同時著重在可預測性的層面。很清楚的是，在勾勒完成工作的最佳道路的同時，泰勒試圖尋找能夠應用在任何工人身上的方式。同時泰勒相信，若允許工人自己選擇完成工作的工具與方法，會造成生產力的下降以及品質的低落，因此，泰勒試圖利用將生產工具與過程完全標準化，來解決前述的問題。實際上，泰勒認為即使是低程度標準化的生產過程也

比完全未標準化來得好，至少使得生產力以及產品的品質獲得改善。當然，泰勒最喜愛的仍是確保工人能夠做好份內工作，建立明確而詳細的標準化程序，以幾乎相同的方式完成工作，如此一來，便能獲得高品質的工作成果。

最後，科學管理也開始利用非人性技術來掌控所有工人。當工人依循泰勒的方式工作，雇主會發現他們工作的更有效率，每個工人順著相同的工作步驟（也就是說，他們的工作表現出可預測性），而且將工人的薪資微幅提升後，他們的生產力會大幅增加（另一個強調可計算性的例子）。因此，泰勒的生產模式意味著將為採用這套方式的企業，帶來更高額的利潤。

如同所有的理性體系，科學管理也有非理性的一面。首先，泰勒化的管理同時是一個去人性的體系，人們被視為消耗品，並且以這樣的態度對待工人。此外，由於工人並非負責一個或數個完整的工作，因此工人本身大部分的技術與能力都無法有效的發揮。這些情形在一九八○年代造成損失慘重的結果，美國工業發現自身已經被日本所超越，這種結果並非是只因為日本更加形式理性化，同時也因為日本工業更完整的利用工人的能力[20]。一九九○年代，日本工業以及整個日本的經濟進入較為低迷的時期，但是美國工業還是從一九八○年代的日本得到許多經驗，並且引領美國一九九○年代末期健全的經濟發展。

雖然泰勒、效率專家以及時間與動作等名詞，在今日已經甚少被提及，但是這些因素對於麥當勞化的社會卻有強烈的影響。例如，漢堡連鎖店急於在燒烤漢堡、炸薯條、準備奶昔、與顧客互動的過程以及其他工作，尋找以及應用「最佳道路」。

最有效率處理各項任務的方式，已經有系統的紀錄在訓練手冊中，並且由管理階層負責訓練新進員工。速食餐廳的設計與其他技術都是被用來有效率的增加顧客人數，餵飽更多的民眾[21]。在這裡，又一次的，麥當勞並沒有發明這些概念，而是把科層制的原則與生產線的理論加以結合，這些概念因而對於麥當勞化的創造有所貢獻。

裝配線：把工人變成機器

如同現代科層制以及科學的管理，生產線也在二十世紀的初期出現。汽車工業科層制化的先驅，並利用科學管理的概念，亨利福特被認為是生產裝配線的發明者，但是其實裝配線主要是福特汽車的工程師努力的結果[22]。

汽車裝配線的出現是由於福特希望節省時間、能源以及金錢（也就是說，更有效率）。更高的生產效率會帶來低廉的售價、提升銷售量以及使福特汽車公司獲得更多的利潤。

福特從芝加哥的肉類罐頭業者宰殺家畜的系統中，得到關於汽車裝配線的概念，牛隻沿著推車系統被驅趕，推車系統是一條高度分化的屠宰線，每個屠夫負責特定的工作。這套系統明顯的更有效率，並且只要一位負責切割肉品的員工來管理所有的工作。

根據芝加哥屠宰場的經驗，以及對於汽車業的了解，福特建立一組原則用來建造一條汽車裝配線，這些原則在今日仍被視為效率的象徵：

◆ 工人不需要接受任何訓練；與工作相關的設備與裝置，被降低到極小的程度。

◆ 裝配線的各部分間的距離僅可能的縮小。

◆ 用機械化（而非人力）的方式，將車輛（或車輛的某一部分）由前一個生產步驟移動到下一個生產過程的步驟。（起初是利用起重機，後來則使用電動輸送帶來負責這項工作）。

◆ 消除複雜的程序與設備，而且工人「僅可能的只用一項設備做一件工作」[23]。

　　二次大戰後，日本採用美國的裝配線技術，並造就日本生產的高度效率。舉例來說，日本的「及時」（just-in-case）系統取代美國「個案」（just-in-case）系統，兩個系統都是為了解決在生產過程需要不同零組件的問題。在美國式的系統中，零組件被堆放在工廠，等到需要時才搬出來；這個系統的運作相當不具效率，因為工廠必須購買或儲藏（極高昂的花費）最近不會用到的零組件。為求反轉無效率的情形，日本人發展出「及時」系統：生產所需的零組件，只要在裝配車輛需要用到或是任何物品加工所需之前送來即可。「及時」使得所有日本公司的供應商，都成為生產裝配線的一部分。

　　在不同的系統中，裝配線使得生產過程裡的不同元素得以量化，並且可以極大化車輛和其他物品的生產數量。每位工人在裝配線上的工作，例如把引擎蓋裝載在輸送帶的車體，都是高度可預期的，而且每件成品都是完全相同的。

　　裝配線同時也是允許極大化控制工人的非人技術。當工人

沒有做好他所負責的任務時，管理階層可以立即而清楚的發現，例如，當車體在輸送帶上移動時，哪一輛沒有引擎蓋是顯而易見的。每項工作所分配到的時間都相當有限，幾乎不允許工人以創新的手法完成某項特定的工作，因此，即使是缺乏技術的工人同業有能裝配車輛。除此之外，每項工作的特殊化使得雇主可以用機器人代替人工，時至今天，機器處理越來越多裝配線上的工作。

如同許多觀察家已經指出的，裝配線也極不理性的成分。例如，裝配線也是一個去人性化的工作情境，有著廣泛技巧與能力的人類，被要求不斷重複特定的高度特殊化的工作。人類不能在工作中展現他們的能力，取而代之的，他們被強迫拒絕他們的人性，並且像機器人一樣的工作。

儘管有著上述的缺點，但是裝配線仍代表生產理性化的重要里程碑，同時也為整個製造業所廣泛採行。就像是科層制甚至是納粹的屠殺行為，汽車裝配線炫麗的展現形式理性的基本元素。

裝配線同時對於速食餐廳的發展有著深遠的影響，最明顯的例子是漢堡王利用輸送帶來製作漢堡，較不明顯的則是許多速食餐廳的工作都是以裝配線型態的方式處理，舉例來說，「做一個漢堡」代表烤漢堡肉、把肉放在漢堡上、淋上「特殊醬料」、放上萵苣與番茄，然後整個包起來變成一個完整的漢堡。甚至是顧客也必須面對某種類型的生產線，車道式的點餐窗口就是最清楚的例子，一位觀察家提到，「工廠的基本元素已經明顯的被引入速食餐廳現象中…一部巨大的餵食機器的到來」[24]。

　　除了扮演先行者的角色之外，汽車裝配線在另一個層面也影響著麥當勞化的基礎。大量生產的結果使得越來越多人買得起汽車，進而造成高速公路系統的密集擴張，以及沿著高速公路旅遊產業的成長[25]。餐廳、旅館、營地、加油站以及其他那些目前屬於麥當化社會的品牌與企業的前身[26]。

利維鎮：把房子放上去——「砰、砰、砰」

　　汽車的普及不但有助於速食餐廳，同時對於郊區的發展也有助益，特別是最初由利維特父子（Levitt & Sons）公司所大量建造的郊區住宅，座落於亞伯拉罕的利維特。在一九四七年到一九五一年期間，這家公司在本來是紐約的馬鈴薯田的地區，建造一萬七千四百四十七棟房屋，緊跟著則建立利維鎮、長島以及可以容納七萬五千位居民的應急社區[27]。位於賓夕法尼亞州的計畫社區利維鎮，在一九五八年邁出第一棟房屋，利維鎮成為當代無數郊區發展的模範。由於民眾的需要以及汽車的普及，郊區的居民自然而然成為速食餐廳的擁護者。

　　利維特父子公司認為他們的建築區域，就像是利用裝配線技術的工廠，威廉利維特（William Levitt）是公司負責人的兒子之一，對於他們的運作加以說明：

　　　　我們所做的只是倒轉底特律的生產線…在底特律，車體在移動，而工人站在他們的崗位上。把場景拉回我們的房屋，則是工人在移動，在不同的位置做

著相同的工作。就我所知，過去沒有人採用過這種方式[28]。

建築工人負責特殊化的工作，與組裝汽車的工人非常相似。另一位負責人的兒子阿佛列利維特（Alfred Levitt）提到，「除了心理學家以外，相同的人每天坐著相同的事。這是很無聊的；這是很不好的；但是利用綠色的材料大概可以降低工作時的無聊」[29]。因此，利維特家族將建築工人理性化，與福特對待汽車裝配工人的方式是相當接近的，兩者對於員工的態度是相同的。

建造房屋的工地以及工作都被理性化。在建築工地的內部與四周，利維特公司搭建倉庫、木材工廠、鉛管工廠以及砂礫與水泥的廠房。因此，取代過去由別處購買所需要的服務與材料，將建築所需的物品移放到工地中，材料與服務都在工地裡，並且由利維特公司負責管理。可能的話，利維特公司也會運用預先製作的組合配件，然而，他們認為建造一間完全由組合配件構成的房屋，效率較建造一間部分使用組合配件的房屋來得低。

每間房屋實際的建造過程，都是依循著一系列嚴格界定以及理性化的步驟。舉例來說，工人在建造牆的骨架時，不需要做任何的測量以及切割；所需的材料都在事先被切割為最適當的大小。牆的側面是由七十三又二分之一張的彩色紙所構成，代替原先要使用五百七十張的規格。所有的房屋都是以高壓並且採用相同的兩種色調—綠色以及象牙白—的塗料加以油漆。因此，「當基礎工作完成，房屋便砰、砰、砰的蓋好了」[30]。

毫無疑問的，這種建築方式使得大量外型幾乎相同的房屋在成本極低的情況下，迅速的建造完成。

相較於實際的建築成品，利維特公司更強調房屋量的一面。例如，在促銷房屋的時候，取代以房屋總價為主要宣傳，房屋仲介商將焦點放在郊區房屋與市區房價以及每個月租金的比較。仲介商相信透過這樣的方式，提供立即可以比較的數字遠比光提出房屋屋總價更能吸引民眾購買利維特公司的房屋。利維鎮房屋的廣告強調「房屋的大小與價值」[31]，換句話說，就像許多朝向理性化發展的繼承者般，試圖取信消費者，讓消費者認為他們花最少的金錢卻能得到最好的服務與產品。

這些原則曾經只為低價房屋所獨占使用，但是現在也為高價房屋所應用。「麥克大樓」（McMansions）通常指的是面積較大，並且由指定建築師設計較為昂貴的房屋的代稱[32]。

對於生活在高度理性化的社區以及外觀齊一的房屋，引起許多批評。一個早期的批判將郊區化重新命名為「擾亂化」，將郊區房屋描述為「劃分層級的陷阱」[33]。然而，你還是可以正面的來看待郊區的理性化過程，舉例來說，許多利維鎮的居民已經習慣他們居住的房屋，所以他們認為每間房屋並不像過去般，每一間都看起來很相似。人們現在知道「利維特公司的建築與都鐸式莊園、瑞士的農舍或是賓州的荷蘭式房屋有所不同」[34]。其他的觀察家則發現利維鎮與郊區化的好處，例如赫伯甘斯（Herbert Gans）在他的針對位於紐澤西的第三座利維鎮的研究中做出結論，甘斯提到，「不管有什麼不夠完美的地方，利維鎮仍然是一個良好的居住之地」[35]。不管利維鎮到底是不是「好」的居住環境，利維鎮確實是一個被理性化的區域。

購物中心：美國商場化

　　另一個受到汽車的普遍以及郊區住屋興起的影響的理性化社會部門，是建築結構完全封閉的購物中心[36]。現代購物中心的先驅是爲於義大利米蘭的Galleria Vittorio Emanuele（一八七七年完工），而第一家有計畫建議的戶外購物中心則位於美國（一九一六年建造）。然而，第一座完全封閉的購物中心是在一九五六年開幕，位於明尼蘇達州艾迪納（Edina）的南方溪谷中心（Southdale Center），不久之後，雷伊克羅奇便開設第一家麥當勞。直到今日，美國有上萬個購物中心，每個月有數百萬的消費者前往購物。當今美國最大的購物中心是美國購物中心（Mall of America），於一九九二年開幕，同樣位於明尼蘇達州的艾迪納。美國購物中心包含四個百貨公司，四百家精品店（其中許多爲連鎖店），以及一座娛樂公園[37]。

　　購物中心與麥當勞連鎖店形成相當完美的互補作用。購物中心提供連鎖店業者一個可預測的、一致的與有利可圖的環境，當一座新的購物中心完工，連鎖店業者便排好隊準備要進入。對於部分連鎖店業者而言，許多購物中心會提供不用租金的空間，而這種免費空間只有連鎖店業者才有辦法得到。快速移動的汽車時代、購物中心以及連鎖商店都是性質相的似產物，三者互爲增強的結果，更進一步推展麥當勞化。

　　諷刺的是，今天的購物中心逐漸成爲針對老人與青少年的某種社區中心。許多上了年紀的民衆，以購物中心作爲他們運動以及社交的場所，青少年則是趁著放學或是假期在購物中心

閒逛，尋找與他人接觸的機會，並檢查最近流行的時尚與大眾娛樂。由於許多父母也會帶小孩到購物中心「玩」，購物中心現在也提供遊樂空間（遊樂空間有些部分是免費的，有些則必須購買門票，例如發現區域，Discovery Zone）、免費的電視遊樂器以及電影[38]。就像許多對於麥當勞化社會的推展有貢獻的部分，購物中心企圖負責消費者從出生到死亡所需的一切。

　　考威斯基（William Kowinski）認為購物中心「是所有美國夢的累積，不管是合乎正派的或是會令人發狂的夢想；是完全夢想的實現，是戰後天堂的模型」[39]。我們可以發現購物中心優越之處，就像考威斯基做的，並且進一步討論「美國購物天堂」。然而，就我的觀點，速食餐廳具備更強大以及更有影響力的力量。但是，如同購物中心，麥當勞化可以同時被視為「合乎正道的與令人發狂的」。

麥當勞：速食工廠的誕生

　　雷伊克羅奇，麥當勞帝國的創造者，經常被認為是由他發展出麥當勞的理性原則。然而，麥當勞的基調其實是由兩兄弟，麥克麥當勞（Mac McDonald）與狄克麥當勞（Dick McDonald），所建立的[40]。麥當勞兄弟於一九三七年在加州的派薩帝那（Pasadena）開了第一家店面，他們以快速、大量以及低價的原則作為建立餐廳的基礎。為了避免點餐時的混亂，麥當勞兄弟提供顧客明確的菜單。為求取代個人式的服務以及傳統的烹飪技巧，麥氏兄弟以裝配線的步驟烹調以及提供餐

點。在訓練員工的烹調技巧時，兩兄弟的「有限的菜單使得他們將食品的準備過程，分割成簡單而不斷重複的工作，即使是第一次走進這個商業化廚房的人，也能輕易的應付這些細碎的工作」[41]。麥當勞兄弟首次使用特殊化餐廳的員工配置，例如「燒烤員工」、「奶昔員工」、「炸薯條員工」以及「裝飾員工」（將添加物放在漢堡上，並合起來成為漢堡的工作人員）。兩兄弟所建立的規則告訴員工什麼是該做的，甚至什麼是應該說的。藉由上述以及其他的方式，麥當勞兄弟在「速食工廠」的理性化過程中，取得領導的地位[42]。

克羅奇既沒有發明麥當勞的經營原則，也沒有參與麥當勞品牌的建立。專利權代表一個系統，在這個系統中「一間大型公司…取得或銷售配銷該公司產品的權利，或者將公司商標與程序賣給另一建較小的公司…品牌的擁有者，儘管在法律上有獨立的地位，必須要確定販售品牌要遵守詳細的標準，並且母公司可以監督品牌的運用」[43]。歌手縫紉機公司（The Singer Sewing Machine Company）在南北戰爭後成為專利權的先驅，汽車製造商以及軟性飲料公司則在二十世紀之初開始運用專利權。在一九三〇年代，我們可以在零售業發現專利權的蹤影，例如西方汽車（Western Auto）、雷克斯藥房（Rexall Pharmacy）以及獨立食品商聯盟的食品市場。

除此以外，克羅奇在一九五〇年代早期出現之前，許多對於建立食品品牌的努力便已經展開。第一個食物品牌是A＆W路特啤酒（A＆W Root Beer），誕生於一九二四年；霍華強森（Howard Johnson）則在一九三五年開始販售掛上本身品牌的冰淇淋以及其他食物；第一家日記女王（Dairy Queen）則在一九

四四年開張，並以連鎖店的形式加以擴展，在一九四八年，全國已經有兩千五百個通路。其他許多知名的食品品牌都早於麥當勞的出現，大男孩（Big Boy）在一九三○年代末期開幕，漢堡王（後來改名為IntraBurger）與肯德基都在一九五四年開始營業。因此，當克羅奇的麥當勞在一九五五年四月十五號開幕，不管是普遍或是對於速食餐廳的品牌建立來說，都是處於相對落後的程度。但是，我現在要稍稍說明整個故事的開始。

　　一九五四年，當雷伊克羅奇第一次參觀麥當勞的時候，麥當勞是一家位於加州聖伯納（St. Bernardino）並且只有一個車道式點餐窗口的餐廳。時至今日，餐廳內基本的菜單、經營的方式甚至是麥當勞兄弟的部分技巧，都由兩兄弟所創造。雖然麥當勞在當地造成轟動，但是麥當勞兄弟卻只想這樣的方式經營下去；他們的餐飲工作獲得不錯的成就，並且儘管距離建立品牌與連鎖店只差一步的距離，他們還是沒有太多的野心。由於對於麥當勞的高度期望，克羅奇成為麥當勞兄弟的品牌經紀人，並且建立以麥當勞為品牌的帝國，也因此刺激了麥當勞化的發生。起初，克羅奇與麥當勞兄弟合夥一起工作，但是當克羅奇在一九六一年以兩百七十萬美金買下麥氏兄弟擁有的部份之後，他便能自由的建立他腦海中公司的經營型態。

　　克羅奇利用麥當勞兄弟的特殊產品以及技術，並且與其他品牌（餐飲服務與其他行業）的科層制度、科學的管理以及裝配線的原則加以結合。克羅奇最聰明之處在於將這些知名的概念與技術引入速食業的經營，並且透過專利權的行使，克羅奇可以達成自己的抱負，將麥當勞的事業拓展到全國甚至全世界。因此，麥當勞與麥當勞化並非呈現任何新的東西，而是累

積二十世紀產生的一系列理性化的產物。

克羅奇主要的創見在於他行銷麥當勞品牌的方式。最重要的是，克羅奇不允許授予地區性的專利權，也就是說，不允許得到授權的廠商再將專利分發出去，進而控制某個地區所有的通路，避免其他的加盟廠商由於總加盟商的權力過大而倒閉，同時也防止總經銷商違背麥當勞的基本原則。克羅奇採取極大化中央控制的策略，使得整個麥當勞體系相當一致，當某個廠商得到麥當勞的授權開設一家加盟店後，很少能再短時間內馬上在得到另一個授權，克羅奇同時掌控並且從所有的加盟廠商的資產獲利[44]。另一個克羅奇的舉措則是對「岩底」（rock-bottom）收取專利費用，價值九百五十元美金。其他的授權廠商必須交付昂貴的加盟金，餐廳的盈餘也要交付大部分給麥當勞，因此，加盟廠商多半缺乏持續發展的利潤。麥當勞的利潤不只來自高額的加盟金，同時也來自加盟店，加盟店必須交付麥當勞銷售總額的百分之一點九。因此，克羅奇與他的組織的成功，是由於加盟店的興盛。這種共享的利益對於克羅奇的專利權事業有相當大的幫助，同時也是麥當勞與麥當勞的加盟店能成功的關鍵因素，許多得到麥當勞授權的人，現在都成為百萬富翁。

雖然克羅奇應用與執行一個統一的體系，但是他也鼓勵加盟廠商提出新的建議，能夠改善加盟店的經營狀況，甚至有助於整個體系的運作。以產品的革新為例，克羅奇本身並不是一位優秀的產品發明家，克羅奇最為人所知的失敗產品是呼拉堡（Hulaburger），把烤好的鳳梨放在兩片起士之間，然後用圓形的烤麵包包起來。克羅奇較為成功的發明則包括鮪魚三明治、

滿福堡，以及更爲普遍的麥當勞早餐，這是由加盟店所提出的點子。因此，麥當勞達成中央集權管理與加盟店獨立性之間的平衡。

克羅奇帶領著一系列使得速食業進一步理性化的發展[45]。最重要的是，他（無意間）成爲理性化原則的傳教士與啦啦隊長，就像他提到的「每家店面必須統一一致，標準化的菜單、相同的份量、同樣的價格以及相同的品質」[46]。麥當勞組織具備的一致性，使得麥當勞可以與其他的通常提供不一貫的食物的競爭者有所區分。麥當勞同時也在許多領域領先其他對手，例如利用有限的菜單（最初只有十項）、對於漢堡內含的脂肪量建立嚴格的標準、提供冷凍漢堡與薯條、派遣督察針對一致性的標準進行檢查、於一九六一年建立第一座完全的商業訓練中心（稱爲漢堡大學，並授與漢堡學的學位），以及在一九五八年發行經營手冊，詳細說明如何經營一家麥當勞加盟店[47]。這本手冊寫下許多經營速食餐廳應該注意的事項：

> 　　這本手冊精確的告訴經營者如何拖引奶昔，燒烤漢堡以及炸薯條。這本手冊精準的說明每項產品烹調的時間以及所有設備的溫度設定。這本手冊預先安排每項產品的標準化程序，每個漢堡放上四分之一盎司的洋蔥以及三十二片的起士。這本手冊指出厚度一英吋的炸薯條所需的時間是九分三十秒。而且本手冊認爲品質的控制對於餐飲服務是最重要的，包含在儲藏箱放置超過十分鐘的肉類與薯條的處理。
>
> 　　…燒烤員工…被吩咐將漢堡放在烤架上，從左向

右移動，烤架上的六個圓形麵包每個都要出現六條橫線。由於最前面兩條橫線距離烤架較遠，他們被告知在烤前兩條橫線之前，先烤第三條橫線，然後第四、第五與第六條橫線[48]。

我們很難想像出一個更爲理性的體系。

結論

麥當勞與麥當勞化並非憑空在歷史中出現；他們的出現與許多先驅有關，而這些先驅在今日仍有相當程度的重要性。裝配線、科學的管理以及科層制都在速食連鎖餐廳萌牙的時候，提供最基本的原則。除此之外，這些先驅也提供適合速食連鎖餐廳茁壯的環境：數量龐大的工廠員工，以及利用汽車在工作場所與郊區住家作長距離駕駛的居民，車輛的普及同時也允許郊區民眾在閒暇時間參觀購物中心。

速食餐廳逐漸成爲理性化的典型。雖然速食業許多由前人探索出的理性化元素，但是速食業仍代表向理性化過程邁進的一大步。直到今天，有足夠有別於以往形式的理性化產物，使得我們可以合法的使用新的標籤—麥當勞化—來描述當代理性化過程的絕大部分層面。

如同韋伯對於理性化的鐵牢籠感到不安，我預見無所不在的速食餐廳將創造出另一個類似的鐵牢籠。韋伯對於理性中的不理性特別感到不安，相同的擔憂也出現在本書的核心。如同

你會在接下來的章節所看到的，韋伯的理論逐漸吻合麥當勞化世界的所出現的新產物，與二十一世紀的開端有著非常密切的關連。

註釋

[1] 雖然本章所討論的先驅並未窮盡麥當勞出現之前的所有理性化機構，但是這些部分卻是了解麥當勞與麥當勞化最重要的部分。

[2] 關於韋伯相關概念的討論是根據韋伯的《經濟與社會》，Totowa，NJ：Bedminster，1921/1968（北京商務有中譯本）。

[3] 速食餐廳同時可以被視為科層制的一部分；事實上，許多大型的跨國企業（例如三康）也開始擁有自己的速食連鎖店。

[4] 韋伯將以價值體系為主的理性稱為實質理性（substantive rationality），與形式理性有所區別。

[5] Ronald Takaki，Iron Cage：Race and Culture in 19th century America.，New York：Oxford University Press，1990，p. I X。

[6] 儘管梅德俱樂部現在已經重新規劃經營的方式。

[7] Harvey Greismen，"Disenchantment of the World."，British Journal of Sociology 27（1976）：497-506。

[8] Zygmunt Bauman，Modernity and the Holocaust.，Ithaza，NY：Cornell University Press，1989，p.149（現代性與大屠殺，上海譯林出版社）。

[9] Zygmunt Bauman，Modernity and the Holocaust.，Ithaza，NY：Cornell University Press，1989，p.8。

[10] 然而，在現今的盧安達，由於赫德族與塔德斯族間的戰事，估計有八十萬人在一百天內被屠殺（這是納粹在屠殺猶太人期間的三倍速率）。屠殺的方式—大多藉由彎刀—並不符合理性化的原則。請參閱Philip Gourevitch的We Wish to Inform You That Tomorrow We Will Be Killed Wiyh Our Families：Stories from Rwanda.，New York：Farrar，Straus，Giroux，1998。

[11] 如同你將在第三章看見的，速食餐廳有效的鼓勵顧客執行（沒有薪水）各種餐廳本身的任務。

[12]Zygmunt Bauman，Modernity and the Holocaust.，Ithaza，NY：Cornell University Press，1989，p.103。

[13]Zygmunt Bauman，Modernity and the Holocaust.，Ithaza，NY：Cornell University Press，1989，p.89。

[14]Zygmunt Bauman，Modernity and the Holocaust.，Ithaza，NY：Cornell University Press，1989，p.8。

[15]Zygmunt Bauman，Modernity and the Holocaust.，Ithaza，NY：Cornell University Press，1989，p.102。

[16]Feingold，轉引自Zygmunt Bauman，Modernity and the Holocaust.，Ithaza，NY：Cornell University Press，1989，p.136。

[17]Frederick W. Taylor，The Principles of Scientific Management，New York：Harper＆Row，1947；Robert Kanigel，One Best Way：Frederick Winslow Taylor and the Enigma of Efficient，New York：Viking，1997。

[18]Frederick W. Taylor，The Principles of Scientific Management，New York：Harper＆Row，1947，pp.6-7。

[19]Frederick W. Taylor，The Principles of Scientific Management，New York：Harper＆Row，1947，p.11。

[20]George Ritzer and Terri LeMoyne，"Hyperrationality：An Extension of Weberian and NeoWeberian Theory"，in George Ritzer，Metatheorizing in Sociology，Lexington，MA：Lexington Books，1991，pp.93-115。

[21]Ester Reiter，Making Fast Food，Montreal and Kingston：McGill-Queen's University Press，1991，pp.112-114。

[22]Henry Ford，My Life and Work，Garden City，NY：Doubleday，1922；James T. Flink，The Automobile Age，Cambridge：MIT Press，1988。

[23]Henry Ford，My Life and Work，Garden City，NY：Doubleday，1922，p.80。

[24]Bruce A. Lohof，"Hamburger Stand Industrialization and the Fast-Food Phenomenon"，in Marshall Fishwick ed.，Ronald Revisiting：The World of Ronald McDonald，Bowling Green，OH：Bowling Green University Press，1983，p.30；可同時參閱Ester Reiter 的Making Fast Food，Montreal and Kingston：McGill-Queen's University Press，1991，p.75。

[25]Marshall Fishwick ，"Cloning Clowns：Some Final Thoughts" in Marshall Fishwick ed.，Ronald Revisiting：The World of Ronald McDonald，Bowling Green，OH：Bowling Green University Press，1983，pp.148-151；更多關於汽車與旅遊工業發展的關係可參閱James T. Flink 的The Automobile Age，Cambridge：MIT Press，1988。

[26]通用汽車，特別是史隆（Alfred Sloan），進一步理性化汽車工業的科層制結構。史隆因為通用汽車的多重分工系統而聞名，在這個系統中，公司中心負責處理長時段的方針，公司分部則負責每日的決定。這項發明在當時被證明相當成功，許多汽車公司以及其他的企業都採用這種做法。請參閱James T. Flink 的The Automobile Age，Cambridge：MIT Press，1988；Alfred Sloan的My Years at General Motors，Garden City，NY：Doubleday，1964。

[27] "Levitt's Progress."，Fortune，October 1952，pp.155ff。

[28]Richard Perez-Pena，"William Levitt, 86, Suburb Maker, Dies."，New York Times，January 29，1994，p.26。

[29] "The Most House for the Money"，October 1952，p.152。

[30] "The Most House for the Money"，October 1952，p.153。

[31]Herbert Gans，The Levittowners：Ways of Life and Politics in a New Suburban Community.，New York：Pantheon，1967，p.13。

[32]Patricia Dane Rogers，"Building…"，Washington Post/Home，February 2，1995，pp12、15；Rebecca Lowell，"Modular Homes Move Up."，Wall Street Journal，October 23，1998，p.W10。

[33]Richard E. Gordon, Katherine K. Gordon, and Max Gunther，The Split Level Trap，New York：Pantheon，1967，p.432。

[34]Georgia Dullea，"The Tract House as Landmark."，New York Times，October 17，1991。

[35]Herbert Gans，The Levittowners：Ways of Life and Politics in a New Suburban Community.，New York：Pantheon，1967，p.13。

[36]William Severini Kowinski，The Malling of America：An Inside Look at the Great Consumer Paradise.，New York：William Morrow，1985。

[37]Kara Swisher，"A Mall of America？"，Washington Post/Business，June 30，1991，pp.H1。

[38]Janice L. Kaplan，"The Mall Outlet for Cabin Fever."，Washington Post/Weekend，February 10，1995，p.53。

[39]William Severini Kowinski，The Malling of America：An Inside Look at the Great Consumer Paradise.，New York：William Morrow，1985，p.25。

[40]Ray Kroc，Grinding It Out.，New York：Berkeley Medallion Books，1977；Stan Luxenberg，Residing Empire：How the Chains Franchised America，New York：Viking，1985；John F. Love，Toronto：Bantam，1986。

[41]John F. Love，McDonald's：Behind the Arches.，Toronto：Bantam，1986，p.18。

[42]John F. Love，McDonald's：Behind the Arches.，Toronto：Bantam，1986，p.20。

[43]Thomas S. Dicke，"Franchising in America：The Development of a Business Method, 1840-1980."，Chapel Hill，NC：University of North Carolina Press，1992，2-3。

[44]John Vidal，McLibel: Burger Culture on Trial.，New York：New Press，1997，p.34。

[45] Wayne Huizenga在錄影帶事業中扮演類似的角色,由一間達拉斯的企業發展的連鎖店,後來成為Blockbuster帝國。請參閱David Altaner,"Blockbuster Video: 10 Years Running: Family-Orient Cocept has Changed Little Since 1985. When Chain Was Founded; by a Dallas Businessman.",Sun-Sentinel (Fort Lauderdale),October 16,1995,pp.16ff。

[46] John F. Love,McDonald's:Behind the Arches.,Toronto:Bantam,1986,pp.68-69。

[47] 與麥當勞的漢堡大學類似,漢堡王也在1978年建立漢堡王大學;請參閱Ester Reiter的Making Fast Food,Montreal and Kingston:McGill-Queen's University Press,1991,p.68。

[48] John F. Love,McDonald's:Behind the Arches.,Toronto:Bantam,1986,pp.141-142。

第三章

効率：車道式窗口與用
手抓取的餐點

在麥當勞化的四個面向中，效率或許是最常與生活步調的加快聯想在一塊的層面。提升效率的概念隱藏在「及時」的生產、更快速的服務、有效的經營以及不管在工作場合或是家裡的緊密行程的背後。

提升效率看起來是好事一件。效率的提升明顯有助於消費者，消費者可以在花費較少的情形下，更快速的得到想要的產品或服務；同樣的，有效率的工人可以更快更容易的完成工作；管理階層與老闆將因為生產力的提升，以及更多消費者的光顧，而得到更多的利潤。但是與理性化的每個層面以及所有理性化的例子相同，即使是合乎理性的設計也會帶來不理性的結果，例如非預期的無效率以及消費者與員工的去人性化，這些都是在提升效率的過程中同時發生的現象。

效率意味著選擇最理想的方式達成所欲的目標，然而，在現實世界中，卻很難發現真正最理想完成目標的方式。由於受到某些事務的束縛，像是歷史、經濟以及人類世界的組織實體所帶來的限制，使得人們與組織很難極大化本身的利益[1]。但是，組織仍會努力實現組織利益極大化的願望，至少希望能夠提升組織內部的運作效率。

在一個麥當勞化的社會中，人們幾乎不去尋找完成本身目標的最佳手段，取而代之的是，人類更依賴之前的生產經驗與制度化的方式。因此，當民眾開始找工作的時候，他們並不期待找到一個自己做起來會更有效率的工作；相反的，人們接受相關的在職訓練，而這些訓練是以從過去長期的工作情況，所發現最有效率完成工作的方式為基礎。只要開始工作，在工作過程中人們或許會發現一些有助於提升工作效率的小技巧，員

工也被鼓勵將這些有助於效率提升的個人小技巧告知管理部門，使得全部的員工在工作的時候都能更有效率。長期透過這種方式的累積，效率（與生產力）會逐漸提升。事實上，一九九〇年代的經濟發展浪潮的部分原因便是立基於小技巧的累積，因而造就引人注目的效率與生產力的提升。

雖然速食餐廳並不強力要求效率的提高，但是速食餐廳卻成為中介，透過速食餐廳將效率的概念導入整個世界實體。許多社會的部門為求適應速食餐廳車道式點餐窗口，必須改以更具效率的運作方式，幾乎所有生產效率提升的現象，都能直接追蹤到速食餐廳所帶來的影響；甚至部分在過去還是協助速食餐廳建立經營型態的現象。除此之外，這些效率提升的現象，都在麥當勞化強調效率的社會中軋上一角。

在多元化的社會情境中，效率的提升與多樣的程序效率化、簡化產品以及讓消費者像受薪員工般的工作有著高度的關聯。

合乎效率的程序

從一開始，雷伊克羅奇便對麥當勞兄弟經營的效率留下深刻的印象，並且認為若能將這樣的經營體系應用到更多的分店，必定能帶來巨大的利潤回報。下面是克羅奇初次遭遇麥當勞體系所留下的話語：

　　我被這個系統的簡單與效率所深深吸引…點餐的

每一個製作步驟都被拆開進行，因此能夠花最少的功夫來完成。他們只賣漢堡與起士堡。麥當勞的漢堡都全都是用相同的方式製作[2]。

但是，克羅奇將他對於過去麥當勞之前的速食餐廳經營流程的觀察省略不提。克羅奇曾經把果汁機賣給速食餐廳，並且在整個過程中，由於速食餐廳的缺乏效率而使他感到困擾。

> 那裡是沒有效率、浪費以及喜怒無常的烹調餐廳，提供懶散的服務以及品質從不整齊的食物。他們需要的只是簡單的餐點，以從開始到結束都合乎效率的程序來完成餐點[3]。

克羅奇在將漢堡設定為麥當勞主要的產品之前，曾經試著找尋更有效率的食品類型，這段過程可以被視為強調效率的典型：

> 他對著熱狗反覆思量，然後否決這個想法。熱狗的類型實在太多—加上麥片與麵粉的熱狗、包含所有肉類的全肉熱狗、牛肉熱狗以及猶太式的熱狗。而且這些不同類型的熱狗，烹調方式又全都不同。熱狗可以用開水煮、用火烤、用木炭燒，以及其他的方式製成。另外一方面，漢堡的處理可是簡單多了。我們只要負責把調味料加在漢堡上，而不是建立一個漢堡。而準備漢堡的唯一必須方式—就是用火烘烤漢堡[4]。

克羅奇與他的助手對製作漢堡的每個部分與過程進行實

驗，希望找到提升生產效率的方式，並且進一步採取有效率的
生產方式。舉例來說，他們一開始便先將送來被放在紙箱的圓
形麵包做部分的切割。但是這樣的做法，使得烤漢堡的員工必
須花時間打開紙箱，拿出這些麵包，把麵包切成一半，然後丟
棄剩下的包裝紙與紙箱。最後，麥當勞發現先把圓形麵包完全
切開、分配妥當，並且準備可以回收利用的紙箱，將使得製作
漢堡的過程更有效率。包肉的餡餅也受到相同的關注，例如，
餡餅間的包裝紙被塗上適當的蠟，因此烹調的時候，餡餅會迅
速的與包裝紙分離而掉落在烤架上。克羅奇這些創新的目標只
有一個，就是提升效率。

> 所以這些改革只有一個目標，就是讓負責燒烤的
> 員工能更容易將工作做得更快更好，而且我們永遠不
> 會放棄達成這個目標。我們也確信對於削減支出、新
> 式管理以及其他層面的思考是相當重要的，但相對於
> 冒著油煙的淺鍋的細節，這些都是較為次要的。這就
> 是我們最重要的裝配線，要讓產品在線上順利的流
> 動，不然整個工廠的生產結果必定不佳[5]。

速食工廠：加速用餐到排泄的過程

今天，所有的速食餐廳以裝配線的形式來準備菜單上陳列
的餐點，由許多的員工負責特殊化的工作（例如負責「裝飾」
漢堡的員工）。漢堡王的輸送帶，可以說是速食業者將裝配線概
念應用到最極致的結果：生冷的漢堡被放在輸送帶的一端，一

個接著一個向另一端慢慢移動，輸送帶下則被放置火爐，當漢堡經過九十四秒被送到另一端後，漢堡也就製作完成。下面則是達美樂的生產體系：

> 朗尼走道的開端是負責加工與添加調味料的工作：揉捏以及空拋麵團，然後用湯匙添加適當的調味料。
>
> 他將盤子往下滑動…維多魯那則開始將手伸向最高的盤子。一打的儲藏櫃被安排在他的面前：裝滿起士、義大利辣味香腸、胡椒…魯那用手將這些材料灑在盤子上…
>
> 他將盤子放在輸送帶上，輸送帶將把這些盤子送入十二呎長的烤箱…要花費六分鐘…
>
> …店裡的經理將披薩分配給正在等待的送貨員，而送貨員則負責摺疊裝披薩的紙盒…
>
> …員工隊長與品質控制員…
>
> …將披薩切為車輪形狀，並將披薩放入已經被電腦貼上標記顧客地址的紙盒[6]。

類似的技術被整個速食業廣泛的應用。

在速食餐廳內外用餐的消費者同樣被要求合乎效率，麥當勞已經完成「能夠加速食用到排泄的過程的一切方式」[7]。餐廳附屬停車位使得顧客能夠很快的將愛車停好，經過簡短的步行到達櫃檯，他們通常可以迅速的點餐，取餐以及支付餐點的款項。高度限制的菜單使得消費者的選擇更為容易，相反的，在其他類型的餐廳則會有更多的選擇供顧客參考（「衛星式」與

「快捷式」的點餐窗口甚至提供更具效率的菜單）。當消費者得到餐點之後，只要走幾步便能找到座位坐下，並且開始他的「享用經驗」。由於沒有什麼理由繼續在速食餐廳逗留，消費者通常快速的吃完餐點，然後拿起剩下的包裝紙與塑膠盤，將它們丟棄在最近的垃圾箱，接著走回車輛停放之處，駛向下一個（通常也是被麥當勞化的）活動（校閱按：這部分的麥當勞經驗與台灣不同，台灣的麥當勞是以中產階級的生活型態進駐，人們，特別是學生、年輕人常在麥當勞逗留、約會、讀書，將麥當勞當作一個聚集的場所）。

　　就在幾年以前，那些負責經營速食餐廳的業者，發現車道式的點餐窗口讓整個過程變得更加有效率。麥當勞於一九七五年在奧克拉荷馬市設立第一個車道式服務窗口；在四年之內，超過半數的麥當勞店面至少擁有一個車道式窗口（校閱按：得來速）。取代原先消費者必須面對許多「費力」以及「沒有效率的過程」，例如停車、走到櫃檯、排隊等待、點餐、付款、將餐點拿到桌上、享用以及丟棄垃圾等步驟，車道式窗口提供消費者更理想的選擇，只要把車開到窗口旁，開走的時候便得到想要的餐點。如果消費者希望整個程序更有效率，他們可以邊開車邊享用餐點。越來越多的民眾開始利用車道式窗口，因此，速食餐廳不需要提供大量的停車空間、座位而且能夠雇用更少的員工。除此之外，當消費者把車開走，也就代表把垃圾一同帶走，不但降低速食餐廳對於垃圾箱的需要，也減少定時清空垃圾箱的員工的數量。

　　現代科技使得效率能更進一步的提升。下面是一段關於加州的章魚鈴噹（Taco Bell）提升效率的描述：

在餐廳裡面，想得到章魚與墨西哥捲餡餅的消費者，匆匆忙忙的在觸控式電腦前選出他們想要的餐點。在餐廳外面，選擇車道式窗口的顧客則看著閉路電視，來回顯示顧客們所點的清單以防止出錯。然後，消費者可以利用許多銀行在車道式交易所使用的氣動式管道付賬。他們把車往前開到窗口，便可以得到他們的餐點以及該找的零錢。而且如果整個車道等候的車輛太多，一位章魚鈴噹的員工會帶著無線鍵盤來幫消費者點餐[8]。

家庭食品（與相關現象）：我沒有時間做飯

一九五〇年代早期，正是速食餐廳開始崛起的時代，速食業的主要對手是家庭式料理，材料通常事先在多樣的當地商店以及早期的超級市場購買。家庭式料理明顯的較早期準備食物的方式來得更有效率，像是避免必須事先捕獲獵物或是收集蔬菜水果才能準備開伙。

在一九五〇年代由於冰箱、瓦斯與電爐的普及，使得在家中烹調的生活方式更具效率。食譜同時也對於家中烹調效率的提升，有著重要的貢獻。取代以往每次準備一份餐點就像是要發明一份餐點的情形，只要按照食譜烹調就可以更有效率的作出餐點。

很快的，由於家庭冷凍設備的普及，也進一步使得冷凍食品的需要量增加。最具效率的冷凍食物（許多其他種類也是）

是「電視套餐」。人們可以用冷藏設備儲存各種冷凍食品的餐點（例如中國菜、義大利菜、墨西哥菜以及其他各式各樣的美國菜），而且迅速的把冷凍食品放到烤爐內。較大的冷凍庫允許其他更有效率的做法，例如，到超級市場的次數減少並且每次都購買大量的食品的購物方式，取代以往經常到超市但是每次購買量不多的情形。當人們需要的時候，可以很快的選取想要的冷凍食品，可以對他們的餐點最初最廣泛的安排。最後，冷凍設備使人們可以一次就烹調大量的餐點，然後分配餐點將部分冷藏起來，需要的時候在加以解凍。

　　然而，冷凍食品相較於更進步的微波食品顯得較為沒有效率[9]。微波爐比其他烤爐的烹調速度更快，而且民眾也可以準備廣泛的微波食品。或許最重要的是，應運微波爐而生的產品相當多樣（包含微波式的湯類、披薩、漢堡、炸雞、炸薯條與爆米花），這些微波食品使得民眾等於在為學習愛上速食餐廳作最有效率的準備。舉例來說，一種由何梅爾（Hormel）製作的微波商品，這種以軟餅為底的三明治早餐進一步為麥當勞的滿福堡發揚，並得到大眾的喜愛[10]。一位行政人員說明道，「取代以往到雜貨店購買冷凍食品，而可以選擇麥當勞的早餐三明治」[11]。事實上，許多食品公司現在仍希望速食餐廳的消費者能進一步搜尋更多的創意。在部分的情形中，相較於由速食餐廳提供的餐點，「家庭用」的速食似乎更具效率。取代走進車內、把車開到速食餐廳，然後再開車回家的步驟，人們只要把想要的食品放進微波爐即可。但是在另一方面，微波食品的效率可能要打些折扣，因為民眾必須先到市場購買微波食品。

　　長期以來超級市場便裝滿各種讓那些想待在家裡開伙更有

效率的食品類型，取代以往一開始必須先劃破包裝袋，現在只要混合各種套裝包就能完成「家庭用」蛋糕、餡餅、煎餅、雞蛋餅以及其他各種食物。不用再無止盡地攪拌熱麥片；只要把水燒開然後將事先準備的包裝裡面的食品倒入。準備布丁的時候不用攪拌，也不用其他更具效率的套裝材料；只要從儲物櫃拿出在超市購買，並且已經做好的布丁。

全餐式的套餐是越來越重要的競爭者，人們現在也可以在超級市場買到。人們只要在回家的路途稍作停留，購買各種做法的餐點，這些餐點用未密封的包裝準備——也就是說，不用烹調即可食用。

最近的發展則是連鎖店的外賣餐點的逐漸增加，像是波士頓市場（Boston Market）以及伊特奇（Eatzi's），這些連鎖店是為了迎合「替代餐點」的市場所應運而生的。一位消費者提到，「我沒有時間做飯。我整天都在工作，而且還有其他事要做，而這種食物很快…」[12]。以伊特奇為例，「每天提供兩百種主菜，以及一千五種新鮮的配料，這些食品從準備到烹調，都是受到曾在烹飪學校受訓的廚師所監督。這些餐點包含任何東西，從通心麵與起士到劍魚與壽司，當然還有三明治與沙拉」[13]。

準備以及購買食物的麥當勞化，也造成塑身產業興起的浪潮，說明各種有效減肥方式的塑身書籍總是在銷售排行榜名列前矛。減肥通常相當困難而且是非常花時間的，但是塑身書籍卻保證能更快更輕鬆的減肥。對於那些正在節食的民眾來說（而且有許多民眾或多或少正準備節食），提供方便的低熱量食品同樣是相當有效率的。取代原先親自下廚作減肥餐，減肥的

民眾現在可以購買到各式各樣的微波形式的冷凍食品。那些不想經過無效率的享用減肥餐的人們，可以事先準備與購買像是減肥奶昔（例如少又快，Slim-Fast），只要花費幾秒便可以得到。節食者仍企圖尋找更有效率的方式，像是各種能讓體重快速下降的藥丸—像是現在被禁止使用的肥芬（fen-phen）以及其他藥物。

　　結食的議題指出外於家庭新的效能以及減肥中心的興盛，像是珍妮克雷格（Jenny Craig）以及營養／系統（Nutri/System）[14]。營養／系統讓節食者花費大筆大筆的金錢，購買套裝的冷凍減肥食品，這種食品已經接近效能食品的最終形式，節食者要做的只是把最水加進去。冷凍—乾燥的食品也可以在營養／系統輕易的買到，因為這類的產品在包裝、運輸與儲藏上顯得更有效率。

　　節食者定期造訪減肥診所同樣是有效率的。在營養／系統，每位客戶可以分配到與顧問對談十分鐘，在這短短的十分鐘內，這位顧問測量客戶的體重、血壓以及腰圍、詢問一些例行問題、在表格填上結果，並且用剩下的時間解答顧客的疑問。如果會談時間超過預定的十分鐘，並且有其他的顧客正在等待，接待人員會向顧問室發出信號。顧問在營養／系統大學學習相關的技術，經過一個禮拜的訓練之後（這裡不需要無效率的修業年限），他們便得到執照以及營養／系統大學的學位。

購物：創造最有效率的販售機器

　　不只是食物，購買任何的商品或服務的過程也同樣都被效

率化。相較於廣佈整個城市或郊區一系列的精品店，百貨公司明顯的是一個更具效率的場所。除此之外，購物中心藉由把商品齊全的百貨公司以及精品店放在同一個屋簷下，更加提升購物的效率[15]。這樣的情勢對於零售商來說是無效率的，因為各種商店以及百貨公司的組合，將會帶走龐大的人潮（「購物中心整合」）。而購物中心對於消費者來說是極具效率的，因為他們只要在一個地點，就能參觀數目眾多的店面，在「美食廣場」享用午餐（很可能又包含許多速食連鎖店），看部電影，喝杯飲料，並做些運動或到塑身中心。

提升購物效率的旅程並非到了購物中心而停止。7-Eleven與模仿7-Eleven的類似商店（例如Circle K、安賓，AM／PM以及Wawa）開始大量出現，這是一種沒有車道的迷你超市。對於那些只需要少量東西的人們來說，停留在高度效率化的7-Eleven遠比跑一趟超級市場來得更有效率。消費者不需要在空曠的地區停車，不需要拿著菜籃或推著購物車，在無數的走道中尋找自己想要的東西，然後排隊結帳，最後將買到的商品搬運回遙遠的車上。在7-Eleven，你只要把車停在店前，然後迅速的找到你想要的物品。7-Eleven用有限，但較經常為人需要的產品推滿整家店面：麵包、牛奶、香菸、阿斯匹靈，甚至是錄影帶以及自助式的物品，例如熱咖啡、熱狗、微波三明治以及冰汽水。7-Eleven的高效率來自每一種物品通常只提供一個牌子的商品，並且有許多物品是不供應的。

為求更多的選擇，消費者必須前往相對較無效率的超級市場。但是，值得注意的是：超級市場也開始利用制度化的方式提升購物的效率，例如限購十件物品，以及不收支票的結帳櫃

檔，因為顧客可能更經常光顧較為便利的商店。

那些覺得自己沒有時間逛購物中心的民眾，也可以在家裡安適的拿起商品目錄來購物（例如L.L. Bean以及Land's End）[16]。其他替代逛購物中心的方式是家庭電視購物，但是這可能要花費更多的時間在電視機前。商品透過電視在消費者前展示，消費者只要簡單的打個電話購買，並且可以用最輕鬆的方式付款。購物目錄與電視購物的普及，使得快遞系統得到進一步的發展，例如聯邦快遞。

網際網路同樣也提升購物的效率。舉例而言，取代過去進行一趟超級書店之旅，或是在一家接著一家的小書店閒逛，你可以連上亞馬遜網路書店（Amazon.com），在你敲打鍵盤的指尖之中，你可以看到百萬種不同的書籍。搜尋到想要的書並且付完帳之後，你只要回家坐好，等待你買的書送到家門口。相關領域最近的發展之一是「虛擬藥房」，人們可以在不看醫生的的情況下，得到處方與藥品；與「線上醫生」對談也是可行的[17]。

另一個具有效率但經常被忽略的網路購物的層面，是你可以邊工作邊完成交易[18]。雖然雇主通常認為在工作中購物，會對員工的工作效率造成反效果，但是就消費者與員工的觀點，這卻是非常有效率的。

當然，讓網路購物更有效率的努力是從不間斷的。因此，我們目睹購物機器人的革新，或說是「店面機器人」，能自動在網路上搜尋某種特殊產品、最低的價格以及最短的送貨時限[19]。舉例而言，布烏公司（Boo.com）的布烏小姐（Miss Boo）會從二十四個運動用品製造商，像是宇宙女孩（Cosmic Girl）、

北方容貌（North Face）以及Puma，搜尋出最適合消費者的運動服飾[20]。

所有購物類型，特別是利用機器的遠距離購物，由於信用卡的普及使得整個購物過程變得更有效率。消費者不需要到銀行提出大把的鈔票，也不需要因為在購物中心把錢用完而回到銀行。消費者甚至可以在沒有當地貨幣的情況下，在別的國家的商店購買物品。雖然付現或許比較有效率，但是當顧客在購物，特別是較貴的物品，付現至少會引起服務生的驚訝，甚至懷疑。相較於以個人簽帳付款必須展示數種證明，以信用卡付款，無疑的是更有效率。

信用卡同時也麥當勞化整個信用卡的發卡過程[21]。在過去，人們必須通過冗長又枯燥的審查過程才能得到信用卡。現在，信用卡公司則將發卡過程效率化，甚至達到郵寄提醒百萬民眾他們已經事先通過信用卡的審核過程的程度。因此，消費者不需要做任何事，就能得到額度從幾百美元到幾千美元（這是最常見的）不等的信用卡。這是相當有效率的，即使從消費者的角度來看也是如此。當然，信用卡公司將事先核准視為大量成長潛在借貸人的有效方法，這些借貸人會支付接近高利貸的利息以便使自己的財務情況獲得平衡。

高等教育：只要填滿整個箱子

教育系統，特別是當代的大學（現在被稱為「麥克大學」[22]，McUniversity），提供說明要求提升效率的壓力的例子。其中之一是機械式的成績等級與以選擇題為主的考試。在較為

早期的時代，考試的形式是以學生個別的與教授進行討論來進行，個別討論或許是發現學生懂得多少的好方法，但是卻要花費密集的勞力並且顯得相當沒有效率。接著，申論題形式的考試變得流行。針對一組申論題評分顯然比個別的口試來得有效率，但是批改申論題還是相對要耗費很多時間的。進入以選擇題為主的考試，成績則可以很快的改出來，事實上，研究生助理就能批改，甚至能比教授更有效率的評價學生的成績。現在，相距於教授與研究生助理，由電腦評分的考試更把批改考卷的效率極大化。電腦型態的考試對學生也有好處，例如更容易的準備考試，以及評分人員在評分過程中的主觀判斷所帶來的影響。

其他學術界的創新，也進一步使得教育過程更有效率。即使是選擇題形式的考試也為教授帶來額外的無效率工作，因為教授必須想出試卷的選擇題題目。除此之外，每學期至少必須更動部份的題目，避免學生從考古題得知考試的題目。為求減輕這種負擔，教科書的出版商開始提供教授出滿選擇題的教學手冊（通常是免費的），伴隨課程的進行，可以在許多班級進行考試。然而，教授還是必須重新編排這些題目，因此，現在出版商改以光碟形式提供這些選擇題，教授要做的只是選擇他們想要的題目，然後讓印表機處理剩下的事。另外的一項進步是利用電腦程式來評價申論形式的考試以及學期報告[23]。因此，教授可以專心回到他們被分派的傳統型態的學校任務，卻不會造成任何效率的流失。確實的，由於這些重要的改變，教授在整個考試過程只有很少的事情要處理，從出題到評分，節省教授進行這些動作的時間，但是只有很少的學生。會因為申論或

是做研究而得到較高的評價。

出版商提供那些採用銷路最佳的教科書的教授其他的服務，讓教學的效率能進一步提升。教授可能會得到可以填滿上課時間的教材─授課大綱、電腦模擬、問題討論、錄影帶、電影，甚至可以請客座老師前來以及獲得學生計畫的點子。選擇使用這些設備的教授，在課堂上就能更爲輕鬆，沒有什麼事情好做。

我曾經參與一個用來說明高等教育效率化的絕佳例子─主題式的出版品[24]。在主題式教科書中，編輯邀集不同的作者，在某個特殊的主題下，分別寫下不同章節的內容。教授對於採用這種教科書上課相當有興趣，以書中的章節最爲課程進行的依據。教授可以選擇章節內的任一小節，可以根據教授的教學需要加以組合。當某一主題教科書出版後，教授班級上課所需要的範本數量也就通通印好。由於新電腦技術以及高速影印機的出現，使得這樣的情形越來越普遍。

主題式的教科書至少在三個面向上，比一般的教科書來得更有效率：

1. 由於每個章節至少要花費幾個禮拜到幾個月的時間完成，因此，由許多專家負責完成一個章節，將使得整個寫作過程更有效率；如果只有一位作者，整本書可能要花上好幾年才能完成。

2. 由於主題式教科書只包含實際需要用到的章節，因此，相較於傳統教科書顯得更爲有效率。

3. 主題式教科書的章節在許多課程，可以與傳統的教科書

混合以及互補使用；同一章節的各小節可以被用在不同
的課程。

關於學術界最後一個值得提及的發展，是相對較新的服務
在校園中出現，為了節省學費，學生可能會購買由教師、教學
助理以及成績優異的同學所寫的相關課程的筆記。再也不需要
任何沒有效率的筆記；事實上，再也沒有無效率的出席上課。
學生可以更自由的追尋更有價值的活動，像是在研究生圖書館
凝視著神秘的學術之旅，也可能是看肥皂劇。

衛生保健：箱子裡的醫生

人們或許會假設現代的醫療體系可以免除提升效率的要
求，並且能夠普遍性的抗拒理性化[25]。然而，醫療系統仍舊無
法避免被麥當勞化。事實上，很多例子可以用「醫療裝配線」
這個名詞來說明。其中一個例子是顧里（Denton Cooley）醫生
（他的「偶像是效率」），由於顧里醫生在「心臟手術工廠」以
「精確的裝配線」使得精細開心手術變得更有效率，成為全球知
名的人物[26]。更令人感到震撼的則是下面這段關於莫斯科研究
機構的眼睛顯微手術的描述：

整個手術的場景，在許多方面與現代工廠並無二
致。一條輸送帶靜靜的滑動，通過五個工作站，週期
性的停止，然後又重新啟動。每一個工作站配有一位
戴著無菌面具與工作服的人員。每位工作人員只有三
分鐘的時間完成任務，必須趕在輸送帶啟動之前做

好；他們一個小時可以完成二十件。

　　然而，幾乎其他所有的工作都與裝配線有關，這是極為不尋常的：這些工作人員是眼科醫師，而輸送帶則帶著坐在椅子上的病患。這就是…將亨利福特的生產方法應用在醫療行為上…一間"生產良好視力的人類的醫療工廠"[27]。

類似的裝配線在醫療體系並不常見，但是任何一個人都能預料到，在未來的年代裡，這樣的醫療過程將不斷成長與擴張。

或許醫療行為效率化的最好實例，是美國不斷成長的走入／走出的外科或急診中心。「麥克醫生」與「箱子裡的醫生」提供那些希望自己的醫療問題能以最具效率的方式處理的民眾，另一種可能的選擇。每一個急救中心雖然只負責處理極少數的小毛病，但是都以極快的速度完成。儘管被割傷的病患縫合的工作不能像消費者得到漢堡般的有效率，但是兩者間還是存在共通的原則。例如，相較於必須與值班醫生進行談話以及等待預約時間的到來，病患直接走入醫院而不用和醫生會面顯得更具效率。對於較小的緊急事件而言，像是輕微的割傷，找麥克醫生治療比走進大型醫院的急診室更有效率。儘管部分醫院已經開始雇用特殊化的緊急病房醫生、團隊與醫療人員，但是醫院仍是被設定處理目前尚未被效率化的重大病症。

　　從組織的觀點來看，麥克醫生可以運作得比醫院急診室更有效率。箱子裡的醫生也比私人診所更有效率，因為他們不提供病人個人式的徵詢（也因此會造成無效率），不準備採取私人

醫生的作法。

娛樂：有效率的移動人們（與垃圾）

伴隨錄影帶與錄影帶出租店的出現，許多人不再將到當地的電影院看電影，視為一項合乎效率的事情。電影現在可以在人們自己的小窩欣賞，並且不一定要坐著欣賞。那些想要更加提升效率的民眾，會購買提供子母畫面的電視，讓他們在看電影的同時，也可以在螢幕上看到最喜愛的電視節目。

百視達（Blockbuster）是美國最大的錄影帶出租公司，預測「該公司會成為錄影帶事業的麥當勞」[28]。百視達的第一家店面於1985年開幕，到今天在美國擁有四千五百個錄影帶通路以及其他三百九十八家的音樂行。

錄影帶出租業或許也受到其他更具效率的替代品的挑戰，例如許多有線電視業者提供的付費電影服務。取代原先在錄影帶出租店漫遊，消費者只要打開正確的頻道，並且打電話給有線電視業者即可。衛星電視則允許消費者接觸廣泛的視聽服務，包含許多電影頻道與付費電影的選擇。雖然現在還處於實驗階段，但是「電影供應」（video-on-demand）系統在未來將使得消費者可以在任何的時間，在舒適的家中點選欣賞任何一部錄影帶出租店擁有的影片[29]。一位錄影帶出租店的消費者談到，「我會想要電影供應系統…我就不用走來這裡挑選片子。而且我也不用在隔天把這種會弄痛我的屁股的東西拿來還。」[30]

我們的閱讀也變得越來越有效率。有聲書籍（錄音帶書）

工業的每年產值高達二十億美金，並且以百分之三十的年成長率持續發展[31]。有聲書籍讓民眾在從事其他活動的時候—計算、走路、慢跑或是看著電視的運動節目，甚至還把聲音打開—也能聽一本書。一家公司特別設計適合卡車司機的出租書籍，讓他們可以邊聽書邊開車[32]，卡車司機可以在一地租書，然後在另一地還書。吹牛拜瑞（Cracker Barrel）是一家全國性的餐廳連鎖店，也針對所有的駕駛提供類似的服務（約有四分之三的駕駛會在車內聽有聲書[33]），駕駛可以在一家餐廳租書，然後在另一家餐廳還書，而這位駕駛可能已經開過三個州。然而，從網路下載有聲書可以消除租書以及還書所帶來的無效率[34]。更加提升效率的方式，是將錄音帶書籍轉錄成精簡版本，省去「浪費時間」聽「不重要」的小說部分。隨著文句的刪減，《戰爭與和平》只要一次就能聽完（或許你同時也在跑步機上走著）。

娛樂世界另一種效率化的層面是由娛樂公園所發展，能迅速移動遊客的系統，特別是迪士尼樂園與華德迪士尼世界[35]。舉例來說，在迪士尼世界以及未來城市中心遍佈高速公路與鐵路系統，每天讓數以千計的車輛通過並且找到適當的車位。當每一位駕駛被引導到停車場後（通常有廣播系統提供的訊息協助），公共汽車便前來將遊客迅速的送往公園的大門。一進到公園，遊客會發現自己置身在一條擠滿人的線上，這是一條巨大的輸送帶，將遊客從一個景點帶到另一個景點，當遊客到達遊樂景點，其他類型的輸送工具—車輛、船隻、潛水艇、飛機、火箭或者移動式的走道—帶著遊客參觀整個景點，並且儘快將遊客帶出景點。家加快每個遊客通過公園景點速度，可以強化

他們的遊園經驗，同時也降低遊客會對他們看到的「實體」產生疑惑的可能性。事實上，儘管整個景點看起來很刺激，但是遊客經常不確定自己到底看到什麼。

迪士尼世界經常因為本身的成功而感到痛苦：即使是迪士尼樂園般高度有效率的系統，也無法處理如此大量的遊客，使得迪士尼樂園在遊客眾多的時期的遊員人數有所下降，遊客必須面對每個排滿隊的景點，但是，等待卻不符合迪士尼對待遊客的原則。

遊客並非唯一迪士尼世界需要有效率處理的事務[36]。主題公園經常為人群所擠滿，遊客在園中飲食量非常大（幾乎是速食產品，特別是用手拿取的食物）因此也產生極為驚人的垃圾量。如果迪士尼世界每天只在營業結束才清空垃圾箱，所有垃圾箱在大半的時間都時呈現溢出的狀態。為了避免這樣的情況（因為清潔—部分的人會斬釘截鐵的說到—在麥當勞化的世界非常重要，特別是迪士尼世界，因此一定要避免垃圾滿溢的情形），有一群員工經常清掃、收集以及清空垃圾。舉一個特別的例子，將鏡頭帶到晚間迪士尼遊行隊伍的尾巴，一群清潔人員幾乎是立即將遺留物不管是垃圾或動物的排泄物加以處理。只要幾分鐘的時間，他們便可以消除剛剛通過的遊行隊伍所留下的所有物品。迪士尼樂園也使用地下管道精細系統。利用這個系統清空垃圾箱，以每小時六十英里的速度，將垃圾送到遊客看不到的垃圾處理工廠。迪士尼世界在許多方面都像是「魔法王國」，下面是一位觀察家比較另一個高度理性化的主題公園的描述—布奇花園（Busch Gardens）—前身是鄉村遊樂場與康尼島：

在這裡沒有風砂，沒有工作人員冷漠的誘惑聲，沒有充滿裝飾的與美麗的遊樂設施，也沒有由於一千個在黑暗中閃耀的黃色燈光，使我們感到刺眼。整個場地相當廣大，自我滿足的環境，就像一個小城市般複雜，而且相較於大多，不管任何大小的城市，顯然能夠達到更高的效率[37]。

其他的場景：與教皇關係的效率化

現代社會的健康俱樂部，例如假日溫泉（Holiday Spas）這類的連鎖俱樂部，也開始非常強調效率[38]。這類的俱樂部，實際上可說是提供減肥以及塑身所需的任何物品，包括運動器材、慢跑跑道以及游泳池。俱樂部提供各種具備特殊功能的運動器材，所以俱樂部會員可以針對身上的特殊部位，進行最有效率的運動。跑步機與有氧階梯促進循環系統的健康；重量訓練設備則可以強化身上特殊部位的肌肉。伴隨這些機器而來的效率提升，是會員可以邊運動邊做其他事情。許多俱樂部的健身場所佈滿電視，會員也可以在運動的同時從事閱讀、聽音樂、或是聽有聲書（可能是精簡版），兩方面都能顧及到。所有的設備都被放置在單調的場所中，而這個場所通常也是被麥當勞化的[39]。

其他的例子則帶來更為可觀的效率提升。銀行車道式的服務窗口，對於消費者或行員來說都更具效率。在加油站，消費者可以把信用卡放入特別的凹槽，或者站在油槍旁等著機器自

動的處理帳目；當消費者加完油，他們可以取回收據，在整個
過程中，信用卡並不會接觸到任何加油站的工作人員。伴隨著
最近的發展—美孚（Mobil's）的「快速通關」，一台詢答機或車
輛的照後鏡被貼上鑰匙標籤，以聲音頻率作為信號與油槍聯
繫。當車輛被拉起，油槍便可以自由活動，並且會在駕駛的信
用卡戶頭扣除正確的費用。

　　透過巡迴式的教堂以及電視佈道節目，即使是宗教也難逃
被效率化的命運[40]。一九八五年梵蒂岡宣布，天主教徒可以經
由電視或廣播中的年度耶誕教皇祈福儀式得到「寬恕」（藉由祈
禱的儀式，使得信徒可以免除因為宗教罪過所帶來的懲罰）。之
前，天主教徒必須採取較無效率的方式，親自到羅馬參加耶誕
祈福，並且當信徒獲得個人的寬恕時，必須表現出「恰當的意
圖與態度」[41]。

　　效率被界定為網際網路的特點之一。舉例來說，網路搜尋
引擎像是雅虎、炎熱先鋒（Hotbot）以及歐洲搜尋
（EuroSeek），處理許多原來屬於電腦使用者應該做的工作[42]。
早期的網際網路，取得使用者想要的資料是相當困難的事情，
因為使用者必須具備許多技巧以及通曉神秘的電腦程式。現
在，所有的使用者要做的只是連上搜尋引擎，鍵入想要的主
題，網路便會自己開始運作。去技術化（deskilling）的過程也
開始發生：相關技術本來是使用者所有，現在卻被移植到系統
之內。網際網路也使得政治競選活動[43]、醫藥座談[44]、學生研
究[45]、甚至是談戀愛[46]等活動變得更加有效率。更明顯的是，
電子郵件遠比「蝸牛郵件」（校閱按：指一般經由貼郵票由郵差
投遞郵件）來得有效率[47]，不需要寫信，不需要把信放入信

封，不需要封印、不需要貼郵票，也不需要拿去寄，也不用等待幾天甚至幾個禮拜才會有回應。現在，所有要做的只是輕敲鍵盤，並且按下「送出」的按鈕，並且幾乎同一時間就會得到回應。電子賀卡也具備類似的優點，吸引人們在生日、節慶、假日以及其他重要的日子利用電子賀卡表達心意[48]。

簡化產品

　　不同過程的效率化，使得我們獲得更多的效率，而另一個提升效率的方式則是將商品簡化。讓我們回想速食餐廳提供餐點的場景。不用多說，以複雜的烹調方式提供多樣的食物，並非速食餐廳的基本模式。速食餐廳提供的食物只需要較少的材料，並且簡化餐點在準備、提供以及食用的過程。

　　事實上，速食餐廳主要提供「用手抓取的餐點」，不需要餐具就可以享用。漢堡、炸薯條、炸雞、切片披薩以及炸玉米餅都是用手指抓取的餐點。

　　由於近年來的許多創新，可以用手抓取的餐點的數量與類型已經大幅增加。滿福堡是將一套完整的早餐—雞蛋、加拿大培根、英式鬆餅—結合放入方便的三明治。狼吞虎嚥的吃完這樣一個三明治，比起坐在那裡拿著刀叉，吃著一盤滿是雞蛋、培根以及土司來得更有效率。麥克雞塊的發明，或許是最終用手抓取的餐點，反映麥當勞相當關心雞肉無法有效率處理的事實。雞的骨頭、軟骨以及外皮是有效率消費雞肉的障礙，而這些部位在麥克雞塊中是無法發現的，消費者甚至可以在開車的

時候，拿著大小剛好的炸雞放入嘴裡。如果肉雞的供應商可以，他們也會飼養更有效率，沒有骨頭、軟骨以及外皮的食用雞[49]。麥當勞也提供蘋果派，由於蘋果派被完整的放入麵團之中，所以也可以像三明治般咀嚼。

選擇種類有限的菜單，對於速食餐廳的效率提升也有貢獻。麥當勞不提供蛋捲（至少現在還沒有），而章魚鈴鐺則不提供炸雞。不管速食業者是如何告訴消費者的，速食餐廳距離成為提供完整服務的餐廳，以及過去提供各種餐點的自助餐廳都還相當遙遠。

廣告詞「我們用你的方法做」，意味著這些連鎖店相當樂意滿足消費者特別的要求，遺憾的是，有哪一位消費者在速食餐廳內還會有特別的要求。由於大部份顧客對於效率的要求，使得他們總是採取唯一的方式─他們的方式─這也就是速食餐廳所謂希望用你的方式做。典型的漢堡通常非常薄，只有全熟一種烹調的方式。較大的漢堡（例如麥當勞的四分之一磅漢堡）雖然可以用半熟的方式準備，但是速食業者由於效率的考量（以及這些年來對於衛生的要求），也將較大的漢堡以相同的方式烹調。消費者若魯莽的要求半熟的漢堡以及烤成咖啡色的薯條，他們的腳跟可能會凍結好一段時間，經過漫長的等待，才能得到這類「新奇的事物」。最後，很少顧客願意等待，因為等待破壞他們來到速食餐廳的主要原因─速度與效率。種類有限的菜單也使得點餐與送餐的過程更具效率。總而言之，隱藏在亨利福特過去對於汽車生產的談話的概念，也開始擴展到漢堡製作上：「任何消費者可以選擇購買漆著各種顏色的車輛，而他們長久以來最想要的顏色是黑色」[50]。

　　許多速食業以外的產業也採取簡化的手段來提升效率，。AAMCO汽車傳動裝置（AAMCO Transmissions）主要的業務是汽車傳動器，而大富翁消音器（Midas Muffler）則將本身的工作範圍限制在裝置消音器。H＆R街區（H＆R Block）則在數目將近九千個的公司辦公室，處理數百萬件簡單的退稅申請，由於H＆R街區僱用許多兼職以及季節性的員工，並且不像美國民用生產管理局（Civilian Production Administration，CPA）提供完整的稅務與金融的服務，因此，H＆R街區無疑的並非辦理情況較複雜的退稅事務的最佳場所[51]。「麥克牙醫」只提供簡單治療牙齒的程序，如果人們要去那裡進行根管治療，可就得再考慮一下。珍珠視力中心（Pearle Vision Center）提供檢查眼睛的服務，但是患有嚴重的眼疾的病患應該直接去找眼科醫生。

　　多數「嚴肅」的報紙（例如紐約時報與華盛頓郵報）的閱讀效率都是偏低的，故事在這頁開始，然後在另外一頁結束。今日美國將相關新聞簡化，讓整個故事在同一頁完結─換句話說，就是提供「麥克雞塊式的新聞」。今日美國採取劇烈的簡化與刪除文字內容的編輯方式（不浪費任何一個字），只留下一系列不加修飾的新聞事實。

　　簡化新聞這個層面，許多雜誌早就在今日美國之前便有類似的動作，最有名的是現在仍深受歡迎的讀者文摘。讀者文摘最初的目標是提供「可以寫來取悅讀者，並給予讀者在快速變動的一九二○年代的世界最重要的報導，而非取悅編輯或作者的那種篇幅長並且詞藻華麗的」雜誌文章[52]。其他早於今日美國的其他雜誌先驅，例如時代（Time）、新聞週刊（Newsweek）以及商業週刊（Business Week）。如同兩位觀察家提到的：

「行政人員沒有時間仔細的閱讀各種訊息，所以他們不浪費時間每天閱讀華爾街期刊 （Wall Street Journal），只有每個禮拜隨意翻閱商業週刊，而這樣已經足夠他們在商業競爭中取得領先」[53]。

讓顧客工作

在麥當勞化的世界中，最後一項提升效率的機制就是驅使顧客工作。相較於提供顧客全套服務的餐廳，速食餐廳的消費者顯然做了許多無酬的工作：

> 在幾年前，麥當勞速食連鎖店打出這樣的口號，「麥當勞都是為你」。實際上在麥當勞的情況是，「我們都是為麥當勞」。我們排隊點餐，把餐點拿到桌上，丟棄剩下的垃圾，然後把餐盤疊好。由於勞動成本的提高以及科技的發展，消費者通常負責越來越多的工作項目[54]。

速食餐廳讓顧客排隊點餐雖然符合效率要求，但是排隊等待顧客來說，卻是不合效率的。讓用餐者完成許多原本在傳統餐廳是由服務生負責的工作，對於速食業者來說是合乎效率的，但是對於消費者而言也是符合效率的嗎？自己點餐比較有效率，抑或是讓侍者來服務？或者，自己處理紙具、塑膠盤以及保利龍比較有效率，抑或是讓服務生來完成？

沙拉吧是驅使消費者工作的經典實例。顧客「買」空的盤

子，然後悠閒的漫步到沙拉吧旁，盛滿當天供應的蔬菜與其他食物。這種用餐方式的好處馬上就被發現，許多超級市場現在設立更精細的沙拉吧。沙拉愛好者可以在午餐時間變成速食餐廳的沙拉廚師，然後在晚間的超級市場再重複相同的動作。速食業者與超級市場經由這種方法獲得龐大的效益，因為他們只需要雇用少量的員工來負責儲存各種食物即可。

在許多速食餐廳中，包含羅伊羅傑（Roy Roger）[55]，消費者被期望拿著白麵包到「組合吧」旁自行添加配料，像是萵苣、馬鈴薯與洋蔥。在這樣的速食餐廳裡，顧客最後把麵包切割成幾部份，就像製作三明治的服務生。在漢堡王以及大多數速食連鎖餐廳，消費者現在必須負責幫自己的杯子添加冰塊以及裝滿冷飲，因此在用餐過程中，消費者將有幾分鐘的時間會成為「裝汽水的笨蛋」。

購物也提供許多關於將工作施加在消費者身上的例子。過往的雜貨店是由服務生幫顧客取出需要的物品，現在則被超級市場取代，超級市場的消費者每個禮拜必須花上幾小時「從事」像雜貨店的服務生般的工作，在看起來沒有終點的走道，進行漫長的旅程，找出自己想要的（或是不想要的）物品。為了獲得這些雜貨，顧客必須將挑選的食物放在櫃檯上，在某些超級市場，顧客還必須負責打包雜貨。

超級市場的結帳櫃檯下一步將要求顧客自行掃描價錢，藉此可以消除對於結帳服務人員的需要[56]。允許顧客以信用卡支付款項的系統甚至可以除去對於收銀機的需求。掃描系統的發展人員預測道，「自助式的雜貨業系統，將會如同銀行客戶使用的自動櫃員機一樣普及」[57]。

位於郊區的馬里蘭安全之路（Maryland Safeway）建構新的掃描科技，向消費者提供系統的使用手冊，手冊的標題是「替自己結帳有多容易」（當然，你或許會問，到底對誰容易？）。下面是要求客人必須負責的三個簡單"步驟"：

1. 將物品的條碼掃過掃描器。等待嗶嗶的聲音。將物品放置輸送帶之上。
2. 當你結束所有物品的掃描工作，請觸摸螢幕上「結束」的按鈕。
3. 在走道的末端拿起收據，並走向收費站[58]。

下面是一段關於這種系統的細節描述：

消費者將物件上的商品通用條碼（universal product code，UPC）通過掃描器…然後消費者將物品放入塑膠袋。

消費者將購買的物品放置在平台上。部分物品上面貼有條碼，消費者觸碰螢幕鍵入號碼。如果產品上沒有條碼，消費者可以鍵入商品的項目，然後得到一份清單。當消費者選好物品，他們會被告知該如何打包。

當所有的物件都被掃描過，消費者可以選擇付費的方式，簽帳、信用卡或是現金…[59]

對於這種系統，一位虔誠信仰麥當勞化的消費者談到，「很快、簡單而且有效率…你進出都是非常匆忙的」[60]。但

是，如同一位隸屬代表超級市場員工工會的幹部卻提到「一般認為這種系統帶給消費者便利，卻會使得世界的上端往下被扭轉…普遍來說，讓消費者自己工作並不是消費者服務的一種」[61]。

實際上，加油站的顧客已經自行負責加油、付款以及清潔窗戶的工作；人們現在每個禮拜花上幾分鐘的時間成為無酬的加油消費者。

在部分的診所，病患必須自己秤體重以及量溫度。更重要的是，病患經由越來越多廣泛的DIY醫療測試，被驅使在醫療世界裡工作。兩個基本的型態是常見的：監控設備以及診斷的設備[62]。監控設備包含血壓計、葡萄糖與膽固醇的計量器。診斷測試則像是驗孕劑、排卵劑、HIV測試以及帶血排泄物偵測。因此，病患現在被要求必須熟悉這些技術，而這些測試在過去有一大半屬於醫生、護士以及受過訓練的技術人員所負責的工作範圍。除此之外，病患還被要求自行抽取人體體液（血液與尿液）或是副產品（排泄物）的樣本，而這些原本是由專業的醫療人員（極為謹慎的）處理。但是，在醫療成本極高的時代，讓病患自行監控或測試，是較為便宜並且較有效率（不需要前往診所或藥房）的方式。這種在家就可以完成的測試或許可以指出原本沒有發現的問題，但是也可能造成不必要的擔心，特別是「虛假陽性」的測試結果。在每個案例中，我們其中的許多人現在正在「工作」，像個兼職或無酬的醫療技術人員。

銀行業自動櫃員機（ATM）的出現，允許每個人至少花上一些時間像個無酬的銀行行員般工作（而且通常還因為使用

ATM需要付手續費）。最近，爲了鼓勵民衆使用自動櫃員機，部份銀行開此向利用眞人行員辦理事務的顧客收取費用[63]。

電話公司現在也讓民衆每天花上幾分鐘的時間成爲接線生。取代以往必須透過長途接線生才能打電話，民衆現在被催促自行撥出長途電話，要求民衆保留冗長的電話號碼以及區碼的清單。取代簡單撥個「○」來詢問長途電話號碼，民衆現在必須記得一組冗長的號碼以便節省電話費。電話公司其他類似的措施，是鼓勵民衆在電話簿內自行尋找號碼，而不要選擇打給接線生尋求幫助。爲了勸阻民衆利用接線生得到相關訊息，關於這項服務已經有相當重大的改變。在華盛頓州，消費者現在可以用電話處理，撥出八一一的號碼，將有電腦語音提供顧客一系列的問題解答[64]。

這些日子以來電話事業如此興盛，取代撥給眞人的接線生，消費者在希望電話能通向正確的目的地之前，被推向一個充滿的數字與號碼的迷幻世界[65]。下面是關於「對話」以及打電話民衆自行負責的工作最幽默的一段描述：

> 一個你希望聯絡上的一方—湯瑪斯華生—現在無法接通。如要留下訊息，請在嗶聲之後留言。要重聽你的訊息，請按七。收聽後想更改訊息，請按四。增加你的訊息，請按五。要打給其他人，請按星號並撥出四位數分機號碼。想收聽莫札特，請按二十三。轉出語音信箱，我保證你接觸不到真人服務—因爲我們把你當成服務人員[66]。

郵政服務藉由要求填寫冗長的郵遞區號，讓消費者自行處

理部份工作。由於自動技術的使用，若沒有清楚在信封上填寫住址，負責處理的機器會損壞，因此郵政服務現在要求民眾在信封上將地址以打字型式呈現[67]。

取代以往與政府普查員對談，民眾現在通常接到一份問卷，並且自行填寫。

這些例子或許看起來並不重要。明顯的，在信封上寫下郵遞區號，或是尋找電話號碼並不會帶來多大的負擔。但是這類活動的普遍意味著現代消費者耗費越來越多顯著的時間與能量，來從事無酬的工作。因此，儘管組織藉此實現更高的效率，消費者卻經常因此而犧牲自己的便利與效率。

結論

效率是麥當勞化的第一個面向，強調尋找最理想的手段達到目的。速食餐廳在尋找最理想的效率過程中作為先鋒，並且結合麥當勞化的社會的其他元素。有無數的方式可以用來追尋至高效率的展現，但是在麥當勞化的體系中，是藉由效率化各種過程、簡化商品與服務以及驅使顧客扮演無酬員工的形式來完成。

與麥當勞化其他的面向相同，毫無疑問的，高效率替所有關心的人帶來好處。然而，我們必須要記住的是，設計用來增加效率的機制，通常是把組織本身的利益放在最優位，而他們並不會以相同的標準為消費者著想。除此之外，追尋效率會增加我們經驗一個不以消費者利益構成的社會，並且激烈化這樣

的結果。一旦得到更高的效率，我們就想得到再更高的效率。
因此，儘管我們常常大聲要求更高的效率，然而這樣的效率並
不符合我們的最佳利益。

註釋

[1]Herbert Simon，Administrative Behavior.，2nd ed.，New York：Free Press，1957。

[2]Ray Kroc，Grinding It Out.，New York：Berkeley Medallion Books，1977，p.8。

[3]Max Boas and Steve Chain，Big Mac：The Unauthorized Story of McDonald's.，New York：E. P. Dutton，1976，pp.9-10。

[4]Max Boas and Steve Chain，Big Mac：The Unauthorized Story of McDonald's.，New York：E. P. Dutton，1976，pp.9-10。

[5]Ray Kroc，Grinding It Out.，New York：Berkeley Medallion Books，1977，pp.96-97。

[6]Jill Lawrence，"80 Pizzas Per Hour."，Washington Post，June 9，1996，pp.W07ff。

[7]Arthur Kroker, Marilouise Kroker, and David Cook，Panic Encyclopedia：The Definitive Guide to the Postmodern Scene.，New York：St.Martin's Press，1989，p.119。

[8]Michael Lev，"Raise Fast Food's Speed Limit."，Washington Post，August 7，1991，p.D1。

[9] "The Microwave Cooks Up a New Way of Life."，Wall Street Journal，September 19，1989，p.B1；"Microwavable Foods：Industry's Response to Consumer Demands for Convenience."，Food Technology 41（1987）：52-63。

[10] "Microwavable Foods：Industry's Response to Consumer Demands for Convenience."，Food Technology 41（1987）：54。

[11]Eben Shapiro，"A Page from Fast Food's Menu."，New York Times，October 14，1991，pp.D1、D3。

[12]Alan J. Wax，"Takeout Meals Take Off."，Newsday，July 27，1998，

pp.C08ff。

[13]Alan J. Wax，"Takeout Meals Take Off."，Newsday，July 27，1998，pp.C08ff。

[14]我要感謝Dora Giemza對於營養／系統的洞見。同時參閱"Big People, Big Business: The Overweight Numbers Rising, Try Nutri/System." Washington Post/Health，October 10，1989，p.8。

[15]William Severini Kowinski，The Malling of America：An Inside Look at the Great Consumer Paradise.，New York：William Morrow，1985，p.61。

[16]Wendy Tanaka，"Catalog Deck Halls to Tune of Billions: Mail Order Called 'Necessity' for Consumers."，Arizona Republic，December 9，1997，p.A3。

[17]Robin Herman，"Drugstore on the Net."，Washington Post/Health，May 4，1999，pp.15ff。

[18]Doris Hajewski，"Employees Save Time by Shopping Online at Work."，Milwaukee Journal Sentinel，December 16，1998，pp.B1ff。

[19]Bruno Giussani，"This Department Is One for the Books."，Chicago Tribune，September 22，1998，pp.C3ff。

[20]Leslie Walker，"An Ynternet Dress Address."，Washington Post/Business，July 1，1999，pp.E1、E6。

[21]George Ritzer，Expressing America: A Critique of the Global Credit Card Society.，Thousand Oaks，CA：Pine Forge，1995。

[22]Martin Parker and David Jary，"The McUniversity: Organization, Management and Academic Subjectivity."，Organization 2（1995）：1-19。

[23]Linda Perlstein，"Software's Essay Test: Should It Be Grading?"，Washington Post，October 13，1998，pp.A1ff。

[24]Michael Miller，"Professors Customize Textbooks, Blurring Roles of

Publisher, Seller and Copy Shop.", Wall Street Journal, August 16, 1990, pp.B1、B4。

[25]George Ritzer and David Walczak, "The Changing Nature of American Medicine.", Journal of American Culture 9（1987）: 43-51。

[26]Julia Wallace, "Dr. Denton Cooley: Star of ' The Heart Surgery Factory.'", Washington Post, July 19, 1980, p.A6。

[27] "Moving Right Along.", Time, July 1, 1985, p.44。

[28]Mark Potts, "Blockbuster Struggles with Merger Script.", Washington Post/Washington Business, December 9, 1991, p.24；Eben Shapiro, "Market Place: A Mixed Outlook for Blockbuster.", New York Times, February 21, 1992, p.D6。

[29]Frank Ahrens, "Video Stores: Are They Headed to the Bottom?", Washington Post, September 2, 1998, pp.D1ff。

[30]Steve fainaru, "Endangered Species: Will the Corner Video Store Disappear in the Interactive Age?", Boston Globe, January 16, 1994, p.A1。

[31]Anna Mulrine, "The Tale of the Tapes.", U.S News and World Report, July 13, 1998, pp.61ff。

[32]Thom Weidlich, "Have Book, Will Travel: Audio Adventures.", Direct 10:23。

[33]Clint Williams, "Reads on the Road: Book on Tape Racking up Miles While Easing Commuter Stress.", Atlanta Journal and Constitution, February 7, 1998, pp.01jff。

[34]Will Workman, "Digital Audio Enables 'Internet Workman'.", Computer Shopper, May 1998, pp.089ff。

[35]Stephen Fjellman, Vinyl Leaves: Walt Disney World and America., Boulder, CO：Westview, 1992。

[36]Michael Harrinton, "To the Disney Station.", Harper's, January

1979，pp.35-39。

[37]Lynn Darling，"On the Inside at Parks a la Disney."，Washington Post，August 28，1978，p.A10。

[38]我必須感謝Steve Lankenau提供本頁所提的麥當勞化與健身俱樂部的部分觀點。

[39]在另一個麥當勞化的面向，藉由紀錄跑了幾英里、難度的等級以及消耗的卡路里量，運動器材也提供高度的可計算性。

[40]Jeffrey Hadden and Charles E. Swann，Primetime Preachers: The Rising Power of Televangelism，Reading，MA：Addison Wesley，1981。

[41]John Tagliabue，"Indulgences by TV."，New York Times，December 19，1985，section 1，p.8。

[42]Don Slater，"'You Press the Button, We Do the Rest': Some Thoughts on the McDonaldization of the Internet."，Paper presented at the Meetings of the Eastern Sociological Society，March 6，1999。

[43]JoAnna Daemmrich，"Candidates Increasingly Turn to Internet."，Baltimore Sun，October 21，1998，pp.1Bff。

[44]Glenn Kessler and James Rowell，"Virtual Medical Symposia: Communicating Globally, Quickly, and Economically; Use Internet."，Medical Marketing and Media，September 1998，pp.60ff。

[45]"Student Internet Research Made Efficient and Effective."，THE Journal（Technological Horizons in Education），October 1998，pp.88ff。

[46]Noreen Seebacher，"Love at e-mail.com."，Detroit News，December 18，1998，pp.E1ff。

[47]Russell Blinch，"Instant Message Programs Keep Millions Ecstatic."，Denver Rocky Mountain News，May 11，1998，p.6B。

[48]Jennifer Lenhart，"Happy Holidays, 'High-Tech Style.'"，Washington Post，December 20，1998，pp.B1ff。

[49]他們已經將繁殖、飼養以及宰殺雞隻的過程麥當勞化（請參閱第六章）。

[50]Henry Ford，My Life and Work.，Garden City，NY：Doubleday，1922，p.72。

[51]然而，H＆R街區在近年來也開始買進傳統的會計設備，替部份客户提供完整的會計服務。請參閱Doug Sword，"H＆R Block to Buy Local Accounting Practice."，Indianapolis Star，September 10，1998，p.C01。

[52]Daniel Boorstin，The Image: A Guide to Pseudo-Events in America.，New York：Harper Colophon，1961，p.135。

[53]Ian Mitroff and Warren Bennis，The Unreality Industry: The Deliberate Manufacturing of Falsehood and What It Is Doing to Our Lives.，New York：Birch Lane，1989，p.12。

[54]Thomas R. Ide and Arthur J. Cordell，"Automating Work."，Society 31（1994）：68。

[55]這是一家一度擁有超過六百家店面的連鎖店，已經在美國西北縮編爲數目較少，並且獨立運作的公司。請參閱Sandra Evens，"Roy Rogers Owners Hope for Happy Trails."，Washington Post，August 4，1997，pp.F05ff。

[56]Eric Palmer，"Scan-do Attitude: Self-Service Technology Speeds Up Grocery Shopping."，Kansas City Star，April 8，1998，pp.B1ff。

[57]Eben Shapiro，"Ready, Set, Scan That Melon."，New York Times，June 14，1990，pp.D1。

[58]當掃描器出現在我居住當地的超市時，超市經理宣布提供特殊的馬克筆，讓有興趣的消費者將每樣物品寫上標價。再一次的，這是與讓消費者處理以前屬於其他人的工作的潮流相符合，在這家超市，服務人員爲了將物品作上記號而工作到相當晚。在許多的案例中，少數匆忙的客人一天需要花上額外的幾分鐘最爲超市服務生。

[59]Eric Palmer，"Scan-do Attitude: Self-Service Technology Speeds Up Grocery Shopping."，Kansas City Star，April 8，1998，pp.B1ff。

[60]Eben Shapiro，"Ready, Set, Scan That Melon."，New York Times，June 14，1990，pp.D1、D8。

[61]Chris Woodyard，"Grocery Shoppers Can Be Own Cashiers."，USA TODAY，March 9，1998，p.6B。

[62]Robert Kisabeth, Anne C. Pontius, Bernard E. Statland, and Charlotte Galper.，"Promises and Pitfalls of Home Test Devices."，Patient Care 31（October 15，1997）：125ff。

[63]Barry Meier，"Need a Teller? Chicago Bank Plans a Fee."，Washington Post，April 27，1995，pp.D1、D23。

[64]Thomas R. Ide and Arthur J. Cordell，"Automating Work."，Society 31（1994）：65ff。

[65]James Barron，"Please Press 2 for Service; Press? For an Actual Human."，New York Times，February 17，1989，pp.A1、A2。

[66]Michael Schrage，"Calling the Technology of Voice Mail into Question."，Washington Post，October 19，1990，p.F3。

[67]National Public Radio's Morning Edition，October 3，1990。

第四章

可計算性：麥香堡與小薯條

麥當勞化側重的面向不僅僅只是效率的提升，也與可計算性的層面有關：計算、計數與量化，數量成為品質的同義詞[1]。數字型態的標準成為判斷過程（例如，生產過程）以及最終結果（例如，成品數量）的依據。在過程的面向中，強調的是速度（通常指的是快速），然而，在最終結果的層面，則多將焦點放在生產成品以及提供服務的數量或大小（通常指的是大尺寸）。

對於可計算性的強調產生許多正面的效果，最重要是帶來能在極短的時間製作與獲得龐大數量的成品的能力。速食餐廳的消費者可以迅速的得到大量的食物；經理與老闆可以讓員工迅速的完成更多的工作。然而，過度強調數量的面向卻會對於生產過程與最終結果的品質層面帶來反效果。對消費者來說，可計算性通常意味著趕著吃（根本不是一個有「品質」的用餐經驗）以及永遠購買著一成不變而且平凡無奇的餐點。對於員工來說，可計算性經常代表著工作對於員工本身沒有意義，或是能從工作中學到的不多；因此，工作、產品以及服務對於員工來說是種痛苦。

可計算性的特質也與其他麥當勞化的面向相互糾纏。舉例來說，可計算性讓效率的測量更為容易；也就是說，若相關的工作步驟能被計時在最短的時間之內完成，就會被認為是最有效率的。量化使得產品與過程變得更加容易預測，因為相同數量的材料與時間，會在這個某個地方或時點或是其他場景被使用。數量化也與控制有關，特別是那些負責完成有時間限制的工作，或者有重量及尺寸規定的產品的非人科技的產物。與其他麥當勞化的層面相仿，由於過度強調數量對於品質的維持造

成反效果，可計算性也與非理性脫離不了關係。

　　在當代社會中，與可計算性最為相關的討論是電腦所帶來的影響[2]。將所有事物量化的傾向，明顯的由電腦的發展與普及所促進。第一部電腦製造於一九四六年，重量達到三十公噸，由一萬九千支真空管所運作（而且經常會故障），佔滿偌大空間，執行的功能也相當有限。現在，由於矽晶片（發明於一九七○年代）能夠以極小的形式作為必要的電力迴路，電腦的體積比原先的巨無霸更為縮小（例如，掌上型電腦、膝上型電腦以及筆記型電腦），功能更為強大，價格也更加低廉。個人電腦普及的結果，使得多數民眾可以用更快的速度處理更多的計算。如果個人型態的電腦沒有出現，許多今日源自於量化的許多社會層面便不會存在，或者需要作出重大的修正。讓我們思考下面的敘述：

◆ 大型州立大學眾多學生的註冊業務，學生成績處理的過程，以及經常需要計算的平均等級分數（grade-point average）。

◆ 廣泛使用的醫療檢驗，例如血液中電解質與尿液的檢查。這些不同的醫療檢查將會帶來一系列數字形式以及間距型態的資料。這樣的量化過程會使得醫療問題的診斷更有效率，也允許病人成為自助式的醫生。

◆ 信用卡的發展與廣泛的使用。電腦使得幾十萬筆的信用卡交易得以完成。信用卡的成長也使得顧客消費以及商業交易的數量大量的增加。

◆ 電視網能夠同步報導選舉結果的能力。

◆持續的民意調查以及電視收視率排名。

雖然在電腦科技進展到現在的層次之前，無疑的，整個社會便已經朝向強調可計算性的方向發展，電腦扮演的角色則是進一步促進與擴張可計算性的潮流。在心中牢記電腦的重要性，讓我們轉向本章接下來的部分，本章將針對三個可計算性的關鍵層面進行討論：

(1)重視數量甚於品質，
(2)建立虛構的數量，以及
(3)將產品與服務簡化為數字。

重視數量甚於品質

麥當勞永遠強調產品的大尺寸；麥當勞與其他的速食連鎖業者都處於「越大越好的精神狀態」[3]。長久以來，強調的大小符徵可以在大型的廣告看板輕易發現，巨大的黃金拱門聳立在麥當勞門口，吸引數百萬消費者光臨，然後賣出數十萬個麥當勞漢堡。這是一個讓每個人知道麥當勞無比成功的拙劣技倆（伴隨著近年來大眾對於麥當勞的成功的認知，降低對於麥當勞的需要的傾向也非常明顯；因此，麥當勞的廣告看板面積縮小，金色拱門的尺寸也減少）[4]。漢堡銷售量的數字不只受到速食連鎖業者吸引的潛在顧客影響，同時也受到高品質的漢堡即帶來巨大銷售量的概念所助長。因此，數量與品質被劃上等號。

麥當勞將這樣的強調轉化反映在餐點的名稱上，最廣爲人知的例子是麥香堡（而且麥當勞已經測試新的魔法漢堡，比麥香堡足足大了百分之五十）。麥當勞推出較大的漢堡只是因爲認爲顧客能由此得到更好的服務，此外，消費者也被引導相信他們可以用較低的價格取得多量的餐點。具備可計算性特質的消費者覺得他們正在進行一項貨品交易—而且麥當勞或許是最好的交易對象。

速食工廠：「捕鯨人」與「大魚」

許多速食餐廳反映麥當勞對於數量的強調。漢堡王將「華堡」（Whopper）與「巨王堡」（Big King，一種雙層起士堡）的漢堡肉，以及「捕鯨人」內夾的（Whaler，別驚訝，與捕鯨人齊名的還有「巨魚」，Big Fish）的魚肉加大。溫蒂則有本身的「比基」系列（Biggies）產品，包括比基薯條。接下來則有盒中傑克（Jack in the Box）的「巨人」（Colossus）系列餐點，哈帝漢堡（Hardee's）的「怪物漢堡」（Monster Burger），必勝客的「大腳」披薩（BIGFOOT），達美樂的「支配者」（Dominator），小凱撒（Little Caesar's）的「大！大！」（Big! Big!）以及肯德基的「魔法」餐點（Mega）。章魚鈴噹在菜單提供包含五樣餐點的「大餐」（Big Fill）：五種不同的墨西哥餡餅，每半磅的外帶餡餅只需要九十九分美金甚至更低[5]。與此類似的還有，7-Eleven提供消費者食用的熱狗稱爲「大亨堡」，大杯冷飲則被稱爲「重量杯」—現在還推出更大的「超級杯」。近幾年來，強調數量的傾向更被速食連鎖業者推向追尋無

比巨大的產品。例如，麥當勞現在提供「超級份量」的薯條，比原先的大薯多百分之二十，消費者也被催促點選「超級份量」的餐點。除此之外，麥當勞還提供「Double Quarter Pounder」以及「三層起士漢堡」[6]。

所有對於數量的強調，意味著速食連鎖業者沒有多大興趣直接傳達關於品質的任何訊息[7]。如果業者有意直接強調品質，餐點或許應該被命名為「麥克美味」（McDelicious）或是「麥克首選」（McPrime）。但是，事實上麥當勞的常客也知道他們得不到最高品質的餐點：

> 除了少數麥當勞高階行政人員以外，沒有人，沒有任何人精確的知道那些漢堡有什麼，也不知道在哪裡製作，這些問題很容易就被完全忽略。我曾經打開一個漢堡…並且看者麥當勞漢堡裡單調的配料。整個漢堡就像是布里羅（Brillo）的襯墊，而我永遠也不會忘記這個景象。

> 讓我們面對這個問題。沒有人會去思考在你麥當勞購買與食用的漢堡以及丟掉的那些垃圾和你像孤獨騎士般的離開之間有什麼關係[8]。

其他的觀察家則表示，人們並非為了享用美味與快樂的一餐而到麥當勞，而是到麥當勞「加油」[9]。麥當勞用大量的熱量與碳水化合物填滿顧客的胃，讓他們能夠朝向另一個理性化的行動邁進。相較於沉醉美味的經驗，加油式的飲食具備更高的效率。

速食餐廳極端不注重品質的傾向，與肯德基的創始人桑德

斯（Colonel Harland Sanders）悲慘的過去相互對照。桑德斯高水準的烹飪技巧以及獨家秘方的佐料（一開始是由他的妻子自己負責調配、包裝與運送），在一九六〇年建立四百家的銷售通路。桑德斯對於品質的要求非常高，特別是用來調味的滷汁：「對於桑德斯來說，在他的烹飪藝術品中，最重要的是調味用的滷汁，他花費很長的時間與耐心將藥草與香料混合。他的願望是製作最完美的滷汁，顧客會只想食用滷汁而將『該死的雞肉』丟棄」[10]。

當桑德斯於一九六四年把他的事業賣出後，他變成只是肯德基的發言人以及象徵。新老闆很快的明確表示他們重視速度勝於品質：「他們同意桑德斯的滷汁非常棒…但是實在太過複雜、太花時間又太過昂貴。滷汁的製作應該被改變，不然就不能稱之為速食。我有全世界最棒的滷汁，但是看著那些小王八蛋抽取滷汁、提供滷汁以及稀釋滷汁，我整個人就快要瘋掉」[11]。

在最佳的狀態下，顧客期待速食餐廳具備審慎以及提供口味較重的餐點的特質—因此，速食餐廳提供口味鹹／甜的炸薯條、經過高度調理的佐料以及加有糖精的奶昔。消費者期待能在速食餐廳以較低的價格取得大量的餐點。

甚至是等級較高的麥當勞化連鎖餐館也注意到餐點的大小以及食物的平凡無奇。一位橄欖花園（Olive Garden）的評論家談到：「驅使消費者來到這個地方的力量仍舊是個未解開的謎團。這裡的餐點平凡單調。沒有什麼不好吃，但是也沒有什麼東西特別好吃，而且這些餐點根本不是真正的義大利菜」。當然，問題還是出在量化的層面，「每份餐點的份量…相當大…

所以你一定會吃不完，而這並不能稱爲令人滿意的一餐」[12]。

高等教育：等級、分數、等級與排名

餐廳工業並非唯一致力數量化的社會層面。在教育部門，大部分的課程經過標準週數或每週固定時數的教授。在整個教學設計中，很少考慮到這樣的標準授課週數或每週上課時數是否能讓這門課程的學生得到最佳的學習效果。思考的焦點似乎是有多少學生（也就是「產品」）可以經由這套系統培育以及學生會得到什麼樣的分數，而非他們的學習與受教經驗的品質。

一個完整的高中或大學經驗可以被總結爲一個數字，也就是平均等級分數（GPA）。除了平均等級分數以外，學生還必須參加其他可以得到量化結果的考試，例如PAST、SAT以及GRE。學生們需要得到三或四個數字，才能決定他們是否能進入大學、研究所或職業學校就讀。

應徵者也根據在校成績、班級排名以及全校排名決定是否會被錄取。爲了提升得到工作的可能性，學生們滿懷希望累積不同的文憑與認證，因爲老闆們深信越多的文憑代表應徵者的工作品質越高。個人的推薦信雖然也相當重要，但卻經常爲量化等級式的標準表格所取代（例如，「排名全班前百分之五」或是「在全班二十五人中排名第五」）。

個人所持有的認證數字在找工作以外的情境也扮演相當重要的角色。舉例來說，不同行業的人會在他們的名字後面接上長長的字串，希望客戶會信任他們的工作能力（我是學士、企業管理碩士與博士有助於說服讀者我有完成本書的能力，雖然

「漢堡學」的學位可能更爲相關）。一位保險鑑定人員在他的名字之後添上ASA、FSVA、FAS、CRA以及GRE，「你在名字之後加得更多〔字串〕，他們〔可能的客戶〕的印象就越深刻」[13]。然而，全然以數字形式表現的認證並未清楚說明工作人員的能力。除此之外，強調數字式的認證也使得人們在姓名後面任意的使用字母。例如，一位營地指揮人員在他的姓名之後加上「ABD」，強化可能前來露營的的父母的印象。但是，所有學術人士都曉得，這個非正式（而且是相當負面）的標籤代表「沒有完成論文（All But Dissertation）」，指的是那些已經完成研究所課程與考試，卻沒有完成論文的學生。另外在這裡值得一提的是相關組織的發展，提供有意義的認證成爲某些組織存在的唯一原因，而且認證的分發通常是透過郵寄的方式。

　　即使在大學教授之間，對於量化因素的強調也是非常普遍的（如果把學生比喻爲「產品」，那教授便是「工人」）。舉例來說，越來越多的學院與大學，學生以填寫等級式的教學評鑑表來評價一門課，例如從一到五。在每個學期末，教授會收到評鑑的報告，並且說明該課程在全校的排名等級。這樣的問卷使得學生沒有多大的空間對於每個老師提出較爲質化與敘述性的評價。雖然教學評鑑在許多方面是必須的，但是也帶來一些不幸的結果。例如，學生傾向喜愛一個像表演者般，具有幽默感或對學生的要求不多的老師。對學生要求相當嚴格的教授，即便提供高品質的教學（例如，淵博的學識），相較於表演式的教授，在現有的教學評鑑制度中也不太可能得到較高的等級。

　　量化的因素不只影響著教學，對於研究工作與出版事業也是非常重要的。許多學院或大學的學術人士面臨「出版，不然

就消逝」的壓力，使得相較於著作的品質，著作的數量反而更為重視。在達成聘用或升等的決定時，發表文章與出版書籍較多的教授，通常會比發表數量少的教授可能獲得青睞。因此，不久之前一位曾經得獎的教授被魯特大學（Rutgers University）解聘，根據這位教授所屬的科系聘用委員會表示，他的出版總量「未達到一般的教授應有的厚度」[14]。這種偏誤所導致的最不幸的結果是缺乏高品質的出版品、在研究工作完成之前便急切的將不成熟的結果出版、或是相同的概念或發現在變動幅度不大的情況下重複出現。

其他學術界的量化要素是將已經出版的學術作品加以排名。在自然科學的領域中，發表於專業性期刊的文章獲得較高的評價；書籍則較不被重視。在人文學科中，相較於發表於期刊的文章，書籍顯得較被重視並且得到較高的名望。作品若由某些出版部門出版（例如，由大學出版），相較於其他出版商（例如，商業出版社），會得到更多的注意與聲望。

舉例來說，在社會學中對於出版品最正式的評鑑系統是以專業性的期刊為基礎。在深具名望的《美國社會學回顧》（American Sociological Review）發表論文可以得到十分，是這套評分系統的最高分，而在聲望極低的學術期刊發表則可以獲得一分（同時也為了避免傷害任何人的感覺）。《南極社會學期刊》（Antarctic Journal of Sociology）的讀者大概都是企鵝，因此發表在這本期刊的文章只能獲得一分。根據這套評鑑系統，若一位教授在學術期刊發表的論文達到三百四十分，被認為比得到一百七十分的教授「好」上兩倍。

然而，在大多案例當中，強調數量的傾向與論文品質的好

壞是不相關的：

◆ 將一位教授一生的作品的品質簡化爲一個數字幾乎是不可能的。事實上，將概念、理論或是研究發現的品質數量化，根本是不可能的事。

◆ 這套評分系統只是間接的觸碰到品質的問題。也就是說，評分是根據論文的所在期刊的品質，而非論文本身的品質。不去評價論文的品質或是論文對於相關領域的貢獻。毫無內容的文章可以出現在有高度聲望的期刊，傑出的作品也可能出現在等級較低的期刊。

◆ 發表少量但高品質論文的學者也無法在這套評鑑系統得到高分。相反的，部分生產許多平淡無奇作品的人士卻可能得到相當高的分數。這種類型的評分系統會讓有雄心壯志的社會學家（以及其他領域有抱負的學者）發現他們不能花上許多年琢磨一項研究，因爲這樣的研究無法讓他們得到高分。

任何過度強調出版品的數量的制度，都會生產出大量平凡無奇的作品。

學界開始採取另一種方式測量作品的品質：某人的作品被其他研究者引用的次數。這種方式的基本預設是高品質的、重要的以及具影響力的作品較可能爲其他學者使用與引用。人們可以經由每年出版不同的引用索引，計算每個學者每年的被引用數量。然而，評價品質的問題又再度浮現。個人學術性作品的影響力能夠被簡化成一個數字嗎？或許少量但關鍵性的引用某個學者的概念，相較於大量但平凡的引用某位學者的研究更

具影響力。除此之外，告知人們某位學者的研究被引用，並無法說明這項成果如何被其他的研究者所利用。一件毫無價值的作品可能會吸引眾人的目光，因此在他們本身的研究中引用，將會使得原作者的被引用數大為提高。學者可能會忽略對於當代真正重要的作品，相反的，成為追求引用數量龐大的作品的作者。

不久之前，史丹佛大學的校長甘迺迪（Donald Kennedy），宣布史丹佛大學教授聘用、升等或是授予終生教職的政策將有所改變。一份報導指出「在決定個人地位時，有將近一半的教員相信他們的學術著作只被用來計算—而不會被評價」，受到這份報導的影響，甘迺迪表示：

> 首先，我希望我們能夠承認將研究結果數量化作為分派或升等的標準已經是一個破產的概念…學者例行公事式的過度生產是當代學術生活最嚇人的層面：用完全的數量化消滅真正重要的作品；這是非常浪費時間與珍貴的資源的[15]。

為了處理這個問題，甘迺迪提議限制出版數量對於教員地位決定的影響力。他希望這樣的限制能夠「倒轉認為數量與重量在評價教員的研究具有重大意義的信念」[16]。未來我們或許可以看到，不管在史丹佛或美國其他學術圈，都能成功的降低重視數量甚於品質的強調。

醫療保健：病人就是金錢

　　在利益導向的醫療組織（例如，修曼那，Humana）中，醫生與其他的工人相同，為了讓所屬組織得到利益而感到壓力。舉例而言，限制每個病人問診的時間，以及極大化一天看診病人的數量，使得醫院可以減少開銷並且增加利潤。對於數量的強調很容易就威脅到醫療的品質。為了達到增加利潤的目的，醫院鼓勵醫生縮短每位病人的看診時間、為更多的病人看診、寫下病人無法負擔的帳單以及只關心那些治療起來很花錢，並且能產生高額利潤的疾病。

　　受到利益導向的醫療組織的影響，所有的醫療機構現在也開始依尋可計算性的原則發展。即使是非營利性的醫療組織（例如，非營利性的醫院以及健康維護組織，也就是所謂的HMOs）也採用專業經理人以及建構複雜的會計系統。

　　美國聯邦政府經由醫療保險支付可觀的款項以及支持DRG（診斷相關團體[17]，diagnostic related group）計畫，不管病人待在醫院多久，對於醫院相關的醫療支出給予補償。一九八三年以前，只要是「合理」的款項，政府都會支付。但是在計畫以外，要求惡性循環的醫療開支的聲浪越來越高，並且希望透過限制醫療保險給付項目以及給付金額解決這個問題。因此，第三給付人（保險公司）可能會拒絕支付某些程序或住院的費用，或者只給予少量的補助。

　　傳統上醫生應該將病人的醫療品質放在第一位（至少在最理想的狀況是如此），對於可計算性的不斷被強調而有所抱怨。

至少有一個醫師公會計畫對於目標看診人數、每位醫生該看的病患人數以及將醫生的薪水與產量綁在一起的誘因薪資制度等議題進行罷工。雖然有點羅曼蒂克,如同一位醫師公會的領導者表示,醫生是「唯一把病人看成個人…而非金錢符號的人」[18]。

電視:藝術永遠擺在第二位

　　電視節目幾乎,如果不是全部,為量化因素所決定。電視節目賴以維生的廣告收入是根據節目的收視率決定,而非節目的品質。ABC節目部的副總裁清楚的強調可計算性的重要:「商業性電視節目是用來吸引觀眾觀看廣告商在節目時段所傳遞的訊息…固有的藝術價值〔品質〕很重要,但是只能擺在第二位」[19]。過去幾年,商業性的電視網已經停播許多被宣告收視率不佳的節目。

　　節目在開播之前必須經過樣本觀眾的測試,評估這個節目是否能得到高收視率。在所有新製作的節目的試播版本播放之後,那些達到或是有潛力達到高收率的節目便被挑選出來,成為定期播放的節目。因此,AC尼爾森的收視率調查服務(由尼爾森,Arthur C. Nielson,於一九三六年創立,起初是測量廣播節目的收聽率,在一九五〇年代開始提供電視收視率的服務)便決定著電視節目的命運[20]。尼爾森將複雜的電子儀器以及掌上型電腦(與手寫的紀錄本)放在經過抽樣而選出的美國電視觀眾的家中。收視率就是經由尼爾森抽樣的家庭,經頻道轉到特定節目的比例所推估出來。

　　過去幾年，電視收視率的調查變得更爲複雜。取代依賴一個總計的獨立數字，部份節目開始根據特定的人口學群體的收視率，作爲判定該節目是成功抑或失敗。商品主打特定群體的廣告主，只要目標群體的收視率高，即使在節目整體收視率不佳的情況下，仍會購買該節目的廣告時段（例如，喧騰一時的《殺人者》，但是這個節目已經在一九九九年因爲整體收視率過低而遭到停播的命運）。

　　毫無疑問的，收視率調查並未顧及到節目的品質。得到許多喝采的好節目像是《築籬笆》（Picket Fences）、《殺人者：街邊的生命》（Homicide：Life on the Street）以及《我將飛離》（I'll Fly Away）的收視率一直都是相當低的。收視率調查與節目品質的分歧是公共電視系統（Public Broadcasting System，PBS）出現的原因之一。由於擁有自己的公共基金，公共電視可以依據節目的品質作爲主要的考量，而非收視率。事實上，當《我將飛離》被NBC停播後，隨即被公共電視延續播放[21]。

　　儘管尼爾森系統有著強大影響並且被廣泛使用，尼爾森系統還是有它的弱點：樣本數過少（五千個的家戶；三萬個觀衆）；只針對美國部分電視市場進行調查；只要手寫的紀錄本繼續被使用，受訪者便能假造當地的節目收視率；每個地區回收手寫紀錄本的比例不同，以及其他的問題[22]。當被問到是否相信尼爾森的收視率調查結果時，一位NBC的行政人員談道，「我不認爲尼爾森已經給予所有人一個相信他們的理由。整件事的事實是，尼爾森是一套缺乏可靠性、正確性與效能的測量系統」[23]。儘管電視網已經朝向開發與尼爾森競爭的收視率調查系統邁進，尼爾森仍在電視節目的製作上持續的扮演支配性的

角色。

　　由歷史發展的角度來看，歐洲的電視台經常由政府負責運作，而非由私人把持。因此，他們較少對於商業性贊助商製作高收視率的要求作出回應，而是對於節目的品質較有興趣。然而，即使是這些由政府經營的電視台，也會播放最受歡迎的美國節目。除此之外，歐洲私人有線電視與衛星電視網路的普及，也讓歐洲電視台的節目風格越來越接近由美國電視台所製作的節目。

體育：康曼西（Nadia Comaneci）得到79.275分

　　各種運動的品質也被可計算性所取代，或者說因為可計算性而犧牲，例如，體育事件的場景已經因為電視轉播的需要而有所改變[24]。由於電視轉播的合約佔許多體育活動的隊伍所有收入的大部分，因此他們會犧牲觀眾的利益，甚至犧牲本身的比賽以便增加來自電視轉播的收入。

　　所謂「強制暫停」（TV time-out）便是一個好例子。在以往，商業廣告只在比賽自然停頓時播送——例如在某一隊伍要求暫停、中場時間或是每局攻守交替的空檔播出，但是這樣的暫停時間過於閒歇以及短暫，使得廣告主不願意付出更多的廣告費。現在，規律的電視暫停已經成為美式足球與棒球轉播的例行公事。職業運動的經營者希望極大化來廣告的收入，但是整個隊伍卻可能因為不恰當的電視暫停而失去贏得勝利的機會。因此，電視暫停的確改變部分體育活動進行的場景，甚至影響整個比賽的結果。同時，對於親自到場觀戰的球迷（並且為了

進場還買了昂貴的門票）來說，這樣的暫停破壞了比賽的進行節奏。在家裡看轉播的球迷還看得到商業廣告，但是現場的觀眾在廣告結束，比賽即將恢復進行之前，卻看不到任何東西。但是球隊老闆認為，相較經由逐漸成長的廣告量所帶來的經濟收入，電視暫停對球賽進行帶來的負面影響是微不足道的。

儘管體育活動不斷清楚保證球員與隊伍表現的品質：籃球明星俠客歐尼爾（Shaquille O'Neill）的力量以及一九九八年紐約洋基隊的團隊合作。但是就在強調品質的同時，量化因素對於體育卻永遠是非常重要的。在許多例子中，品質直接與數量相連接：得分越多或勝場越多，代表球員或隊伍的表現的越好。然而，在過去幾年，體育界越來越強調可以被計量的要素：

> 現代體育界有一種不可抗拒的潮流，將每位運動員的表現經由量化與測量的方式轉化成幾個數字。在比賽中累積各種能想到的統計數字，已經是美式足球、棒球、冰上曲棍球的純正標誌，感謝日益精確的科技，準確的數字也使體育活動失去原貌了[25]。

甚至是高度美學的運動，例如體操，也遭到量化的命運：

> 誰能理性的用美學的標準將體操比賽數量化？答案現在已經很明顯。設立一個區間範圍以及評審小組，然後計算每位評審個別評分的平均數…納迪亞康曼西在蒙特婁得到精確的79.275分，不多也不少。人類的天賦必定是被低估[26]。

　　過於強調數量的因素有時也會對體育活動的進行帶來反效果。舉例來說，籃球明星受到個人表現必須傑出的要求所驅動而儘可能的得分，卻可能為隊友的演出與球隊整體的表現帶來負面效果。比賽的品質甚至因為球隊老闆企圖極大化得分而遭到棄之不顧的命運。

　　例如，過去的籃球比賽是相當休閒的，球隊只需要把球帶到前場，設計戰術讓球員找到好位置，然後投進漂亮的一球。籃球迷沉醉在球員們所執行的戰術與計畫之中。當比賽即將結束，暫時取得些微領先的隊伍會採取「冷凍」投籃的戰術—也就是說，不要冒著因為投籃不進然後給予敵隊持球進攻的機會的風險。

　　然而，幾個世代以前，由於學生籃球以及職業籃球的引領，在麥當勞時代成長的球迷希望看到節奏更快以及得分更多的比賽。換句話說，球迷想從籃球比賽得到他們從速食餐廳得到的東西：快速與大量。因此，在學生籃球的比賽，進攻隊伍被限制必須在三十五秒以內出手投籃；在職業比賽，進攻時限則為二十四秒。雖然進攻時限的規定導致「跑投」（run-and-shoot）風格戰術應運而生，帶來節奏更快，得分更多的比賽，卻也為比賽的品質帶來反效果。沒有足夠時間來執行戰術與計畫，而這曾經是籃球的「純粹主義者」對一場比賽最有興趣的之處。但是，跑投風格的籃球與麥當勞化「吃，然後離開」（eat-and-move）的世界相對應，顧客在車道式窗口購買餐點，然後在駕駛座上付賬。

　　有趣的，職業籃球在近幾年進入所謂後喬丹時代（post-Jordan era），球隊開始發展新的戰術，而比賽的的得分也筆直

下滑。職業籃球現在的目標是進一步改變球賽風格，降低防守隊伍的優勢，讓高比數的比賽重新出現。

　　類似的是，棒球老闆們很久以前便認為球迷喜愛的是一場出現很多安打、全壘打以及得分的比賽，而非「純粹主義者」所鍾愛的的比賽類型：投手戰，而最後的比數是一比零。因此，老闆們採取幾個步驟以求增加得分的數量。質量較輕的球比早期使用的「死球」（dead balls）飛得更遠。部分棒球場，全壘打牆越來越近本壘板，以便增加全壘打的數目。雖然人工草皮的名聲不佳，例如容易導致球員受傷，但是人工草皮仍在許多球場的內外野代替天然草皮，讓來球滾動得更規律與更快速，使得內野手來不及攔下，產生更多的安打。

　　由美國聯盟（American League）建立，但國家聯盟（National league）並未使用的指定打擊制度（Designated Hitter），是對於增加安打量與得分數著名的措施。與其把打擊通常較弱的投手放到打序中，某些擅長打擊（通常只會打擊）的球員代替他們進攻。指定打擊制度比投手親自下場揮棒，帶來更多安打，更多全壘打並且製造更多的得分。

　　雖然，美國聯盟使用指定打擊制度，無疑的讓計分板的數字增加，指定打擊卻同時影響，或許是負面的影響，整個比賽的品質（這也就是國家聯盟為何迅速的拒絕採用指定打擊制度）。舉例來說，當投手在某些情況上場打擊時，通常是以犧牲觸擊收場，以一個優美的動作讓壘上的跑者向前推進。但是輪到指定打者上場卻幾乎不採用犧牲觸擊。當指定打者取代打擊較弱的投手之後，代打的重要性也降低[27]。最後，如果沒有用代打取代投手打擊的需要，先發投手可以在一場比賽主投更長

的局數，而這也降低救援投手的重要性[28]。當指定打擊制度被採行後，在這些與其他的方面，棒球比賽的風格已經有所改變。換句話說，比賽的品質已經改變——有些人認為變得更差——因為對於數量的強調而改變。

政治：聽不到林肯—道格拉斯辯論的令人注目的聲音

政治領域提供許多例子說明對於可計算性的強調——例如，增加政治競選活動中的得票數的重要性[29]。候選人與在職者迷信他們的票數排名，通常會根據投票者的看法調整他們在某些議題與動作的位置，以便提高本身民意支持的排名。不管政治人物是否真的相信，特定的政治位置對於影響民意支持的排名已經變得越來越重要。

電視也影響政治的許多層面。其中之一是電視帶來時間較短的會議與演講。著名的一八五八年林肯—道格拉斯辯論（Lincoln-Douglas debate），兩位候選人「針對一個主題進行九十分鐘的演講：莊園農奴的未來」[30]。在電視普及之前，經由廣播傳達的政治性演說通常持續一個小時之久；一九四○年代，演講時間的標準下降為三十分鐘。在電視時代的早期，政治演說通常仍需花上半個小時，但是由於政治競選活動的演講必須配合電視轉播，而非以現場的聽眾為首要考量，使得演說所需的時間更加縮短，平均二十分鐘結束一場演說。一九七○年代，許多競選演講已經被長度六十秒的廣告所取代。今日由電視所轉播的總統候選人辯論，每位候選人有一到兩分鐘的時間，針對特定議題陳述本身的立場。

　　關於政治性演說的新聞報導也因為電視的需要而縮短。一九八四年的總統大選，我們只能在新聞節目看到十五秒的競選演說，幾年之後，類似報導的所花費的時間被縮短為只有九秒[31]。因此，政治演講的撰寫人將心力集中在創造十秒或五秒「令人注目的聲音」（sound bites），提升電視台報導該場演說的可能。對於演講長度的強調，明顯的降低公開政治演說的品質，同時也降低對於重要的政治事件的公開討論的品質。

　　一點也不令人驚訝，可計算性的原則同時影響外交政策的層面。阻止核子武器擴散呈現一個對數目的極端狂熱的領域[32]。雖然在冷戰結束之後，這個議題很少被公開披露，卻沒有證據顯示美國或俄羅斯計畫放棄阻止其他國家建立核子武器的能力。兩國持續擁有足以摧毀其他國家好幾次的核子武裝。但是，針對達成減少核子武器的條約的努力，卻陷入精確計算雙方個別擁有的核子武器的尺寸與威力的泥沼—「相對投彈量」（the relative throw weight）。雖然正確的測量對於平衡雙方的勢力無疑是相當重要的，但是雙方卻在有關數目的瑣事中迷失，並且失去對於品質因素的重視，雙方希望盡可能的銷毀對方的核子武器，而本身有足夠的力量摧毀對方，甚至是摧毀全世界。在這裡，我們看到一個理性中的不理性的清楚實例。

其他場景：垃圾食物式的報章雜誌與垃圾遊客

　　一個重視數量甚於品質的有趣例子是報紙今日美國。取代詳盡的報導內容，今日美國提供簡短、容易以及能快速閱讀的故事[33]。讀者大概只要花上在速食餐廳購買餐點的時間，就能

閱讀完故事內容[34]。一位觀察家強調這種報紙的報導缺乏對於品質的關心：「就像父母每個晚上帶著小孩到不同的速食餐廳，以及打開冰箱永遠看得到冰淇淋般，今日美國只給予讀者他們想要的。沒有菠菜，沒有米糠，沒有動物的內臟」[35]。

套裝旅行是另一個可計算性的例子，套裝旅遊清楚的強調參觀景點的數量，而非參觀行程的品質[36]。觀光客可以在許多國家看到很多景點（通常是透過遊覽車的窗戶），但是參訪的品質相當膚淺的。當遊客結束這樣的旅程之後，他們可能會因為去過很多國家、參觀過很多景點、很多的底片以及滿載錄影帶而洋洋得意（他們甚至會用這趟旅程所拍攝的冗長的底片與錄影帶，困擾孩子們好幾個小時）。然而，經歷過這樣的旅程，套裝旅遊的愛好者很難告訴朋友許多關於那些他們到過的國家以及他們看到的觀光景點的事情。

這些日子以來，許多企業的老闆也相當迷信公司的規模。把焦點放到石版加工業，在一九九七年，K超商（Kmart）重新裝潢部分的店面，並且稱呼新店面為「大K超商」（Big Kmart）[37]。大卡馬特是結合傳統的卡馬特以及被稱為「超級K超商中心」的超級市場而成的超級商店。製造商則發展出強調數量的產品，例如康寶濃湯公司（Campbell Soup Company）的「大出發」（Big Start）家庭早餐。聯合航空則誇耀他們飛行的城市比其他的航空公司要多。其他的例子更是隨手可得。

建立虛構的數量

　　在速食餐廳中，數量通常是虛構出來的，而非真實存在。舉例來說，大而蓬鬆（而且不貴）的圓形麵包，圍繞著漢堡肉，讓整個麵包看起來更大。進一步整個虛構的過程，漢堡與其他配料因為尺寸超過圓形麵包而外露出來，而圓形麵包的體積並不足以裝下「如此驚人」的份量。相同的，填裝薯條的特製鍋鏟也讓一份薯條看起來是如此的巨大，紙袋與包裝盒的頂端微微隆起，讓薯條外露。麥當勞大包薯條的包裝盒上的條紋更進一步加強巨大的幻覺，而事實上，每份薯條只佔一個馬鈴薯的一小部分。確實的，炸薯條與其他餐點帶來龐大的利潤。漢堡王的薯條售價是製作成本的百分之四百！漢堡王的飲料售價則足足比成本高了百分之六百[38]。因此，消費者的計算能力是不佳的：他們沒有因為花費較少而得到較多的餐點。

　　為了公平起見，速食業者大概會比傳統餐廳在花費相同的情況下，給予較多的份量。然而，相較於傳統餐廳，速食餐廳營業量更為龐大。速食業者每份餐點的利潤可能並不高，但是他們卻可以賣出更多的餐點。

　　許多其他麥當勞化的系統也提供巨大數量的幻覺。例如，購物中心看起來提供購買各式各樣新奇商品的機會，但是每家購物中心所提供的商品幾乎是相同的。電視似乎提供種類繁多的節目，但是事實上，許多節目是已經深受歡迎的節目的翻版。今日美國看起來是一分完整的報紙，但大多是零碎的片段以及錯誤的消息。教授想要建立著作等身的錯覺，便將自行出

版的報導或經由「虛幻出版社」（vanity presses）—由作者自行
出資出版—出版的書籍放入著作列表。這樣的書籍，通常只製
作極爲有限的數量，或許會有部分送到作者的家裡。因此，經
過仔細的檢查後，長長的出版品列表可能被證明只有部分的著
作具有學術價值。

把產品與服務簡化爲數字

強調銷售的數字與產品的規模不只是速食餐廳的可計算性
的唯一證明，另一個例子是極爲強調提供餐點的速度。事實
上，克羅奇的第一個銷售通路便稱爲麥當勞迅速服務車道
（McDonald's Speedee Service Drive-in）。有一陣子，麥當勞希
望在五十秒內完成漢堡、奶昔與炸薯條的餐點的供應。麥當勞
在一九五五年有了重大突破，達到在一百一十秒完成三十六個
漢堡的紀錄。

速食工廠：預煮的漢堡肉精確直徑為3.875英吋

許多其他的速食餐廳承接麥當勞對於測量工作表現的熱
忱。例如，漢堡王希望在顧客進門三分鐘之內便能得到想要的
餐點[39]，車道式的服務窗口更是徹底的降低消費者在速食餐廳
購買過程所需花費的時間。在速食餐廳內，速度明顯的是一項
像紀念碑般重要的量化因素。

速度對於提供披薩外送的速食業者更爲重要。達美樂信奉

的箴言是「快點作！快點作！快點作！」以及「達美樂的目標是在八分鐘內把披薩送到顧客門外」[40]。速度對於披薩業者之所以重要，不只是因為銷售數字仰賴著披薩外送的速度，也因為新鮮的披薩也必須在熱騰騰的狀態下送達，特製的隔熱容器能夠維持披薩較長時間的熱度。然而，強調迅速的外送卻產生幾件醜聞。要求快速遞送的壓力使得年輕的送貨員發生數次嚴重而且有時甚至鬧出人命的交通意外。

其他強調量化的層面則是精確的計算速食餐點內的每個部分。盛裝優格的容器通常必須經過秤重，以便這些容器能盛裝正確重量的優格。在過去的冰淇淋工廠，員工只要把冰淇淋依著的容器的上緣裝滿即可。麥當勞本身也相當在意而不斷確認尚未處理的漢的的重量是精確的一點六盎司──十個漢堡用去一磅的肉。預煮的漢堡肉直徑為精密的3.875英吋，圓形麵包的直徑則精確的3.5英吋。麥當勞也發明測量機器確保每份漢堡肉不會超過計畫重量的百分之十九[41]。漢堡肉的份量越大，不但在烹調時要多翻面幾次，也必須避免圓形麵包放不下漢堡肉的情形。盛裝炸薯條的特製鍋鏟也保證每份薯條有相同的份量，飲料自動分配機確認每杯冷飲裝到剛好的份量而不致溢出。

阿比（Arby's）已經經過精確的測量，減少烹調與作為餐點的烤牛肉的份量[42]。所有的肉品一開始便以十磅為單位區分開，然後以華氏兩百度的熱度烘烤熱品，經過三點五小時，直到牛肉內部的溫度達到一百三十五度。接著將烤牛肉放到其他的工具上加熱二十分鐘，直到牛肉內部達到一百四十度。根據這些步驟與測量過程，阿比不需要有技術的大廚；事實上，只要識字與懂算數的人就能完成阿比的烤牛肉。當烤牛肉完成之

後，每份重量介於九磅四盎司與九磅七盎司之間。每份烤牛肉三明治有三盎司的烤牛肉，因此，每份烤牛肉可以製作四十七個（正負一個）三明治。

漢堡王也數量化品管過程。漢堡肉必須在十分鐘之內完成。炸薯條在保溫箱內的時間不得超過七分鐘。一位餐廳經理被允許丟棄每天餐點總量的百分之三[43]。

速食餐廳的表現也同時被量化，而非品質化。例如，在麥當勞中央管理部門是用「『數字』：每個員工的銷售量、利潤、失誤以及品質、服務、清潔（Quality、Service、Cleanliness，QSC）的排名」來評斷每家分店的表現[44]。

烹調：用三百五十度烤四十分鐘

食譜的出現是可計算性早期的例子。最早的波士頓烹飪學校食譜（The Boston Cooking School Cook Book，1996），芬妮法莫（Fannie Farmer）強調精確的測量，以及協助家庭烹調過程的理性化：

在她過世以前，她已經改變美國的廚房術語，從「少量」、「一整盤」與「滿滿一匙」─她厭惡所有模糊的字眼─到她獨特精準、標準化以及科學的字眼，代表容易、可信賴以及甚至是無經驗者都能照著做的烹調模範。對於芬妮法莫，這位「測量等級之母」，我們可以將每天所使用的精確廚房用語─像是湯匙的等級，例如二分之一匙與量杯、溫度計以及「用三百五

十度烤四十分鐘」—歸功於她[45]。

可計算性在食品的製作以及完成品的消費上扮演整合的角色，舉例來說，塑身工業迷信所有可以被量化的事物[46]。體重、減去（或增加）的重量以及最佳減肥時機都被精確的測量。攝取的食物也經過仔細的測量與監督。套裝的減肥餐將食物的盎司數、卡路里的數量以及其他成分作詳細的標記。

一點也不令人意外，像是體重監控者（Weight Watchers）以及營養／系統的機構小心翼翼的測量每天攝取的卡路里、每種食物內含的卡路里量以及每個禮拜減少的重量。令我們感到訝異的是，塑身機構增加對於能迅速準備的食物的需求，例如，營養／系統宣稱該機構多數的冷凍乾燥食品「可以在五分鐘內食用，所以你不用在廚房浪費寶貴的時間」。但是營養／系統仍無止盡的尋找進一步縮短準備時間的食品，營養／系統現在提供「越來越多的微波食品，當你從廚櫃拿出，只要經過九十秒便能放在盤子上並且準備食用」[47]。

工作場所：把一分錢看得像車輪般大

為求科學化的管理的實現，泰勒希望將所有與工作有關的事務放入量化的尺度當中。取代依賴工人「笨拙的技術原則」（rule of thumb），科學管理者對每個工人每天要完成多少工作進行精確的測量。一切都可以被簡化成數字，然後利用數學公式來分析。

當泰勒企圖增加工人每天搬運生鐵的總量時，可計算性是

泰勒清楚的目標：「我們發現這群工人一個人每天平均搬運十二又二分之一公噸的生鐵，但是第一流的搬運工人每天應該要處理四十七到四十八公噸的生鐵，而非十二又二分之一公噸」[48]。爲了使工作量增加四倍，泰勒研究生產力最高的工人，所謂的「第一流工人」，的操作方法。他將工作分解爲幾個基本步驟，然後將每個步驟加以計時，精確的程度可以達到百分之一秒。

根據這項仔細的研究，泰勒和他的同僚建立搬運生鐵的最佳途徑。接著，他們找到一位對這種工作方式有興趣的工人—施密特（Schmidt），他的工作能力很高也很有抱負，一位他的同伴則表示「他把一分錢看得像車輪般大」。泰勒利用精確的經濟利誘：如果施密特同意按照泰勒告訴他的方法仔細去做，每天工資爲一點八五美元，超過一般的一點一五美元。在精細的訓練與監督之下，施密特成功的以較快速的步調工作（也得到較高的薪水）；然後，泰勒便挑選以及訓連其他工人用相同的方式工作。

施密特與他的後繼者被要求完成平常三點六倍的工作量，而他們的薪資也增加百分之六十。泰勒以許多不同的途徑爲這種剝削的工作方式辯護，例如，他認爲其他領域的工人來說，搬運生鐵的工人因爲生產力的提高就拿到比其他工人的高三點六倍薪水是不公平的。另外，泰勒表示他與他的同僚決定（當然沒有詢問過工人的意見）營運的利潤將不與工人分享。對於泰勒而言，「生鐵工人的薪資增加百分之六十並非可憐的事情，反而應該好好慶祝」[49]。

另一個可計算性影響工業的著名例子是福特的斑馬車款[50]

（Ford Pinto）。由於來自國外小型車製造商的競爭，即使量產前的測試顯示燃料系統在車體後部遭碰撞情況下可能輕易的斷裂，福特依然急忙將斑馬車款推上生產線。為了製作斑馬所建立的昂貴裝配線已經完工，福特公司決定不做任何改變繼續量產的計畫。福特公司根據量化的比較作出此項決定。福特估計這項缺失可能會導致一百八十人死亡，受傷的人數則與死亡人數相差無幾。計算一下價值，或稱為價格，每個人大約要賠償二十萬美金，福特公司發現死亡與受傷人數的總開支將比修復這項缺失的花費低十一個百分點。雖然由利益的角度來看，這樣的計算是合乎道理的，但是低支出高收益的理性思考對於人命的犧牲以及終生的殘廢而言卻是不理性的決定。這只是一個在麥當勞化的社會每天都會發生的事，由數字決定一切的最極端實例。

結論

　　麥當勞化的第二個面向，可計算性，包含對於量化的強調。許多層面都相當重視可計算性的原則，但是我們特別把焦點放在重視數量甚於品質、建立虛構的數量以及將產品與服務簡化為數字。

　　對於可計算性的強調帶來許多好處，特別是以相對較少的價格獲得較多與較大的東西。然而，可計算性也帶來嚴重的問題，特別是過度強調數量、貨品與服務，將使得整個社會變得越來越平淡無奇。

註釋

[1] 由於品質與數量相符合，所以品質也與其他麥當化的面向相對應，像是「標準化與可預測性」。請參閱 Ester Reiter，Making Fast Food，Montreal and Kingston：McGill-Queen's University Press，p.107。

[2] Shoshana Zuboff，In the Age of Smart Machine: The Future of Work and Power.，New York：Basic Books，1998。

[3] Bruce Horovitz，"Fast-Food Chains Bank on Bigger-Is-Better Mentality."，USA TODAY，September 12，1997，p.1b。

[4] 除此之外，如同你將在第十章看到的，針對這些廣告的抗議也造成這些廣告的消失。

[5] "Taco Bell Delivers Even Greater Value to its Customers by Introducing Big Fill Menu."，Business Wire，November 2，1994。

[6] Philip Elmer-DeWitt，"Fat Times."，Time，January 16，1995，pp.60-65。

[7] Barbara W. Tuchman，"The Decline of Quality."，New York Times Magazine，November 2，1980，p.38。例如，聯合航空並未告知乘客任何關於他們服務品質的事項，像是飛機會不會誤點。

[8] Marion Clark，"Arches of Triumph."，Washington Post/Book World，June 5，1977，p.G6。

[9] A. A. Berger，"Berger vs. Burger: A Personal Encounter."，in Marshall Fishwick ed. Ronald Revisited：The World of Ronald McDonald.，Bowling Green，OH：Bowling Green University Press，1983，p.126。

[10] Max Boas and Steven Chains，Big Mac: The Unauthorized Story of McDonald's.，New York，Dutton，1976，p.121。

[11] Max Boas and Steven Chains，Big Mac: The Unauthorized Story of McDonald's.，New York，Dutton，1976，p.117。

[12] A. C. Stevens，"Family Meals: Olive Garden Defines Mediocrity."，

Boston Herald，March 2，1997，p.055。

[13]Susan Gervasi，"The Credentials Epidemic."，Washington Post，August 30，1990，p.D5。

[14]Iver Peterson，"Let that Be a Lesson:Rutgers Bumps a Well-Liked but Little-Published Professor."，New York Times，May 9，1995，p.B1。

[15]Kenneth Cooper，"Stanford President Sets Initiative on Teaching."，Washington Post，March 3，1991，p.A12。

[16]Kenneth Cooper，"Stanford President Sets Initiative on Teaching."，Washington Post，March 3，1991，p.A12。

[17]在數百個DRG計畫以DRG236為例，「骨盤與關節的骨折」。經由醫療保險對於前述以及其他DRG計畫的適用範圍，補償相關的醫療過程費用。

[18]Dan Colburn，"Unionizing Doctors: Physicians Begin Bending Together to Fight for Autonomy and Control over Medical Care."，Washington Post/Health，June 19，1985，p.7。

[19]Frank Mankiewicz and Joel Swerdlow，Remote Control: Television and the Manipulation of American Life.，New York：Time Books，1978，p.219。

[20]Erik Larson，"Watching American Watch TV."，Atlantic Monthly，March 1992，p.66；可同時參閱Peter J. Boyer，"TV Turning to People Meters to Find Who Watches What."，New York Times，June 1，1987，pp.A1、C16。

[21]Jennifer L. Stevenson，"PBS Is a Roost for Canceled 'I'll Fly Away.'"，San Diego Union Tribune，August 11，1993，p.E10。

[22]Kristin Tillotson，"TV Sweeps: April 24-May 21."，Star Tribune〈Minneapolis〉，April 20，1997，pp.1Fff。

[23]Paul Farhi，"A Dim View of Ratings."，Washington Post，April 11，1996，p.D09。

[24] 體育並非唯一有這種情形的場域；由於電視轉播的需要與需求，政黨開始縮短以及加速議程的進行。

[25] Allen Guttman，From Ritual to Record: The Nature of Modern Sports.，New York：Cambridge University Press，1978，p.47。

[26] Allen Guttman，From Ritual to Record: The Nature of Modern Sports.，New York：Cambridge University Press，1978，p.51。

[27] 寫給那些不熟悉棒球的讀者，指定打擊是球隊的先發球員，並且在整場比賽有固定上場打擊的棒次。代打則是在比賽進行中，代替原先應輪到的打者上場打擊。在整場比賽中，代打幾乎只有一次打擊機會。

[28] 然而，棒球的精細分工化已經彌補這個缺憾，無疑的，我們在比賽中可以經常看到救援投手的登場。確實的，現在有許多特殊化的救援投手角色──「長中繼投手」在比賽前期上場，「終結者」則當球隊領先時，上場投完最後的比賽，救援投手也被區分為專門對付左手或右手的打者。

[29] Carl Schoettler，"Examining the Pull of the Poll."，Sun (Baltimore)，October 11，1998，pp.13Fff。

[30] Kathleen Jamieson，"Eloquence in an Electronic Age: The Transformation of Political Speechmaking."，New York：Oxford University Press，1988；同時參閱Marvin Kalb，"TV, Election Spolier."，New York Times，November 28，1998，p.11。

[31] Kathleen Jamieson，"Eloquence in an Electronic Age: The Transformation of Political Speechmaking."，New York：Oxford University Press，1988。

[32] Sam Marullo，Ending the Cold War at Home: From Militarism to a More Peaceful World Order.，New York：Lexington Books，1993。

[33] Peter Richard，The Making of McPaper: The Inside Story of USA TODAY.，Kansas City，MO：Andrews，McMeel and Parker，1987，p.8；但是報紙的品質已經有所改善，請參閱Howard Kurtz，

"Surprise! We Like McPaper."，Brill's Content，September 1998，pp.125ff。

[34] 我們可以在速食餐廳的座位閱讀報紙的場景，提醒我電影大寒（The Big Chill）由麥可（Jeff Goldblum）飾演唸出針對類似時人（People）雜誌所寫的一段話：「我工作的地方大家只遵守一項編輯的原則：你不能寫任何太長的東西，期待讀者會在極小的機率的情況下閱讀」。

[35] Peter Richard，The Making of McPaper: The Inside Story of USA TODAY.，Kansas City，MO：Andrews，McMeel and Parker，1987，pp.113、116。

[36] 有趣的是，套裝旅遊的風潮或許會逐漸降低，但原因卻是社會的許多層面都已經被麥當勞化，再也不需要套裝旅程。

[37] Kmart Website：http://www.kmary.com。

[38] Ester Reiter，Making Fast Food.，Montreal and Kingston：McGill-Queen's University Press，p.84。

[39] Ester Reiter，Making Fast Food.，Montreal and Kingston：McGill-Queen's University Press，p.85。

[40] Jill Lawrence，"80 Pizzas Per Hour."，Washington Post，June 9，1996，pp.W07ff。

[41] Stan Luxenburg，Roadside Empires: How the Chains Franchised America，New York，Viking，1985，pp.73-74。

[42] Stan Luxenburg，Roadside Empires: How the Chains Franchised America，New York，Viking，1985，p.80。

[43] Stan Luxenburg，Roadside Empires: How the Chains Franchised America，New York，Viking，1985，pp.84-85。

[44] Robin Leidner，Fast Food, Fast Talk: Service Work and Routinization of Everyday Life.，Berkeley：University of California Press，1993，p.60。

[45] Stuart Flexner，I Hear America Talking: New York: Simon &Schuster，

1976，p.142。

[46]N. R. Kleinfeld， "The Ever-Fatter Business of Thinness."，New York Times，September 7，1986，section 3，pp.1ff。

[47]Official Nutri/System publications。

[48]Frederick W. Taylor，The Principles of Scientific Management.，New York: Harper &Row，1947，p.42。

[49]Frederick W. Taylor，The Principles of Scientific Management.，New York: Harper &Row，1947，p.138。

[50]Mark Dowie， "Pinto Madness."，Mother Jones，September/October 1977，pp.24ff。

第五章

可預測性：丘陵邊的那些
小屋永遠不會下雨

麥當勞化的第三個面向是可預測性。在麥當勞化的社會裡，人們希望知道在大多數的場合與時間會發生什麼事。他們不需要也不期待驚奇的發生。他們希望知道今天點的麥香堡與昨天吃的以及明天吃的麥香堡都是相同的。如果今天的漢堡塗抹著某種特殊的醬料，但是明天卻沒有使用這種醬料或者是醬料的味道改變，都會讓人們感到不開心。他們希望知道第蒙（Des Moines）、洛杉磯與巴黎的麥當勞的外觀與運作方式，會與他們當地的麥當勞相同。為了達到可預測性要求，一個理性化的社會強調紀律、規律、制度化、形式化、例行公事、一致性以及有系統的運作。

從顧客的觀點來看，可預測性讓他們更為平順的處理每天的生活瑣事。對於工人來說，可預測性讓他們的工作變得更容易，事實上，有部分工人偏好不用花勞力、不用動腦筋以及不斷重複相同動作的工作，可以讓他們在工作的時候想想別的事情，甚至作作白日夢[1]。對於經理與老闆來說，可預測性也讓生活變得更簡單：可預測性幫助他們管理員工與顧客、所需貨品與材料的供應、個人的必需品、收入與利潤。

然而，可預測性是有缺陷的。可預測性帶來將生活的一切—消費、工作、管理—轉變為心靈麻木（mind-numbing）的例行公事的傾向。

本章主要涵蓋的可預測性的層面包含創造可預測的場景、與消費者的劇本式互動、讓員工的行為更能被預測、建立可預測的產品與過程以及極小化危險與不愉快發生的可能。

創造可預測的場景

　　討論可預測性最好的開始並非麥當勞，而是另一個理性化的的先驅：連鎖汽車旅館。最著名的汽車旅館是一九四六年成立的西部最佳（Best Western）以及於一九五四年開幕的假日飯店（Holiday Inn）。一九五〇年代末期，大約有五百家的霍華強森（Howard Johnson's）餐廳散佈全美各地，大多都附設有標準化的汽車旅館。這三家連鎖汽車旅館在高速公路的擴張以及公路旅行的普及帶來大批人潮之前，便已經建立完成。由於他們的成功被廣泛的模仿，使得汽車旅館與飯店產業的外貌變得更為一致。

連鎖汽車旅館：沒有諾曼貝帝（Norman Bates）的「魔術手指」

　　在這些標準化的汽車旅館建立之前，汽車旅館通常是高度不可預期以及多元分歧的。由當地的老闆負責經營，每間汽車旅館的外觀與服務都有所不同。由於每個地區的旅館老闆與經營者都不相同，旅客通常無法感覺到充分的安全而呼呼大睡。這間汽車旅館可能相當舒適，甚至是相當豪華的，但是另一間旅館卻可能只是雜亂的小屋。人們不能肯定汽車旅館提供什麼服務—肥皂、洗髮精、電話、廣播（後來還有電視）、空調，以及別忘了廣受歡迎的「魔術手指」（Magic Fingers）信息系統。登記進入一間旅館像是在冒險；旅客永遠無法預期將會發生什

麼。

在經典驚悚片《驚魂記》（Phycho，1960）中，希區考克（Alfred Hitchcock）生動的描寫了舊時不可預期的汽車旅館。電影中的旅館是非常令人恐懼的，但對於旅館的老闆諾曼貝帝來說卻一點也不恐怖。儘管只提供少數的設備，貝帝汽車旅館的客房卻裝設了窺視孔（多數旅客並不需要這種設備），因此貝帝可以監視受害者。當然，貝帝汽車旅館最終無疑是不可預測性的代表：一位殺人狂以及幾位不知情的旅客的死亡。

儘管一九六〇年代的汽車旅館很少真的住有瘋狂殺手，當時的旅客卻遭遇各式各樣無法預期的情況。連鎖汽車旅館將這些痛苦帶走，使消費者的在旅館內的經歷變得可以預測。連鎖汽車旅館建立嚴格的聘用制度，不讓「無法預測」的人參與旅館的管理與經營。當旅客看見裝置著紅綠相間的招牌的假日飯店時（現在是看到麥當勞巨大的黃金拱門），他們就會預期得到一家中等消費的旅館所應有的大部分（如果不是全部的話）設備與服務。在當地而且沒有名稱的汽車旅館以及假日飯店之間作選擇，許多旅客偏好選擇可預測的旅館─即使這間旅館是有缺點的（例如，缺乏個人的接觸）。早期汽車連鎖旅館的成功引領著許多模仿者，像是拉瑪達飯店（Ramada Inn）與羅德威飯店（Rodeway Inn）。

價格更高的連鎖旅店─時代飯店（Days Inn）、經濟小屋（EconoLodge）以及六號汽車旅館（Motel 6）─甚至更加具備可預測性。收費低廉的連鎖汽車旅館是可預測性的荒漠：只能滿足消費者極少的需求。但是，旅客對於能得到什麼的期待也是最小的。他們同時預期以房間的價格作為得到何種服務的基

準。

速食工業：因為那些金色拱門而感謝上帝

　　速食業者很快的採用作爲先驅的連鎖汽車旅館的經驗並且將這些經驗完善化。事實上，萊德娜（Robin Leidner）表示「麥當勞成功的核心是它的一致性與可預測性…〔麥當勞的〕嚴格的標準化」，她提到「這是麥當勞處理每個經營細節的方式，意味著不同的處理方式就代表做錯了」[2]。儘管麥當勞允許加盟業者與管理階層嘗試創新，但是創新的「目的在於尋找新的創新途徑以便創造相同的經驗，不管你走進哪家麥當勞，不管你在世界的哪個角落，得到的經驗的是相同的」[3]。

　　就像連鎖汽車旅館，麥當勞（以及其他速食業者）裝設大型以及閃爍的招牌，以便很快的讓消費者熟悉。麥當勞的「黃金拱門」讓消費者產生熟悉的感覺：「每段旅程與每座城市都有相同的顏色與符號，年復一年，餐復一餐的作爲麥當勞與數百萬消費者之間對於可預測性與穩定性所達成心照不宣的許諾」[4]。除此以外，每家麥當勞都具備一系列可預測的元素—櫃檯、放在櫃檯上的菜單、最爲背景的廚房景觀、餐桌與不舒服的座位、顯眼的垃圾桶、開車經過的窗口等等。

　　可預測的場景不只出現在美國，在世界其他部分也都是如此。因此，患有思鄉病的美國旅客不論他們身在何處，都可以藉由走進熟悉的金色拱門與餐廳讓她們覺得舒服些。有趣的是，甚至許多非美國人在遊覽其他國家時，也會因爲進入熟悉的麥當勞而感到舒適。

其他的場景：E. T. 找不到自己的家

由工作的場景來看，相對於其他類型的組織，科層制顯然具備更高的可預測性。科層制至少以三個重要的途徑產生可預測性：

1. 職位。人們佔有職位或位置，這些職位與位置被一組責任與期待的行為所界定。佔有某個職位的人被預期按照這一組規定行事。因此，即使佔有該職位的人有所變化，同僚或客戶仍期待接手的人會有相同的表現。儘管有一些自由發揮的空間，得到某個職位的人不能拒絕完成應當完成的工作或是採取不同的方式處理，不然就會被處罰或遭到炒魷魚的命運。

2. 階級。科層制同時擁有明確的職位階級，因此，人們知道該聽誰的命令，誰又應該服從自己的命令。

3. 檔案化。科層制內所有重要的事務都必須以書寫的形式呈現。因此，只要閱讀過組織的規定與規則便能預期未來可能發生的情形。相較於填滿特殊的表格，用手處理的文件更常被使用。

現代的郊區住宅也展現出麥當勞化社會的可預測性場景。一首著名的民謠將郊區的特徵描寫為：

丘陵邊的小盒子，

簡單完成的小盒子，

小盒子，小盒子，小盒子，

看來都是一樣的小盒子[5]。

　在許多郊外的社區中，每間房屋不管是室內與室外都沒有多大不同。儘管花費較為昂貴的房屋存在著歧異，但是許多郊區的居民卻可以輕鬆的在別人家閒逛，卻不會立刻發現他們不是在自己的家裡。

　除此之外，每個社區的外觀也非常相似。既有的大樹被剷除，以便更有效率的建造房屋，取而代之的是被木樁與繩索綁住的成排樹苗，與此類似，山丘通常也遭到被剷平的命運。筆直的街道以對稱的模式向外延伸。由於這些可預測的景觀，住在郊區的居民可能會走到別的郊外社區，或是在自己的社區中迷路。

　有幾部史蒂芬史匹柏（Steven Spielberg）的電影便在這些理性化的郊區拍攝。史匹柏採取的策略是將觀眾引誘到這個高度可預期的世界，然後以高度不可預測的事件刺激觀眾。例如，在《外星人》（E. T.）一片中，一位來自外星的訪客進入正在開發的郊區，然後被一個小孩發現，而在此之前，這個小孩是住在高度可預期的郊區環境中。不可預測的外星人不只打擾這個小孩與她的家人的生活，也帶來整個社區的混亂。類似的是，《鬼哭神號》（Poltergeist）的場景也發生在郊區的住家，邪靈破壞這個社區原本可預期的平靜（邪靈的現身是透過另一個麥當勞化的重要元素：電視）。史匹柏電影的巨大成功或許可以追溯到儘管郊區的生活變得更加可被預期，人們卻仍然執著於追求某些不可預測性的展現，即使這些不可預測的事件會讓他們感到害怕與恐懼。

談到相關的電影主題，我們必須注意到時間與現在更為接近的《楚門的世界》（The Truman Show），故事發生在一個完全由電視導播所控制的社區。這部電影可以被視為對於在全美蓬勃推廣，所謂迪士尼的「計畫社區」的諷刺與攻擊。迪士尼的「計畫社區」的生活品質比典型的郊外社區更為高級。一點也不令人驚訝，最重要的例子是迪士尼位於佛羅里達的慶祝城（Celebration）。想居住在慶祝城的民眾必須符合相關的條件，對於處理慶祝城內的房屋與財產的方式也有嚴格的限制[6]。這些社區比傳統郊區的發展跨出更大的一步，希望移除人類生活中所有的不可預測性。

雖然他們非常努力，儘可能讓一切變得可預測，最近許多連鎖業者發現高度的可預測性是難以捉摸的目標。舉例來說，因為每個人的頭型都有些微的不同，每個理髮師或美髮師的處理也有些許不一樣的個人風格，因此理髮連鎖店像是秀髮—加強（Hair-Plus）很難提供相同的剪髮過程。為了重新確保焦慮的顧客對於可預測性的嚮往，秀髮—加強以及其他的理髮店提供一般的標語與看板，類似的店內陳設以及一些讓人熟悉的產品。

與消費者的劇本式互動

比《楚門的世界》更值得注意的是那些麥當勞化的組織為員工所準備的劇本。在電影當中，每個角色與楚門的互動都是按照導演準備的劇本進行，讓楚門的行為更能被預測。與電影

情節類似的，速食業者告訴員工遇到不同的情形該說什麼，並且讓員工說的話，以及員工會得到的回應更能被預測。

速食工業：「你好，夥伴」以及「旅途愉快」

　　速食餐廳內員工與顧客絕大多數的對話通常都被儀式化[7]，例行化，甚至是劇本化[8]。舉例來說，羅伊羅傑斯（Roy Rogers）讓員工穿著牛仔與女牛仔外型的制服，向每位前來點餐的顧客說「你好，夥伴」，當顧客付完帳要離開的時候，員工要把顧客送出門並且說聲「旅途愉快」。每次點餐都重複這些讓人熟悉的情境，是人們對於羅伊羅傑斯的規律極為滿意的原因。當羅伊羅傑斯停止這種做法時，許多人（包括我）都深深的感到這是個人的損失。然而，在麥當勞化的社會裡，其他劇本式（script）的互動卻逐漸成為重要的行為規範。消費者期待，甚至是喜歡這些劇本式的互動，當消費者在造訪速食餐廳時，期待與他們喜愛的機器人互動，離開時甚至會依依不捨的看著他們。

　　員工除了獲得應付一般狀況的劇本，也得到面對不尋常的要求與行為時可供依循的一系列附屬劇本（subscript）。面對那些不喜歡用對待別人的方式來對待自己的顧客，附屬劇本就可以派得上用場。事實上，這些次級劇本的內容也反映著員工「真實」的感覺以及不包含在劇本內的行為。例如，附屬劇本會讓員工「就這麼一次」扭曲原先的規定。頑固的消費者因為得到獨特的待遇與真實的回應感到滿意，經理也因為員工遵循這些附屬劇本而感到高興。

就像所有其他麥當勞化的面向，互動的劇本有正向的功能。例如，劇本可以被視爲員工權力的來源，讓他們能夠掌控與顧客間的互動。對於不能接受以及極端的要求，員工只要偏離原先的劇本並加以拒絕便可以避開這類的問題。面對來自顧客經常的差辱與侮辱，員工也可以利用他們的慣例與劇本來保護自己。員工可以將公衆的敵意視爲並非針對員工個人，而是他們所依循的劇本與那些創造劇本的人。總而言之，相較於對劇本與慣例感到不滿，麥當勞的員工通常認爲這些劇本與慣例是有用的，甚至對他們感到滿意[9]。

然而，員工與消費者有時也會違抗劇本（以及其他慣例）的規定。因此，那些提供或得到服務的人的行爲「並非總是能被預期的」[10]。人們還沒有活在麥當勞化的鐵牢籠裡。事實上，他們也從未活在一個完全可被預期的世界，一個完全被麥當勞化的世界。

雖然如此，麥當勞很難避免員工在工作時所表現的獨立性：

◆ 他們可以說任何未列在劇本上的話語。

◆ 他們可以藉由提供額外的服務或交易時的玩笑，超出「一點」原先的慣例。

◆ 他們可以收起笑容，有點沒耐心與煩躁的動作，或是拒絕鼓勵顧客再度光臨。

◆ 他們可以將焦點放在提供快速的服務，避免自己覺得丟臉的行爲，例如對顧客假裝友善[11]。

這些看起來全都是對高度例行化的工作規定的小小偏離。

　　與員工一樣，消費者也從這些劇本與慣例獲得好處：「例行化能夠提供消費者更能信賴、更少花費以及更迅速的服務，不讓他們感到手足無措，把消費者所應遵守的行為規則降至最低，同時也可以說明他們應有的權利。」這樣的慣例保障每位顧客都會被平等的對待。最後，例行化可以協助「建立公民意識與能力的基礎，因此，對消費者來說，都有理由表示感謝」[12]。當部份消費者在面對麥當勞化機構的時候，他們對於這些機構恰當的例行化表示感激。

　　然而，還是有例外存在。部份消費者或許會對沒頭沒腦按照劇本工作的員工產生反感，我們可以把這種員工看作「缺乏反應」或是「與機器人類似」[13]。爭吵會隨著缺乏反應的員工而起，生氣的顧客甚至會在尚未得到服務的情形下拂袖離去。電影《浪蕩子》（Five Easy Pieces）經典的一幕，由傑克尼柯遜（Jack Nicholson）所飾演的角色站立在餐桌旁，遇到一位傳統按照劇本行事，並且不夠誠懇的女侍者：他想點的土司沒有了，但是他不想點用土司做的三明治。相較於把矛頭指向女侍者，尼柯遜的角色對於沒有反應的工作規定感到更為強烈的不滿。

　　劇本式互動帶來的虛構友善所反映出的不真誠友情（「希望你渡過美好的一天」），並非速食餐廳獨有的特徵，在麥當勞化社會的其他部門也都是如此，情義的展現只是吸引顧客再度光臨的方式。例如，電視螢幕最近充滿溫蒂的老闆湯瑪斯（Dave Thomas）的鏡頭，他正在以私人的身分邀請大家在他的餐廳裡享用漢堡[14]。

其他的場景：連笑話都是安排好的

　　速食工業並非是唯一我們有可能遭遇到劇本式互動的場景。電話行銷是另一個要求員工必須正確無誤遵守劇本規定的場景，這些互動劇本被用來處理絕大多數被預期發生的偶然事件。督導可以藉由精密的監聽設備確認電訪員確實按照正確的步驟行事。沒有遵照劇本的電訪員，以及沒有規定的時間內完成一定的電話通數與銷售成果，最後可能都會遭到炒魷魚的命運。

　　萊德娜詳細的說明聯合保險（Combined Insurance）如何讓壽險商品變得更能被預測：「在聯合保險對於壽險專員的訓練中，最讓人感到震驚的是公司努力爭取達到令人感到神奇的標準化程度，公司以讓人感到好笑的的仔細程度告知壽險專員該做些什麼與該說些什麼」。事實上，大部分的專員的推銷是奠基於「期待能完美的記憶以及儘可能精確的重複背誦」。訓練員告訴一位英文不好的外籍壽險專員：「他以語音的方式學習劇本，甚至不知道劇本裡的字句所代表的意思…在他上線的第一天便賣掉二十份的壽險，現在已經是高級的行政人員」[15]。保險專員甚至被要求學習公司的標準笑話，以及「聯合身法」——標準化的移動、儀態舉止以及講話的聲調。

　　麥當勞依賴對於員工的外部規範，但是聯合保險卻企圖轉化公司的員工。聯合保險的員工被期待建立新的自我（一個「麥克身分（認同）」[16]，McIdentity）；相反的，麥當勞的員工被要求壓制他們本身。這樣的差異可以追溯到兩個機構工作環境的不同。由於麥當勞的員工是在機構內執行工作，所以能

夠用外部的限制來控制他們。相反的，聯合保險的推銷員是挨家挨戶的拜訪，大多數的工作是在消費者的家中完成。由於外部的限制失去效用，聯合保險試圖將員工轉化成公司需要的員工類型。然而，儘管公司對於每位員工的個性不遺餘力，保險專員仍保有部分的判斷力與自主性。因此，雖然聯合保險的員工受到相當深入的控制，但是麥當勞的員工仍受到更多的控制，因為麥當勞的任何決定都與員工無關。

萊德娜對此作出結論，「沒有太過瑣碎的細節，沒有太過個人化的關係，沒有太過個人性的經驗，對於部分組織或個人來說，沒有過於憤世嫉俗的處理方式，以一種有幫助或有效率的精神，試著為工作提供標準，並且能重複的慣例」[17]。

類似聯合保險的銷售力量，政治人物逐漸因為他們的顧問所完成的劇本而遭到束縛。曾經有一段時間，美國總統會親自完成自己要發表的演講稿，但是自雷根總統開始，依賴專業演說作家所寫下的演講稿便成為一種規範（柯林頓有時會不遵守這項規範[18]）。在所有演講稿當中，相當著名的措辭是喬治布希的「看著我的嘴唇：不開徵新稅」[19]。

讓員工的行為更能被預測

裝配線增加預測工作過程與產品的可能性。不同於裝配線的生產方式所產生的問題，在於生產的技術工匠所採取的程序是不可預期的，會因人或因時而異。不同工匠最終的成品有著微小但是顯著的差異，造成產品的品質與功能的不可預測性。

舉例來說，由一位技術工匠製造的車輛可能會比另一位工匠生產的好跑得多，也較不容易拋錨；經由裝配線生產的車輛的性能與品質則顯得較為一致。發現可預測的員工表現將帶來利益之後，許多非製造業的行業也已經建構高度發展的系統，也便讓員工的行為更加例行化。

速食工業：即使是漢堡大學的教授，行為也是可被預期的

由於速食餐廳內消費者與櫃檯服務人員的互動的發生，是被限制在某段時間與某個特定範圍，所以兩者的互動是可以被高度例行化的。因此，麥當勞有一系列的準則，規定員工必須依照準則與消費者互動。例如，得來速有六個應當遵守的步驟：問候顧客、完成點餐、組裝餐點內容、交付顧客所點的餐點、結帳以及向顧客道謝，並邀請他們再度光臨[20]。速食餐廳同時尋找讓其他的工作也更能被預測的方式。例如，所有的員工被要求以相同與唯一最佳的方式製作漢堡。換句話說，「泰勒的原則可以輕易的被用來組裝漢堡以及完成其他的工作」[21]。

速食餐廳嘗試許多方式，希望讓員工的外型、動作與想法更能被預測[22]。因此，所有的員工必須穿著統一的制服以及遵守相關的儀容規定，像是化妝、頭髮的長度以及首飾。員工訓練計畫被用來讓員工進入「公司文化」[23]，像是麥當勞面對事情的態度與方式。高度詳細說明的工作手冊，內容包含「從多久清洗一次洗手間到炸薯條的油脂的溫度⋯以及塗抹什麼顏色

的指甲油」[24]。最後，誘因（例如，獎賞）被用來獎勵表現適當行為的員工，沒有按照規定的員工則會得到處罰，最嚴重的處罰是遭到解雇。

為了確保餐廳經理的想法與行為是可以被預期的，麥當勞讓他們到漢堡大學（Hamburger University）校本部，或是全美與全球的漢堡大學分支機構研習[25]。甚至是漢堡大學的教授的行為也是符合可預測性的要求，「因為他們按照課程發展部門所準備的劇本行事」[26]。藉由這樣的老師的訓練，經理們將麥當勞的精神以及處理事情的方式內化於腦海中。因此，就舉止與行為而言，麥當勞的經理彼此很難加以區分。更重要的是，由於經理負責訓練與監督員工，讓員工的行為更具可預測性，經理可以利用精細的公司指導方針，將餐廳內大大小小應該完成的事情詳細列出。麥當勞總部每隔一段時間就會派出「秘密進行」的督察人員，確認公司的指導方針被有效的執行。這些監察人員也負責檢查是否符合品質控制的原則。

其他場景：迪士尼形貌

娛樂公園也採用許多類似的技巧。例如，為了克服員工無法預測的形貌與行為所造成的問題，迪士尼針對員工的外觀（所謂的「迪士尼形貌」，Disney Look）與應該有的行為發展出詳細的指導守則。對於不同類型的員工，迪士尼建立長長的列表，說明哪些外觀與行為是「可以的」，哪些又是「不可以的」。女性的「班底成員」（cast member，是迪士尼稱呼公園內員工的委婉用語）不准穿著牛仔褲、緊身的衣物、運動鞋、任

何類型的長襪、環狀的耳飾、手鐲以及兩條以上的項鍊。女服務生不能畫眼線或是燙頭髮；她們必須體香劑與止汗劑。男性服務人員則禁止留鬍子與鬢角。這樣的列表還可以繼續下去[27]。

迪士尼並非唯一企圖讓員工的行爲更具可預測性的的娛樂公園。位於維吉尼亞的布奇花園（Busch Gardens），投入相當多的力量確保服務人員的笑容恰到好處。布奇花園的規定包含短髮（針對男孩）以及不准飲食、抽煙或是咀嚼口香糖（針對所有人）。「『我們被要求看起來是極爲完美的』，一位員工…開心的說道」[28]。

不只是布奇花園的員工的外貌看起來並無二致，他們也被要求表現同樣的行爲：

> 受控制的環境是與維持低層級員工的正確態度息息相關。
>
> 「這是值得高興的事情。我們強調乾淨、樂於助人而且彬彬有禮」。
>
> 結果，在布奇花園有許多關於所有美國人的形象，以及振奮與激勵民眾的談論。在費特豪斯（Festhaus）這家帶有德國風味的的大型餐廳，舉辦誰最具熱忱以及誰的態度最好的比賽。獎品是國王領地（King's Dominion）的免費旅遊，這是布奇花園主要的競爭者[29]。

這樣的技巧確保布奇花園與類似的公園的遊客，在整個旅程中看到以及接觸到的服務人員都是可預測的員工。

建立可預測的產品與過程

　　可預測性的潮流延伸到販售的產品與服務以及這些商品生產與遞送的方式。相同形式的連鎖商店實際上已經掌控所有的購物中心。在購物中心中只有很少的商品是獨一無二的—事實上大多數的品牌在全球都可以買到—而且不管是商品的陳列、問候顧客的方式、電話訂貨或是其他方面，所有的購物中心都非常類似。

　　與較小型的連鎖店以及地區性商店競爭的超級商店，將可預測的產品往前推進一大步。以班尼斯＆諾貝爾（Barnes＆Nobel's）這家超級書店為例，這樣的超級書店的藏書量相較於小型的書店顯然大了許多，每間分店大約有十五萬種不同的書籍。雖然他們將焦點放在少數的暢銷書，但是事實上超級書店也儲存大量的書籍，有些書籍在小型或獨立經營的書店是無法找到的。然而，超級書店支配書籍市場的潮流卻也帶來一個問題：

　　　　問題…是…他們都是一樣的。他們是公式化的商
　　店，將交易看作最重要的目的…與…社區毫無連接…
　　獨立精英的書店顯得較為突兀與異質性。他們的藏書
　　或許範圍較廣但是數量較少，他們的服務可能沒有缺
　　點但有點粗魯，每個書店老闆的性情都有所不同。
　　但是每家獨立經營的書店都是不一樣的。整體來看，

就是這種多元化讓人們前來買書[30]。

多元化在麥當勞化的世界中顯然不被重視。

速食工業：甚至連泡菜都是被標準化的

讓我們進入速食餐廳供應食物的可預測性之中。由簡單餐點所構成的簡短菜單確保可預測性的原則。漢堡、炸雞、披薩、炸玉米餅、炸薯條、冷飲、奶昔以及其他所有可以用單一方法，相對能簡單準備與提供的餐點。這樣的餐點運用一致的材料，同樣的準備與烹調食物的技術，用類似的方式提供餐點以及相同的包裝，使得可預測性的實現是可能的。如同一位漢堡大學的訓練員指出的，「麥當勞對一切事務都有標準，小到連泡菜切片的寬度也不例外」[31]。

包裝是速食餐廳可預期性的另一個重要組成元素。儘管速食餐廳作了最大的努力，由於材料的緣故─餐點可能會不夠熱，雞肉可能還帶者骨頭或者咬不動，或是每片披薩的義大利香腸的數量不夠─不可預期性的陰影還是壟罩著速食餐廳。儘管餐點本身會出現（輕微的）不可預測性，餐點的包裝─放漢堡的容器、裝小薯的紙盒、放披薩的的紙箱─卻永遠都是相同的，並且暗示包裝裡的餐點和過去也是相同的。

可預測的餐點同時需要可預測的材料。麥當勞對於肉品、雞肉、魚、馬鈴薯以及其他麥當勞所購買的每樣材料的狀態（品質、大小、形狀以及其他因素）有著嚴格的規定。例如，圓形麵包必須以小麥中最具黏性與營養的部分，像是麥糠與胚

芽，所製成的白色麵包為原料（一位風趣的人在《神奇的麵包》
（Wonder Bread） 提到「我想他們只是利用氣體將小麥吹起，然
後把小麥送進烤爐」[32]）。為了避免圓形麵包變得不新鮮或發
霉，必須添加防腐劑避免麵包壞掉。麥當勞使用規格相同的冷
凍薯條而非新鮮的馬鈴薯。

冷凍（或稱凍乾）食品的廣泛使用也是為了應付生的食品
材料所帶來的不可預期性。雷伊克羅奇最終決定用冷凍薯條取
代新鮮馬鈴薯的原因之一，但是因為在每年的幾個月裡，麥當
勞很難取得所需的各種馬鈴薯。冷凍馬鈴薯在整年的供應都是
沒問題的。除此之外，每家麥當勞的馬鈴薯皮會產生惡臭，這
對克羅奇來說是項詛咒並且必須對每家分店進行消毒（無效
的？）。冷凍、去皮以及按規格切割的炸薯條可以解決這個問
題。

在麥當勞化的社會中，可預測的餐點帶來令人困擾的事
實：

> 區域與民族的區分已經從美國的烹調方式中消
> 失。在一個鄰里、一座城市或是一個州的所得到的餐
> 點，不管是外觀或味道與其他地方的餐點都是相當類
> 似的。美國人坐下吃的餐點，大部分都由速食通心麵
> 與起士、柔軟的白麵包、冷凍的炸圈餅以及吉露果子
> 凍（Jell-O）所構成。今天，我們有可能在每年的任何
> 時間從美國這岸旅行到另一岸，卻不會感覺到需要改
> 變你的飲食習慣…複雜的處理與儲藏技巧、快速的交
> 通以及公式化簡餐產品的出現，使得我們更為可能忽

略區域與時節的差異對於食物製作的影響[33]。

大學：整齊劃一的教科書

　　大多數的學院與大學也包含可預測性的元素。他們提供相似的課程，特別是低年級的課程。這種現象的原因之一是每個國家的教師能選擇的教科書的種類有限，而課堂教學通常是根據這些教科書進行。這個問題還混合來自教科書產業巨大的壓力，要求讓低年級的課本看起來都差不多。一個關鍵的因素是出版商必須與暢銷的教科書競爭，並加以仿效。可預測的教科書帶來可預測的課程，而從普遍的意義來說，是帶來可預測的受教經驗。

　　作為某個課程的教科書在許多方面都表現出一致性。他們有著同樣的排版方式，差不多的頁數、類似的術語、參考書目與索引。每個章節也依循著相同的模式：章節提要、簡介、加上方框的課外討論題、照片（最好是彩色的）、章節術語與總結。

　　由於選擇題形式的考試越來越普遍，考試也變得高度可預期。參加考試的學生每個問題結束後會接著四或五個可能是正確答案的選項，其中至少有兩個選項是錯得非常離譜的，精明的學生只要從剩下的三個選項選出答案即可。

　　雖然可以在大學內發現這些與其他麥當勞化的元素，但是相較於速食餐廳，大學麥當勞化的程度顯然是低了許多。例如，大學內的劇本式互動的程度相對較低。課堂討論或許是上

課的例行公事，但是發言的內容是自己決定的，速食餐廳的員工所遵守的規定卻是別人制定的。同時，相較於速食餐廳的員工，大學內的員工，特別是教授，有更多表現不可預期行為的自由。

娛樂：歡迎來到麥克電影世界

之前對於《驚魂記》的討論，提醒我電影工業也相當重視可預測性。《驚魂記》之後出現幾部續集（以及最近對首集的每個鏡頭修飾，重新製作本片）。許多其他的恐怖電影──像是《月光光心慌慌》（Halloween）、《半夜鬼上床》（Nightmare on Elm Street）以及《驚聲尖叫》（Scream）──也有續集的出現。除了恐怖風格的電影，其他成功推出一部或多部續集（與前傳）的電影包含《星際大戰》（Star War）、《法櫃奇兵》（Raiders of the Lost Ark）、《教父》（Godfather）以及《回到未來》（Back to the Future）。在《假期》（Vacation）系列電影中，查斯（Chevy Chase）扮演相同的角色；僅有的變化是假日的場景，他在這些場景表現為人熟悉的滑稽動作。這些可預測的電影吸引許多觀眾，但是續集電影的成功通常是奠基於由首集電影所延伸出來的新概念、新想法與新角色。

電影公司喜愛續集電影（「歡迎來到麥克電影世界」[34]，McMovieworld），因為同樣的角色、演員與基本劇情發展可以一用再用。除此之外，相較於完全原創的電影，續集電影似乎能在票房上得到更好的成績；片商的利潤也因此更能被預測。一般認為，觀眾喜愛續集電影的原因，是因為當他們看到喜愛

的演員扮演相同的角色會感到舒服，**觀眾發現自己置身於熟悉的場景**。

電影本身似乎包含越來越多可預測的結果與可預測結局。達斯汀霍夫曼（Dustin Hoffman）表示今日的觀眾不會接受他於一九六九年拍攝的經典作品《午夜牛郎》（Midnight Cowboy），因為片中包括太多倒敘手法、夢幻以及想像的結果。霍夫曼相信這或許是「整個文化的標誌」：

> 我的朋友（導演列文森，Barry Levinson）說我們生活在麥當勞的文化之中…因為你不會停下來（在速食餐廳），直到得到你已經知道的東西…而且在現在的文化裡，當人們觀賞電影的時候，他們會想要知道將從電影得到什麼[35]。

電影分級制度允許人們預測他們在看電影時，可能看到或聽到的暴力、裸露以及猥褻言語的程度。舉例而言，「G」級意味著這部電影沒有裸露與以及猥褻的話語，但是有些許暴力的鏡頭；「N-17」級則表示這部電影包含以上三種元素[36]。

以電視圈來說，對應於續集電影的是「複製的節目」（copycatting），或是「太過相似而沒有區別」[37]的情境喜劇與一般喜劇的製作。例如，「他們全都聚集在高樓層並且色彩鮮豔的公寓或辦公室，演員打扮得非常休閒，並且經常因為身體的部位與動作的作用而互相交換笑話」[38]。看完這段話，最近或現在播出的電視節目，像是《歡樂單身派對》（Seinfeld）、《六人行》（Friends）以及《德魯卡瑞秀》（Drew Carey）立刻浮現在腦海之中。如同麥當勞，黃金時段的節目希望讓你精準的

知道你將會看到什麼，不管你身在何處，強調可預測節目的舒適性已經超越對於節目內容的要求[39]。

　　若是缺少本來期待會有的事物，將會對麥當化的體系帶來困擾。例如，百視達曾經經驗因為強打電影的錄影帶困存量不足而導致經營的危機。為了讓錄影帶的租借變得更能預測，百視達與供應商之間發展出新的做法。取代原先支付供應商大筆的權利金的做法，百視達現在支付較少的權利金，但是將出租收入的一半交給供應商。百視達現在的新片存量比之前多了七倍。因此，這些日子以來，那些在百視達探險的顧客能更輕易找到他們想要的電影：「當你走進章魚鈴噹，你希望帶者章魚走出來…錄影帶出租店應該也是一樣」[40]。

　　另一種將目標放在提供沒有驚奇的娛樂形式是套裝旅行，套裝旅行的出現不但源於效率的考量，也有可預測性的因素。旅遊業者藉由極小化與民眾、文化以及旅遊國家的機構間的接觸，將旅行轉變為高度可預期性的商品。這樣的產品是自相矛盾的：人們花費昂貴的金錢與大量的體力到達國外，但是對於當地文化卻只有少量的接觸[41]。從美國出發的旅行團可能是由態度相同的美國人組成。旅行社儘可能的使用美國的運輸工具，或是使用當地符合美國遊客期待的交通工具（甚至有空調、音響與浴室）。旅行團的嚮導通常是美國人，或曾在美國待上一段時間的人來擔任—至少是當地操著流利英語的人士擔任，對於美國人的需要與興趣知之甚詳。旅行團所到的餐廳要不是美國的（可能連著一家美國速食連鎖店），就是符合美國人的口味的。所住的飯店也相同，若不是住宿在美國的連鎖飯店，像是薛爾頓飯店（Sheraton）與希爾頓飯店（Hilton），就是

住在迎合美國人喜好的歐洲飯店[42]。每天都有充實，通常也相當緊湊的行程表，只留下一點時間從事自由活動。遊客們因為能確切知道每天，乃至於每個小時將做些什麼而感到舒適。

然而，厄瑞（John Urry）表示套裝旅遊受歡迎的程度在近幾年已經開始降低[43]。我們如何將這項觀察與麥當勞化的擴張作有效的連接？答案在於大多數的社會的麥當勞化程度越來越高，帶來的結果是人們不在那麼需要麥當勞化的旅遊。畢竟，儘管不管人們到哪裡旅行都會看到麥當勞、假日飯店、好萊塢星球餐廳（Planet Hollywood）、今日美國與CNN頻道，他們或許會減少對於不可預測性的恐懼：因為許多不可預測的事務已經被消除了。

體育：那裡甚至有麥克馬廄

網球運動中相對較近的發展，像是決勝局（tiebreaker）的規則，讓網球比賽的結果更容易被預測。在採取決勝局規則以前，選手若要贏得一盤，必須贏得六局，並且必須領先對手兩局以上。但是，如果對手沒有落後超過一局，比賽就必須繼續下去。或許有些人還記得，一場看起來不會中止的比賽，最後以十二比十的局數分出勝負。由於電視與其他媒體帶來的時間限制，網球組織決定在許多比賽中引進決勝局規定。如果對戰的選手都贏得六局而陷入僵局，可以用十二分的決勝局來分出勝負。第一位得到七分並領先對手兩分以上的選手將贏得勝利。決勝局的總分雖然可能會超過十二分（如果兩位球員都得六分），但是至少很難看見如之前偶爾出現的長時間比賽。

另一個有關可預測性的有趣例子是之前高度不可預期的領域，也就是賽馬訓練的理性化過程。訓練員溫尼盧卡斯（Wayne Lucas）在全美開設一連串的馬廄，稱為「麥克馬廄（McStable）」。在過去，訓練馬廄是與專門的賽馬場分別獨立操作的。因此，因比賽場地與馬廄的不同，訓練的方式也有差異。然而：

　　　　盧卡斯因為建立與管理他各地的馬廄而獲得成功。「我想完成這些的關鍵因素是品質的控制」，「你看不到不同的馬廄的品質會有偏差。馬房是一樣的。餵養的計畫是一樣的…」

　　　　「這就是讓運送馬匹變得容易的原因。大部分的馬匹在進行搬運時，都必須進行調整。但是在我們的馬廄中，絕沒有調整的必要。這就是麥當勞的原則。我們給你經營的特許權，而且不管到哪裡，這種特許經營都一模一樣，不容許改變。」[44]。

　　即使是馬匹，現在似乎都是以可預測性的方式飼養。

極小化危險與不愉快發生的可能

　　購物中心的吸引力可以用來說明，至少某個部分，購物中心讓購物變得更加可以預測。例如，「一位在這裡工作的孩子〔在購物中心〕告訴我他為什麼喜歡購物中心…因為不管外面的天氣如何，在購物中心內卻永遠都是一樣的。他喜歡這樣的

情況。他不希望知道購物中心也會下雨—這將會讓他感到很沮喪」[45]。那些在購物中心閒逛的人們,可以暫時脫離被犯罪包圍的街道。沒有壞天氣以及相對較少的犯罪指出另一個購物中心可預測的層面—購物中心永遠是讓人感到開心的。

避免犯罪的出現是所謂家庭歡樂或付費娛樂中心興起的關鍵因素(通常,兒童必須付入場費,雖然這只是一個可愛的促銷花招,陪伴的父母可能是免費的)。這行的領導者是發現區域(Discovery Zone),在全國有超過兩百家的娛樂中心。這些中心提供繩索、裝有墊子的假山、管道、隧道、大型的障礙、鞦韆以及其他設備。這些中心在都市地區被證明非常成功,因為他們在犯罪頻繁的都市中,提供一個安全的天堂[46]。

相較於社區的遊樂場,由於設備的因素以及隨時有工作人員監督,兒童在娛樂中心遊玩似乎也比較不會受傷。娛樂中心也有安全檢查,確保小朋友不會與父母以外的人離開。然而,儘管娛樂中心無疑的較為安全以及較少的不可預測性,他們還是被描述為一個「防腐的、控制氣候的,塑膠的世界」[47]。現代的娛樂公園在許多方面都顯得比過去的遊樂園更加安全以及更加愉快。迪士尼組織相當清楚的知道如果想獲得成功,就必須克服老舊娛樂公園的不可預測性。迪士尼樂園與華德迪士尼世界花費極大的努力確保遊客不會接觸到任何混亂的局面。你已經看到垃圾如何被清運,因此遊客不會因為看到垃圾而感到困擾。園內的商家不賣花生、口香糖以及棉花糖,因為這些食品會讓人行走道變得髒亂。樂園內不存在真實的犯罪。迪士尼提供一個可預測的、幾乎是超現實的以及有條理的世界。

在當代的主題公園中,在任何園內的路邊或是任何的景

點，還是會出現少數不可預期的事情。在迪士尼世界的叢林巡航（Jungle Cruise）的遊程中，一位出版商表示，「叢林巡航是不切實際的冒險者的最愛，因爲它將需要耗費幾個禮拜的非洲狩獵之旅濃縮爲十分鐘〔多麼有效率！〕的歡樂，沒有蚊子，沒有雨季，也沒有運氣不佳的遭遇」[48]。

人們曾經以野外露營來逃脫每天生活中那些可預測的慣例。都市居民爲了尋找自然，只帶著帳棚與睡袋便離家。露營者與自然環境間只有微小甚至沒有隔閡，因此也會出現一些不可預期的事件。露營者可能會看到鹿群在營地附近走動，甚至可以冒險兩鹿群接觸。當然，他們也可能會遭遇到不可預測的雷雨、蟲子的叮咬或蛇，但是這些都被認爲是逃脫慣例行爲的一部分。下面是一位露營者描述這種露營的心情起伏：

> 當然，開始是一場大雨。我們忘了帶帳篷的立柱，這就好像在帆船上忘了帶桅桿。沒有立柱就沒有帳棚，一開始我們仍然在沒有立柱的情形下，試著讓帳棚站立起來。整個帳棚無法直立總是倒下去，好像被子彈擊中倒下的綠色大熊。當我們被激怒並且開始做著住在假日飯店的夢的同時，一隻鹿出現在離我兒子不到兩呎的地方。
>
> 「看！」，我們的孩子開心的大叫，「看，我的第一隻鹿！」[49]。

部分民眾仍以這種方式露營；然而，許多其他民眾開始尋找消除露營的不可預測性的方式。一位營地的老闆說道，「他們想要的（以往）是位於樹林的空間與野外房屋…但是，現在

的人們卻不是來體驗艱困的生活的」[50]。取代簡單的帳篷,現代的露營者可能會用休旅車進行冒險,像是溫尼伯格(Winnie Bago),或是帶著一輛有著精緻彈起帳棚的拖車,避免遭遇到意外事件的困擾。當然,用休旅車「露營」也會降低看見正在漫遊的動物的可能性。除此之外,汽車化的露營者還帶上家中的各種用品—冰箱、爐子、電視、錄影機與音響。

露營的技術不只帶來高度可預測性,也改變現代露營場地的模式。現在很少有人把帳棚設在不可預測的野地中;大部分的人都到理性化的露營場地,甚至是「鄉村俱樂部的營地」,像是「美國營地」(Kampgrounds of America,KOA)這種連鎖開設的營地[51]。一位露營者三十二英尺高,並且附有空調的營地輕鬆的談道,「我們在這裡可以得到所有的東西…不管雨有多大或風有多強」[52]。現代的營地像是被區分成好幾個部分—一個區域用來放置帳棚,另一個區域用來停放休旅車,每個部分都被劃分成排列整齊的露營駐紮地。各種不同的連接線讓開著休旅車的遊客可以使用放在車內的工具。在露營者停好車,並將休旅車連接線接好,或安置好帳棚之後,他們可以看著遠方,享受週邊的景觀—其他的車子、天線、騎著自行車的青少年—換句話說,他們看到許多本來試圖遺留在都市或郊區的景觀。露營場地的經營者可能會提供前來體驗艱困生活的遊客一些生活設施,像是儲藏良好的熟食、浴室與淋浴、溫水游泳池、裝滿電動玩具的遊樂間、洗衣房、電視間、電影院,甚至有樂團表演與喜劇演出的娛樂活動。

想要安全以及避免被傷害並不是什麼大錯。然而,整個社會卻被為求商業利益而創造出安全的環境的氣氛所圍繞。因為

我們居住的城市的街道是不安全的，所以人們到購物中心消費。因為我們的遊樂場是不安全的（而且受到嚴重限制），因此兒童在商業的娛樂中心遊玩。問題是當人們因此將許多休閒時間投入商業性的環境之後，這些環境也急切的引導人們進入消費的生活。如果整個社會能提供不管是大人或小孩都覺得安全和有趣的娛樂中心，我們將不會被迫虛擲大量的光陰在這些地點，從事這些活動。

鐵牢籠就是一儘管他們宣稱是安全的一被麥當勞化的位置，特別是速食餐廳，似乎特別有可能發生犯罪與暴力。例如，一九九七年在華盛頓特區的星巴克發生三名員工的命案。一位速食通路的業者表示，「速食因為某些原因而變成攻擊目標」[53]。這可能是因為理性化鐵牢籠有時會逼迫人們在麥當勞化的場景失去控制。

結論

可預測性是麥當勞化的第三個面向。舉例來說，可預測性強調紀律、系統化以及慣例，使得相同事情不管出現於何時何地都有相同的表現。達成可預測性有許多方式，包含複製場景、運用工作劇本控制員工的談話、理性化員工的行為、提供統一的產品與過程，以及將危險與不愉快發生的可能性降至最低。

因此，我們居住在一個越來越可預測的世界。我們中的多數對此感到安心，而且我們已經變得期待甚至需要可預測性。

然而，一個可預測的世界也可能輕易的變成一個無聊的世界。如果我們想逃離這種無趣的生活，我們可能會發現逃亡的目的地也已經具備高度的可預測性。相較於不可預測性，無聊對於人們來說可能是更大的威脅。

註釋

[1]W. Baldamus，"Tedium and Traction in Industrial Work."，in David Weir ed.，Men and Work in Modern Britain.，London：Fontana，1973，pp.78-84。

[2]Robin Leidner，Fast Food, Fast Talk: Service Work and the Routinization of Everyday Life.，Berkeley: University of California Press，1993，pp. 45-47、54。

[3]轉引自Fast Food, Fast Talk: Service Work and the Routinization of Everyday Life.，Berkeley: University of California Press，1993，p.82。

[4]Margaret King，"McDonald's and the New American Landscape."，USA TODAY，January 1980，p.46。

[5]Malvina Reynolds的抒情詩，由Schroder Music Co.授權再版，ASCAP copyright，1962。

[6]Marcus Palliser，"For Suburbia Read Fantasia: Disney Has Created the American Dream Town in Sunny Florida."，Daily Telegraph，November 27，1996，pp.31ff。

[7]Conrad Kottak，"Rituals at McDonald's."，in Marshall Fishwick ed. Ronald Revisited: The World of Ronald McDonald.，Bowling Green，OH：Bowling Green University Press，1983，pp.52-58。

[8]Robin Leidner，Fast Food, Fast Talk: Service Work and the Routinization of Everyday Life.，Berkeley: University of California Press，1993。

[9]Robin Leidner，Fast Food, Fast Talk: Service Work and the Routinization of Everyday Life.，Berkeley: University of California Press，1993。

[10]Robin Leidner，Fast Food, Fast Talk: Service Work and the Routinization of Everyday Life.，Berkeley: University of California Press，1993，p.6。

[11]Robin Leidner，Fast Food, Fast Talk: Service Work and the Routinization

of Everyday Life.，Berkeley: University of California Press，1993，
p.135。

[12]Robin Leidner，Fast Food, Fast Talk: Service Work and the Routinization
of Everyday Life.，Berkeley: University of California Press，1993，
pp.220、230。

[13]Robin Leidner，Fast Food, Fast Talk: Service Work and the Routinization
of Everyday Life.，Berkeley: University of California Press，1993。

[14]我將在第七章深入說明這個麥當勞化的現象。

[15]Robin Leidner，Fast Food, Fast Talk: Service Work and the Routinization
of Everyday Life.，Berkeley: University of California Press，pp.107、
108。

[16]Elspeth Probyn， "McIdentities: Food and the Familial Citizen."，
Theory, Culture and Society 15 (1998) ：155-173。

[17]Robin Leidner，Fast Food, Fast Talk: Service Work and the Routinization
of Everyday Life.，Berkeley: University of California Press，1993，
p.10。

[18]Julia Malone， "With Bob Dole Speaking in Marietta Saturday, Here's a
Look at the Art of Writing and Delivering Political Speeches."，Atlanta
Journal and Constitution，June 6，1996，p.14A。

[19]Mark Lawson， "JFK Had It…Martin Luther King Had It…Bob Dole
Doesn't."，Guardian（London），September 18，1996，pp.T2ff。

[20]萊德娜表示為了降低顧客感到服務一點也不人性化，員工被鼓勵改變
與顧客的互動過程。但是在她工作的場所，相關的限制卻更為嚴格。

[21]Robin Leidner，Fast Food, Fast Talk: Service Work and the Routinization
of Everyday Life.，Berkeley: University of California Press，1993，
p.25。

[22]Robin Leidner，Fast Food, Fast Talk: Service Work and the Routinization
of Everyday Life.，Berkeley: University of California Press，1993。

[23]Harrison M. Trice and Janice M. Bayer，The Culture of Work Organizations.，Englewood Cliffs，NJ：Prentice Hall，1993。

[24]Mary-Angie Salva-Ramirez，"McDonald's: A Prime Example of Corporate Culture."，Public Relations Quarterly 40（December 22，1995）：30ff。

[25]Dick Schaaf，"Inside Hamburger University."，Training，December 1994，pp.18-24。

[26]Robin Leidner，Fast Food, Fast Talk: Service Work and the Routinization of Everyday Life.，Berkeley: University of California Press，1993，p.58。

[27]本段內容的資訊來自迪士尼的官方出版品。

[28]Lynn Darling，"On the Inside at Parks a la Disney."，Washington Post，August 28，1978，p.A10。

[29]Lynn Darling，"On the Inside at Parks a la Disney."，Washington Post，August 28，1978，p.A10。

[30]Alexander Cockburn，"Barnes＆Nobel's Blunder."，The Nation，July 15，1996，263，p.7。

[31]Robin Leidner，Fast Food, Fast Talk: Service Work and the Routinization of Everyday Life.，Berkeley: University of California Press，1993，p.58。

[32]Henry Mitchell，"Wonder Bread, Any Way You Slice It."，Washington Post，March 22，1991，p.F2。

[33]William Serrin，"Let Them Eat Junk."，Saturday Review，February 2，1980，p.18。

[34]Matthew Gilbert，"In McMovieworld, Franchise, Taste Sweetes."，Commercial Appeal（Memphis），May 30，1997，pp.E10ff。

[35]John Powers，"Tales of Hoffman."，Washington Post Sunday Arts，March 5，1995，p.G6。

[36] 與可計算性相關，電影的分級是依照年齡區分：「PG」代表適合十三歲以下的兒童觀賞；「PG-13」則意味不適合十三歲以下的兒童觀看；「R」十七歲以下的青少年需要父母陪伴；「NC-17」代表十七歲以下的民眾不得觀賞。

[37] Matthew Gilbert，"TV's Cookie-Cutter Comedies."，Boston Globe，October 19，1997，pp.N1ff。

[38] Matthew Gilbert，"TV's Cookie-Cutter Comedies."，Boston Globe，October 19，1997，pp.N1ff。

[39] Matthew Gilbert，"TV's Cookie-Cutter Comedies."，Boston Globe，October 19，1997，pp.N1ff。

[40] Phyllis Furman，"At Blockbuster Video, A Fast Fix Moves Flicks."，Daily News（New York），July 27，1998，p.23。

[41] 類似的還有布奇花園提供歐洲式的景點，像是德國風格的啤酒屋，不需讓遊客離開美國可預測的範圍界能接觸歐洲風光，整個歐洲景點看起來更像是現代娛樂公園可預測的環境。

[42] 在伊斯坦堡的希爾頓飯店開幕的時候，康拉德希爾頓（Conrad Hilton）提到，「我們的每間飯店…都是『小美國』」。這段話語引自Daniel J. Boorstin，The Image: A Guide to PseudoEvents in America，New York：Harper Colophon，1961，p.98。

[43] John Urry，The Tourist Gaze: Leisure and Travel in Contemporary Societies.，London：Sage，1990。

[44] Andrew Beyer，"Lukas Has the Franchise on Almighty McDollar."，Washington Post，August 8，1990，pp.F1、F8。

[45] William Serverini Kowinski，The Malling of America: An Inside Look at the Great Consumer Paradise.，New York：William Morrow，1985，p.27。

[46] Iver Peterson，"Urban Dangers Children Indoors to Play: A chain of Commercial Playgrounds Is One Answer for Worried Parents."，New

York Times，January 1，1995，section 1，p.29。

[47]Jan Vertefeuille，"Fun Factory: Kids Pay to Play at the Discovery Zone and While That's Just Fine with Many Parents, It Has Some Experts Worried."，Roanoke Times ＆World News，December 8，1994，Extra，pp.1ff。

[48]轉引自Stephen J. Fjellman，Vinyl Leaves: Walt Disney World and America.，Boulder，CO：Westview，1992，p.226。

[49]Beth Thames. "In the Mists of Memory, Sun Always Shines on Family Camping."，New York Times，July 9，1986，p.C7。

[50]Dirk Johnson，"Vacationing at Campgrounds Is Now Hardly Roughing It."，New York Times，August 28，1986，p.B1。

[51]"CountryClub Campgrounds."，Newsweek，September 24，1984，p.90。

[52]Dirk Johnson，"Vacationing at Campgrounds Is Now Hardly Roughing It."，New York Times，August 28，1986，p.B1。

[53]Kristin Downey Grimsley，"Risk of Homicide is Higher in Retail Jobs: Half of Workplace Killing Sale-Related."，Washington Post，July 13，1997，pp.A14ff。

第六章

控制：人類與非人性科技

本章將呈現麥當勞化的第四個面向：透過以非人性技術取代人類的方式，對人類形成越來越嚴密的控制。科技不只包含機械與工具，同時包括材料、技術、知識、規則、程序與技巧。因此，科技不只有顯而易見的部分，像是機器人與電腦，同時也較不易察覺的部份，像是裝配線、科層制以及規定相關程序與技巧的工作手冊。人性科技（human technology，例如，螺絲起子）是被人類所控制；非人性科技（nonhuman technology，例如得來速）則是控制人類。

造成理性化系統的不確定性、不可預測性與無效率絕大部分的原因是人類的因素─無論是在其中工作的員工，或者是接受服務的顧客。因此，企圖增強控制的努力通常將目標放在員工與消費者，當然過程與產品也可能是目標之一。

由歷史的角度來看，組織漸漸經由越來越多有效率的技術獲得控制人們的能力[1]。最終，組織開始將人類的行為簡化為一系列機械式的動作。一旦人們的行為與機械無異，他們便可以被真正的機械所代替。將人類置換為機械式控制人類的最終階段；人類將不再帶來任何不確定性與可預測性，因為他們不再參與，至少不再直接參與整個過程。

控制不只是與非人科技出現的唯一目的。有許多原因使得這些科技被創造出來與加以運用，像是生產力的提升、更優良的品質管理以及更低的花費。然而，本章主要關心的是，在麥當勞化的社會中，非人性科技如何增強對於員工與消費者的控制。

控制員工

在採用複雜的非人性科技的時代之前，人們受到其他人的龐大控制。在工作的場合中，老闆與監督者以直接面對面的方式來控制下屬。但是這樣直接與個人性的接觸是相當困難的，花費較高，而且可能會引起對於上級的敵意。下屬可能會對直接管理的上級或者嚴格控管員工行為的老闆施加暴力。經由科技控制員工是較為輕鬆的，可以管理很長的一段時間卻只有些微的花費，而且不太可能引起對於上級或老闆的的敵意。因此，經過一段時期以後，以人為主的控制便轉為以科技為核心的控制[2]。

速食工業：從人類到機械人

速食餐廳藉由創造與建構許多非人科技來處理不確定性的問題。許多速食餐廳的工作，可以在沒有廚師的情形下完成，這是一種強調方便的概念。烤漢堡是如此的簡單，只要經過一丁點訓練，任何人都可以勝任這項工作。除此之外，如果餐點的製作需要更多的技術（像是阿比的烤牛肉的烹調過程），速食餐廳會建立以幾個簡單程序構成的製作流程，幾乎所有人都能按照規定來做。烹調速食就像是在玩連連看或是按照號碼順序著色的遊戲。按照既定的步驟可以消除大多數烹調過程的不確定性。

許多麥當勞化的餐廳所提供的餐點在送達之前，便已經經

過成形、切塊、切片與「預先製作」的程序。全體員工負責的工作，如果有必要的話，是烹調食物，通常只要把餐點加熱，然後把餐點交給顧客即可。在章魚鈴噹，員工過去通常得花上好幾個小時烹調肉品以及將蔬菜切絲。現在，員工只要將裝滿預先煮好的冷凍牛肉的袋子丟進滾開的熱水中就可以了。過去他們有時會預先將萵苣切絲，現在則開始將起士預先切片，並將番茄預先切塊[3]。在餐點送達餐廳之前，如果越多的工作已經由非人科技所完成，那麼員工要負責的事情就越少，員工能展現他們的判斷力與技術的空間也就越小。

麥當勞已經利用各式各樣的機器來控制餐廳的員工。冷飲分配機裝有感應器，當杯子快裝滿的時候，分配機將會停止送出飲料。雷伊克羅奇對於人類判斷所造成的奇異行為非常不滿意，使得他去除以人工控制的炸薯條機器，並開發出當薯條炸好或是在裝滿薯條的鐵籃自動移離熱油時，會發出鈴聲或是嗡嗡的聲音的機器。當一位員工在控制炸薯條的機器時，錯誤的判斷可能導致薯條炸的程度不夠，或是薯條炸得太過度甚至讓薯條燒焦。克羅奇對於這個問題感到非常煩躁：「讓人感到訝異的是，以前我們居然能讓他們做出我們要求的一致產品，因為每個員工在炸薯條的時候，對於什麼是薯條適當的顏色以及其他相關方面都有自己的詮釋」[4]。

在收銀機旁的員工，過去必須盯著價目表然後用手將價格鍵入收銀機─所以有可能得到錯誤的總額（甚至少收錢）。電腦螢幕與電腦化的收銀機則阻止這種錯誤發生的可能性[5]。每個員工要做的只是在收銀機按下符合購買商品的符號；然後，機器將會計算出正確的價格。

如果速食餐廳的目標在於將人類降級為機器人，那麼我們應該一點也不訝異機器人在餐點的準備過程中被廣泛的使用。例如，在一間校園餐廳負責烹調漢堡的機器人：

這個機器人看起像是一個平底鍋，裝置有一條輸送帶，在輸送帶的終點有一條機械手臂。當員工將肉餡與圓形麵包放入，紅色的指示燈便亮起，並在歷時一分五十二秒的加熱過程不斷閃爍。當他們到達機器的另一端，光學感應器會指示員工什麼時候能開始組合餐點。

電腦就像是機器人的頭腦，決定肉餡與麵包該送往何處以及如何處置。如果圓形麵包慢下來，電腦也會讓肉餡的輸送帶慢下來。如果是肉餡的進度慢下來，電腦也會降低麵包的生產量。電腦也針對鍋爐的的肉餡與圓形麵包的數量做仔細的觀察，決定餐點供應的速度[6]。

機器人提供相當多的好處—較低的花費、更高的效率、較少的員工、沒有怠工，同時也是減少速食餐廳使用青少年員工數量的方式。一位想到用機器人製作漢堡的點子的教授提到，「人們尚未把廚房視為工廠，速食餐廳則是第一個這樣做的」[7]。

章魚鈴鐺建立「一台由電腦驅動的機器，大小與咖啡桌差不多…可以製作與確保塑膠袋內裝的是最完美的熱章魚」[8]。百事企業（Pepsico，不久之前擁有肯德基、必勝客與章魚鈴鐺）

發展出飲料自動分配機，可以在十五秒內將冷飲製作完成：
「服務生將顧客的需要的餐點鍵入收銀機。電腦將資料送往分配機，分配機便降下一個杯子，填裝冰塊以及適量的汽水，然後將杯蓋蓋上，接著裝有飲料的杯子便經由輸送帶送至客人的手中」[9]。相較於人工處理，這樣的科技被顯然花費較少以及更值得信賴，速食業將會廣泛的使用這些機器。

麥當勞同時進行一個有限計畫的實驗，這個計畫被稱為ARCH，也就是自動機器人團隊助手（Automated Robotic Crew Helper）。炸薯條的機器人負責裝滿整個鐵籃，烹調薯條，當感應器告知薯條已經完成時，將薯條移開鐵籃，以及甚至在炸薯條的過程中搖晃薯條。在飲料的部分，員工按下收銀機上的按鈕，將點單輸入。接著，機器人會在杯中加入適當的冰塊，將飲料移到正確的飲料孔，將飲料裝滿整個杯子。然後將飲料放在輸送帶上，將飲料送給員工，再由員工交給客人[10]。

就像軍隊，速食餐廳普遍甄補青少年員工，因為相較於成人，他們更容易服從自主的機器、規定與程序[11]。速食業者同時尋求極大化控制成人員工的行為的方式。甚至是經理也不能免除遭到控制的命運。麥當勞ARCH計畫的其他層面是經過電腦化的系統，除了其他的事情，系統還告知經理在某段時間（例如，午餐時間）內需要多少個漢堡或是多少份的薯條，電腦化的系統將過去對於經理的判斷與決定的需要排除[12]。因此，「漢堡的生產成為精緻的科學，過程裡的每個部分都是受到嚴格的控制，每段計算的距離以及每份醬料都受到嚴格的監督與紀錄」[13]。

教育：麥克兒童看護中心

　　大學已經發展出許多非人科技強化對於教授的控制。例如，大學規定上下課的時間。不管老師的課程進行到哪裡，只要規定的上課時間一過，學生便可以離開教室。由於大學需要成績，因此教授必須對學生考試。在部分大學，教授必須在期末考結束後的四十八小時以內將成績交出，迫使教授使用電腦計分以及選擇題形式的考題。由於學校要求學生評價教授的教學，也迫使教授必須依照會得到高分的方式上課。由於職位與升等制度對於出版量的規定，可能會逼使教授在教學上花費較少的心力，少於教授本身或學生所預期的程度。

　　一個更加極端的場景是速食餐廳的兒童看護設備，親切看護（Kinder-Care）。親切看護雇用沒有受過或受過簡單兒童看護訓練的短期員工。這些員工在「教室」所做的工作，很大一部分是由既定的課程所製作的工具書所決定，員工打開手冊尋找每天的活動細節的說明。明顯的，有技術、經驗與創造性的老師並不是麥克兒童（McChild）看護中心雇用的優先考量。更有甚者，較少受過訓練的員工更容易被非人科技所掌控，被無所不在的「工具書」掌控。

　　其他組織控制老師的例子是席爾芳學習中心（Sylvan Learning Centers），這個學習中心被冠上「教育界的麥當勞」的稱號[14]（在美國、加拿大與亞洲大約共有七百家的席爾芳學習中心；席爾芳學習中心的利潤在一九九五年到一九九七年足足成長了兩倍）[15]。席爾芳學習中心是課後輔導中心，用來從事補救教學。公司「用麥當勞式的一致性來訓練員工，他們坐在

U形的桌子旁,聽取相關部門指導員的講授」[16]。透過這種訓練方式、規則以及科技,像席爾芳學習中心這種以營利為目的組織,便能對於公司的「老師」施以巨大的控制。

醫療保健:誰決定我們的命運?

如同所有的理性系統,醫療領域也開始從人類科技過渡到非人性科技。最重要的兩個例子是科層制度規則的日趨重要以及對於現代醫療技術的廣泛控制。舉例來說,預付制度與診斷相關團體(DRG)系統——並非醫生或是醫生的診斷——決定病人能住在醫院的時間。類似的,醫生獨自帶著裝有簡單幾樣工具黑色袋子出診已經是過去的事了。取而代之的,醫生變成了分配員,將病人送往適當的機器與專門的醫師。現在,電腦程式也可以診斷疾病[17]。雖然電腦不太可能完全取代醫生,但是有一天電腦將會成為基本的——如果不是最主要的——診斷工具。現在人們甚至可以在網際網路上接受診斷、得到治療與處方,而不需與醫生做面對面的接觸。

這些以及其他現代社會醫療的發展,顯現出醫療專業受到越來越多的外在的控制,像是第三方付費人、聘用組織、營利性質的醫院、健康維持機構(HMOs)、聯邦政府以及「麥克醫生」式的機構。即使在醫療專業的全盛時期,也不能免除外在的控制,但是,現在控制的情境與程度已經改變,控制的等級與程度也變得更為強烈。取代以往由私人執業的醫生幾乎完全自主的做判斷,現在醫生反而更可能遵守科層組織的規則與規

範。在科層體系中，受雇者被他們的上級所控制。醫生的上級越來越有可能是專業的經理人，而非其他的醫生。同時，許多昂貴的醫療科技被醫療專業人員使用。當機器本身變得更加複雜，醫生們就更不了解這些機器，也更沒有能力去控制這些機器，取而代之的，控制權轉而屬於科技，以及屬於那些創造與操作這些科技的專家。

工作場合：按照我說的去做，而不是按照我做的去做

許多工作場合都具備科層制的性質，整個工作場所看起來像是個大型非人科技。工作場合裡數不清的規則、規範、行為指南、職位、分工以及階級指引系統內的人們應該做些什麼，以及應該如何去做。最高明的幹部很少考慮應該要完成什麼：他們只要簡單的遵守規則，處理送來的工作，然後將這工作加以處理，並將這些工作送往科層組織的下一站。員工要做的不過是填滿所需的表格，每天大部分的時間都面對著電腦螢幕。

在科層階級的最底層（所謂的「藍領工人」），科學化的管理明顯的受到限制或是讓人類科技遭到取代的命運。例如，「最佳道路」需要工人不加思索的依循事先規劃的步驟。更普遍的，泰勒相信工作世界中最重要的部分不是工人，而是制定計畫、監督員工與控制工人的組織。

雖然泰勒希望所有的受雇者都能被組織所控制，相較於平常的工人，他讓管理部門有較多自由揮灑的空間。管理部門的任務是學習員工的知識與技術，並且將這些知識與技術加以紀錄與整理，最終將它們簡化為法則、規則甚至是數學公式。換

句話說，管理部門要取得人類的技術、能力與知識，並將它們轉化為一連串非人的規則、規範與公式。一旦人類的技術被詳細的紀錄，組織就不再需要有技術的工人。管理部門會根據精密的行為指南聘用、訓練以及使用那些沒有技術的勞工。

然後，實際上泰勒將用「頭腦」的工作與用「手」的工作分開。在泰勒之前的時代，有技術的工人必須同時負責這兩樣工作。泰勒與他的追隨者研究那些有技術的工人腦中的知識，並將他們的知識轉換為簡單並且不加思索的工作慣例，每個人都能簡單的學習與依循。因此，留給員工的只有重複性用「手」完的工作。這個原則仍然是穿透我們的麥當勞化社會的運動基礎，用非人科技來取代人力。

在泰勒科學化的管理以及其他熱衷於以非人科技取代人力的努力的背後，隱藏著運用人類最小的智識與能力的目的。泰勒雇用那些形同動物的人類：

> 　　現在對於適合將搬運生鐵作為職業的人來說，第一個要求是他應該要很笨以及夠遲鈍，讓他的心智狀態接近一頭公牛而非其他東西。因為這個原因，一個有警覺心與智識的人並不適合這種單調又機械式的工作。因此，最適合處理搬運生鐵工作的工人是不能理解這種工作的科學性質的。他要笨到連「百分比」都不知道是什麼意思，因此，在他成功之前，他必須經常接受比他聰明的人的訓練，讓他養成符合科學法則的工作習慣[18]。

無獨有偶的，亨利福特對於在他的裝配線工作的員工也有

類似的看法：

> 重複性的勞動—永遠以相同的方式一次又一次的完成相同的工作—對於某種心靈是相當可怕的事。重複性的勞動讓我感到不安。我不能日復一日做相同的事情，但是別人可以，或許我應該說對於大多數人來說，重複性的工作一點也不可怕。事實上，對於部分的心靈來說，思考才是可怕的。對於他們而言，最理想的工作是不需要表現創意的工作。很少人願意做需要耗費很多腦力與與體力的工作—我們總是需要因為困難才喜歡做某些工作的人。一般的員工，我必須很遺憾的說，希望得到一份不用思考的工作。那些具備所謂創造性的心靈以及極為憎恨單調工作的人們，會傾向認為其他的人也都是同樣的不安於室，因此對於日復一日執行幾乎完全相同的工作的工人產生毫無必要的同情[19]。

泰勒需要的員工類型與福特腦海中最能勝任裝配線工作的員工類型恰恰是相同的。從他們的角度來看，這樣的員工更易於接受外在技術對於他們工作的控制，甚至還渴望這樣的控制。

一點也不令人意外，其他的企業家與泰勒以及福特持著相同的觀點：「明顯並且具有諷刺意味是史東（W. Clement Stone，聯合保險的創辦人）與雷伊克羅奇的例子，兩者都是具備高度創造力與創新精神的企業家，卻仰賴員工自願性的依照精細的規則，精確的完成工作」[20]。

　　許多工作場合都受到非人性科技的控制。舉例來說，在超級市場，過去工作人員必須閱讀標誌在食品上的價錢，然後將價格輸入收銀機中。然而，用人力來處理這些事情，不算速度慢，同時也有發生錯誤的可能。為了解決這些問題，許多超級市場引進光學掃描器，掃描器可以「閱讀」事先印在每樣商品上的條碼。每個條碼代表事先輸入電腦的價格，用來控制收銀機的運作。因此，這種非人性科技也簡化收銀員負責的任務的數目與複雜性。收銀機旁變得只存在較不具技術性的工作，像是掃描食物或是包裝食物。換句話說，超級市場的收銀員所負責的工作已經遭到「去技術化」的命運。也就是說，對於工作所需的技術總量已經降低。

　　電話行銷「工廠」的非人性科技甚至更加嚴密。電話行銷人員通常必須正確無誤的遵循既定的行銷劇本。這些劇本適用來處理大多數在意料之中的狀況。督導通常私底下詢問受訪者的意見，確保電訪員有依照正確的步驟行事。若沒有在某段時間內撥出規定的電話通數或是完成預定的銷售量，電訪員可能最終會遭到解雇。

　　類似的控制也發生在為許多公司服務的「電話頭腦」（Phoneheads），或稱之為消費者服務代表。那些處理航空公司機位（例如，聯合航空）的服務人員，必須將工作中每分鐘處理的案件紀錄下來，並且確定每通電話中斷的時刻。員耕必須按下電話上的小按鈕，讓管理部門知道他們的意圖。督導坐在訂票大廳中心的「高塔」之上，「像警衛般的觀察房間內的每個操作人員」。他們還監控每通電話，確保員工的言行符合管理部門的規定。這種控制屬於鉅型過程的一部分，這個鉅型過程

也就是「許多工作場合越來越常出現無所不在的監督—不只是機票定位中心，在消費者服務部門以及資料處理部門也都是如此，電腦使得某種程度的監視員工變得可能」[21]。難怪消費者通常都與如自動裝置般的客服代表接觸。一位聯合航空的員工談道，「當我將機位需求輸入念腦後，我的身體便成為電腦終端機的延伸。我的內心感到空虛」[22]。

　　隨著技術的進步，許多公司改採電腦語音代替真人接聽電話[23]。相較於受到嚴格控制的真人接線生，電腦語音顯得更為可預測以及更能控制。確實的，在我們麥當勞化傾向越來越強的社會中，我與類似的電腦語音也曾有過幾次相當「有趣」的交談。

　　當然，低階層的員工並非唯一失去問題解決能力的人。我曾經提及到對於教授的控制。除此之外，負責駕駛現代以及電腦化飛機（像是波音757與767）的飛行員，在飛行過程中也被控制，也被去技術化。取代以往自動飛行或是根據簡單的操作手冊利用老式的自動飛行，現代的飛行員只需要「按幾個按鈕以及當飛機飛到特定高度或是飛機要降落在預定跑道時調整機身」。一位美國聯邦航空局的官員表示，「我們正在談論越來越多人類不能控制而需要交給機器負責的工作」。這些飛機在許多方面比舊時，沒有運用那麼多先進技術的飛機顯得更為安全與可信賴。然而，依賴這些科技的飛行員或許會失去處理緊急情況的能力。一位航空公司的經理談到這個問題，「我沒有會做這些工作的電腦〔有創意的電腦〕；我就是沒有」[24]。

控制顧客

員工相對是比較容易控制的，因為他們依賴老闆維持生計。但是，當顧客不喜歡他們在特定情境所遭遇的情形，他們有更多的自由違反規則甚至離開到其他的地方。然而，麥當勞化的系統也已經建立與試驗許多控制顧客的方法。

速食工業：這裡沒有地獄

不管是進入速食餐廳或是利用得來速，消費者都是進入某種類型的輸送帶系統，依照餐廳經理希望的方式在速食餐廳內移動。得來速（這種輸送帶的能量來源是消費者駕駛的車輛）是最顯而易見的例子，但是對於其他進入餐廳的顧客而言也都是如此。消費者知道速食餐廳期望他們排隊，移動到櫃檯，點所需的餐點，付賬，將餐點帶到空的桌子，享用餐點，收集剩下的垃圾，將垃圾放入垃圾桶，然後走回自己的車子。

有三種用來協助控制顧客的機制[25]：

1. 消費者接受速食餐廳期待他們如何表現的暗示（例如，許多置放在餐廳的垃圾桶）。

2. 由於許多不同的結構限制，使得消費者會依照固定的幾種方式行事。例如，車道式服務窗口以及在車道入口前（以及其他地方）豎立的大型菜單看板，只有給予消費者相當少的選擇。

3. 消費者被內化一些他們視為理所當然的規範，當他們進
   入速食店之後，便會自發性的依照這些規範動作。

　　當我的小孩還小的時候，有一次我們在麥當勞吃完餐點
後，沒有將剩下的垃圾清理乾淨，也沒有將垃圾都入垃圾桶，
我的孩子便告誡我這樣是不對的。事實上，我的小孩變成麥當
勞的代理人，教導我在類似的環境中應當遵守的規範。我（以
及絕大多數的民眾）已經將這些規範長期內化於心中，而且這
些日子以來，在很偶爾的時候，我會因為沒有其他的替代選擇
（或者需要乾淨的房間）而只好前往速食餐廳，我依然會忠實的
遵守這些規範。

　　速食餐廳強調控制的目標之一是企圖影響消費者的行為，
讓他們在速食餐廳花錢消費以及迅速離開。速食餐廳需要能立
即空出的座位，以便讓顧客有用餐的位置。著名的老式連鎖自
助餐廳，自助餐館（Automat），由於客人經常佔據座位幾個小
時直到營業終了，使得這家餐廳陷入困境。自助餐館成為某種
類型的社交中心，只有留下少之又少的座位給那些在餐館購買
餐點準備享用的顧客。當街頭流浪漢開始壟斷自助餐館的座
位，也就是這家餐廳所面臨的致命打擊。

　　部分速食餐廳雇用保全人員避免流浪漢走進餐廳，也防止
有暴力傾向的青少年佔據座位或是停車格。7-Eleven則透過播
放溫和的音樂，像是「迷人的夜晚」來應付在店外閒逛的青少
年。一位7-Eleven的發言人說道，「他們不會在播放曼多瓦尼
（Mantovani）曲調的商店待上一整晚」[26]。

　　部分速食餐廳甚至貼上宣傳海報，限制消費者不得在餐廳

內停留超過二十分鐘[27]。更為普遍的是，速食餐廳已經作了結構上的調整，使得消費者在享用完餐點後不需要也不想要繼續在餐廳逗留。簡單用手指抓取的餐點讓用餐過程變得更快速。一些速食餐廳甚至裝設特別的座椅，顧客坐下二十分鐘之後便會感到不舒服[28]。餐廳內室內裝潢的顏色也製造相同的效果：「讓身體放鬆並不是重點，將地獄驅離這裡才是。我們以這樣的原則仔細選擇餐廳內部的顏色。從廣告看板的深紅色與黃色到制服的栗色；每樣都是不調和的。都是設計用來避免顧客感到舒適而想逗留餐廳內」[29]。

其他場景：就像是個新兵訓練中心

在許多大學，學生（大學所服務的「顧客」）明顯的受到比教授更為嚴密的控制。舉例來說，對於學生的選課，大學通常只給予學生微小的空間作選擇。課程本身通常是高度結構化的，迫使學生必須以某些特定方式進行學習。

對於學生的控制早在他們進入大學之前便已經開始。小學特別建立許多方式來控制學生。幼稚園被描述為教育的「新兵訓練中心」[30]，學生不只被教導服從權威，也被教導機械式學習與客觀考試的理性化程序。更重要的是，自發性與創造性的活動幾乎不會受到稱讚，甚至是不被允許的，一位專家將這種情形稱之為「順從的教育」[31]。那些順從規定的學生被當作好學生的典型；不遵守規定的學生則被貼上壞學生的標籤。就像是普遍的原則，最終學校裡的學生都屈服於這種控制機制。從教育制度的觀點，具有創造性以及獨立思考的學生是「麻煩

的、高價的以及浪費時間的」[32]。

課程進度與計畫也具備控制學生的作用，特別是小學與中學。由於「時鐘的專政」，當鐘聲響起上課時間就必須結束，即使在學生正準備進入理解某些重要內容的階段也不例外。由於「課程計畫的專制」，課程的進行必須將焦點放在達成每天計畫規定的進度，不管學生（或者老師）可能會發現其他有趣的事物。想像「一群興奮的孩子帶著莫大的好奇與緊張觀察一隻烏龜。現在的孩子則會因為老師的堅持將烏龜放到一邊去。我們要開始進行我們的科學課程。今天的課程是與螃蟹有關的」[33]。

在健康照顧的領域，病人（以及醫生）受到越來越多來自大型，非個人系統的控制。例如，在許多醫療保險的計畫當中，病人不再能決定他們想看哪一科的醫生。除此之外，病人必須先看基層照護醫生，由他們決定病人應該轉入哪個特殊的科別。由於制度給予基層醫生非常大要求降低開支的壓力，因此只有少數的病人會轉給專科醫生，而基層醫生則肩負原本屬於專科醫生的工作。

控制收銀員的超市掃描器同時也控制著消費者。過去所有的商品都被標上價格後，消費者可以精確的計算出這趟購物所需的花費。消費者也可以檢查每項物品的價格，確保收銀機不會超收費用。但是由於掃描器的出現，消費者不可能看到標有價格的標籤與收銀員。

超級市場同時利用食品的擺設控制消費者。例如，超級市場耗費勞力將兒童喜愛的食品放在他們能容易迅速拿到的位置（例如，陳列架的底層）。同時，超市店內食品的銷售價格與策

略位置，也會深深的影響消費者購買的食品類型。製造商與批發商互相競爭有利的食品擺設位置，像是超市的前排或是走道的兩旁。放在這些位置的食品可能會比置放到一般的位置賣得更多。

　　購物中心也對消費者進行控制，特別是兒童與年輕人，他們會受到大眾傳播媒體的影響而成為貪婪的消費者。到購物中心逛街成為他們根深蒂固的習慣。部分民眾變成考威斯基（Kowinski）所稱呼的「回魂屍」（zombies），日復一日，年復一年不停的在購物中心裡消費[34]。更特別的是，電扶梯與樓梯的擺設迫使消費者必須在每個樓層與吸引人的精品櫥窗來回走動。附有長凳擺設的銷售區域可能會吸引在消費過程中想要休息的消費者的目光。商店陳列的策略以及商店內的商品會讓人們原先可能不感興趣的商品變得具有吸引力。

　　經由聲音辨識系統，電腦可以回應人類所發出的聲音，也產生對於人類巨大的控制。一位收到付費電話的民眾或許會被電腦語音詢問是否願意付款，電腦語音會說道，「請您說要或是不要」。雖然這樣的系統具有效率，也能省下大筆的鈔票，但是也存在著缺點：

> 　　這位受訪者感覺到他無法流利的說話。他已經被束縛住了。電腦正控制著他。不僅僅是感到沮喪…人類適應這類系統，但是在潛意識中只是把這種系統看作我們生活的科技世界中的另一種令人討厭的產物[35]。

　　甚至是今日的宗教與政治也被市場化，並且就像其他麥當

勞化的制度，這兩個領域也採取相關的科技協助控制它們的「顧客」的行為。例如，羅馬天主教教廷擁有自己的梵蒂岡（Vatican）電視台。更為普遍的是，取代以往向真人牧師禮拜，數以百萬計的信眾現在與電視機裡的影像「互動」[36]。相較於在傳統的教堂佈道，電視讓牧師可以接觸到更多的民眾，所以他們對於信徒的思想與行為能產生更高度的控制，在整個過程中也能得到更多的捐款。電視佈道家利用由電視專家發展的全套精妙技巧控制電視機前的觀眾。部分佈道家採用類似由雷諾（Jay Leno）或是拉特曼（David Letterman）所主持的脫口秀的節目形態，充斥著笑話、交響樂、歌手以及特別來賓。這是一位觀察家對於梵蒂岡電視節目的描述：「對於梵蒂岡而言，最大的優勢在於他們有自己的電視台…他們可以將自己的想法放入自己的節目。如果你給予他們攝影機或讓他們得到設備，他們便能開始控制信眾」[37]。

　　對於政治，我們也可以得到類似的結論。最顯而易見的例子是利用電視推銷政治人物與操控選民。確實的，大多數的民眾只能在電視上看到政治人物，大部分的現身都是設計用來傳遞政治人物與他們的媒體顧問所追求的訊息與形象，加強對於民眾的控制。雷根（Ronald Reagan）總統在一九八○年代以藝術的形式掀起政治行銷的風潮。在許多場合當中，參觀過程的走位以及攝影機的取景都是事先安排好的（總統身前放置國旗或者讓軍人公墓出現在總統身後），讓觀眾與選民精確的接收由雷根的媒體顧問企圖傳達的影像。相反的，記者會的次數最降至最低，因為許多問題與答案都是事前無法決定的。

控制過程與產品

在一個正處於麥當勞化的社會，人類是達成可預測性原則的最大威脅。我們可以利用控制生產過程與產品強化對於人類的控制，但是控制生產過程以及產品本身同樣也具備相當的討論價值。

食品生產、烹調與販售：自己烹調

我們可以在食品的製作過程中，發現許多設計用來減少不確定性的科技。例如，大規模的麵包製作過程並非由有技藝，喜歡每次只做少量麵包的麵包師父所控制。有技術的麵包師父無法製作符合整個社會所需的麵包量。除此之外，他們製作的麵包可能因為有人類參與而產生不確定性的問題。例如，麵包可能烤得太焦或烤得太生。為了增加生產力以及消除這些不確定性的問題，大規模生產麵包的廠商發展出自動化的的系統，如同所有的自動化設備，人類扮演著微不足道的角色，並且遭到科技嚴密的控制：

> 現在最先進的麵包店就像是煉油廠。麵粉、水、定量的添加物、大量的發粉、糖攪拌成麵團，並且經過一個小時的發酵。然後加入更多的麵粉，倒入盆子，再經過一個小時的發酵，接著移動到烤爐烘烤。經過十八分鐘後，麵包就完工了，接下來辦識冷卻、切片以及包裝的工作[38]。

在一間接著一間的食品工廠中，人力在生產過程中的作用不過是扮演計畫以及維護的角色，技術取代原先富有技藝的工匠而成爲主導生產過程的力量。食品的儲存與運送的過程同樣也被自動化。

　　更有一些讓人吃驚的科技發展被應用在人類飼養來充作食物的動物身上。例如，「水產養殖業」每年的交易總額達到五十億美金，由於越來越多民眾意識到食品膽固醇含量的問題，轉而食用海鮮，使得水產養殖業有著顯著的成長[39]。取代老式無效率以及不可預測的捕捉方式—站在岸邊垂釣或是駕駛捕魚船，利用巨大的漁網一次捕上好幾噸的魚—現在我們則以更有效率以及可預測性的方式來「飼養」海中生物。餐廳供應的新鮮鮭魚超過百分之五十是在挪威沿海的巨大飼養場中所養殖的。

　　飼養海中生物帶來幾項好處。最爲普遍的是，水產養殖允許人類對於在自然環境中捕魚所衍生的問題加以控制，因此讓海產的供應變得更能加以預測。不同的藥劑與化學物質增加對於海產的數量與品質的控制。由於海中生物被限制在一個狹小的空間，因此水產養殖同時也帶來更可預測以及更有效的收獲。除此之外，經過遺傳學家的協助後，水產養殖將更具效率。例如，由於基因科技的幫助，比目魚本來需要十年的時間才能長到符合市場需要的標準尺寸，但是現在有一種較小的比目魚變種，只需要花上三年就能長到合適的尺寸。水產養殖也具備高度的可計算性—花費最少的時間、金錢以及能源卻能得到最大的漁獲量。

　　相對較小、家庭經營式的動物養殖場也迅速的被「工廠養

殖場」所取代[40]。工廠養殖場飼養的第一種動物是雞。下面是一位觀察家對於養雞工廠的描述：

> 一位製作烤雞的業者今天從養雞場獲得一萬、五萬甚至更多僅僅孵出一天的小雞，然後，直接把牠們放到長列無窗戶的雞房…在雞房裡面，雞隻所在的環境的各方面都受到控制，讓牠們在餵食最少的情形下卻能快速的生長。飼料與水都是由屋頂上垂掛下來的漏斗自動供給的。光線是經過調整的…例如，雞房可能有一到兩個禮拜的時間是二十四小時全天照明的，以便讓雞隻能快速的增重。
>
> 經過八到九個禮拜的生長週期後，每隻雞的生存空間只有半平方英尺的生活空間—也就是説，體重三磅半的雞的生活空間比一張A3的紙的面積還小[41]。

除了其他的好處以外，在這樣的養雞場一個人可以負責飼養五萬隻雞。

用這樣的方式養雞確保對於生產的每個層面都能有效的控制。例如，相較於讓雞隻自由跑動，這樣的方式讓雞隻的大小與重量更能被預測。相較於讓雞隻在較大的區域漫步，這樣的方式讓雞隻的「收獲」也變得更有效率。

然而，以如此狹小的空間飼養雞隻卻帶來不可預測性的問題，像是暴力甚至同類相殘的情形。飼養者以不同的方式處理這類不理性的「惡行」，像是當雞隻長到一定大小時，便將燈光調暗，或者將雞隻的喙去除，讓牠們無法傷害對方。

部分雞隻會被飼養爲完全發育的成雞之後負責下蛋的工

作。然而，牠們得到的待遇與用來充作食物的肉雞卻幾乎相同。母雞僅僅被視為「轉換的機器」，將原始的材料（飼料）轉換為最終的產品（雞蛋）。彼得辛格（Peter Singer）描述用來協助控制雞蛋生產的科技：

> 呈階梯狀排列的鐵籠，裝設有由中央供應自動裝滿的渠道，雞隻所需飼料與水都由此供應。他們有佈滿金屬線的傾斜地板。傾斜的地板…讓雞隻更難舒適的站立著，但是卻能讓母雞生的蛋滾到鐵籠前面，讓業者能輕易的收集…〔而且〕在更現代的養雞場，有輸送帶會將雞蛋送往用來包裝的設備…雞隻的排泄物〔經由佈滿金屬線的地板〕被堆積起來，經過數個月的堆積在加以處理[42]。

相較於老式的養雞場，這樣的系統明顯的對於雞蛋的生產施加更大的控制，帶來更高的效率、更可預測的供應以及更為一致的品質。

其他的動物—特別是豬、羊、肉牛以及小牛—也以類似的方式豢養。為了避免小牛的肌肉過度發達，造成小牛的肉過於堅韌難咬，小牛們被限制在極為狹小的空間，使得他們無法活動。當牠們長大之後，牠們甚至連原地轉個圈都不會。讓小牛待在狹小的畜欄也避免牠們吃牧草，因為小牛吃了牧草之後，肉的外觀就會失去原有的灰白色。豢養小牛的畜欄也不提供稻草，因為小牛吃了稻草之後，肉的顏色會變深。彼得辛格在他的書《動物解放》（Animal Liberation）中提到，「牠們吃的都是流質的食物，由脫脂奶粉、維他命、礦物質以及生長激素所

混合而成的食物」[43]。會了確保牛隻能夠吃到最大量的食物，業者不讓牠們喝水，強迫牛隻喝那些液體食物。經由對於畜欄大小以及飲食的嚴格控制，業者可以極大化兩個量化目標：在最短的時間生產最大量的肉品，以及獲得柔軟、潔白以及符合大眾需求的肉品。

許多科技設備的應用，明顯的造成生產肉品的過程受到更嚴格的控制，因此也提升肉品生產過程中的效率、可計算性以及可預測性。除此之外，欄牧業者也對員工進行控制。若按照原先的做法，牧場工人可能會給予牛隻過少、不正確的飼料，或者讓牛隻有太多活動的機會。事實上，在受到嚴格控制的大型牧場中，已經徹底消除人類親自參與（以及不可預測性）的部分。

如同食品生產過程所表現的，其他非人科技的發展也影響著食物的烹調方式。像是裝有溫度指示器的烤爐的科技設備，能「決定」食物煮好的時間。許多烤爐、咖啡機以及其他的設備都有自動開關的裝置。標明在各種食品包裝上的解說，都精確的說明如何去準備與烹調相關的食品。預拌產品像是匆忙太太（Mrs. Dash），已經免除攪拌調味料的工作。尼辛食品（Nissin Foods）的超級熱湯—「會自行烹調的湯」—在罐頭的底部有特別的隔層。按一下罐頭上的開關便引發化學作用把湯煮開[44]。甚至連食譜都是設計用來剝奪廚師的創造性，並且用來控制整個烹調的過程。

閒談：還有什麼不能被控制？

　　我將以我們之前談論的那些控制的方式的相關議題作為本段的結尾。結合筆記型電腦的套裝展示軟體，像是微軟的PowerPoint，已經對於口頭報告的過程產生巨大的控制。類似的軟體讓報告人製作許多包含「要點以及具備華麗色彩的圖表」的投影片[45]。文字報告多半被簡化或組織為投影片上的內容。PowerPoint針對不同的產品銷售以及展示策略設計不同的簡報模式，PowerPoint的使用者可以利用這些已經事先準備好的模式。部分報告人便利用PowerPoint的簡報模式來進行報告。PowerPoint可以經由預覽投影片或者檢查投影片的內容是太過累贅，對投影片的內容重新編輯。這樣的控制不只讓報告的準備過程為非人科技所掌握，報告的形式同時也被標準化以及同質化。

　　但是，不只是報告的準備過程受到控制；日常的閒談有遭遇相同的命運。在《有益談話？》（Good to Talk？）中，卡麥隆（Deborah Cameron）以不同角度來分析日常生活中的談話是如何被控制的[46]。談話成為教育家與專家們越來越關心的議題。不管在學校、工作場合或是其他的場景，我們都被教導該怎麼說話。談話已經被標準化、編碼化以及形式化。我們的身旁充斥著監視，確保我們的談話是「恰當的」。像是許多當代社會其他的層面，關心的焦點放在「較佳」的溝通，然而，我們卻可能因此失去那些因為交談而感到快樂的人們。

結論

　　麥當勞化的第四個面向是控制，主要是通過以非人性科技取代人類的方式達成這個原則。非人性科技之所以發展有許多原因，但是本文最關心的層面是對於人類造成的不確定性作出更多的控制—特別是員工與消費者。當員工完全由非人性科技，例如機器人所取代，也就是控制的最終階段。非人性科技同時用來控制消費者。主要的目的是讓消費者更能適應以及參與麥當勞化的社會。為了控制員工與消費者，非人性科技同時也對於與工作有關的過程以及最終的成品產生巨大的控制。

　　很明顯的，在可見的未來將會出現更多的非人性科技，具備更強的能力來控制人類與過程。例如，當民眾捨棄閱讀書籍而選擇聽有聲書後，控制的觸角將延伸到那些喜愛有聲書的人們：「聲音的情緒、節奏與音調是被決定好的。你不能減慢或是猛然加速」[47]。軍事設備像是「精靈炸彈」（Smart Bombs）不需要人類操作就能自動修正彈道，而且在未來，精靈炸彈甚至可以「掃描」一連串的目標，然後「決定」攻擊哪一個目標。或許之後最重大的發展會是人工智慧的改良，讓機器擁有與人類相同的思考及決定的能力[48]。人工智慧為許多領域帶來許多好處（例如，醫療）。然而，人工智慧的可行也象徵著去技術化過程中重要的一步。事實上，越來越多的人會失去機會，甚至是思考的能力。

註釋

[1]Richard Edwards，Contested Terrain: The Transformation of the Workplace in the Twentieth Century.，New York：Basic Books，1979。

[2]Richard Edwards，Contested Terrain: The Transformation of the Workplace in the Twentieth Century.，New York：Basic Books，1979。

[3]Michael Lev，"Raising Fast Food's Speed Limit."，Washington Post，August 7，1991，pp.D1、D4。

[4]Ray Kroc，Grinding It Out.，New York：Berkley Medallion，1997，pp.131-132。

[5]Eric A Taub，"The Burger Industry Takes a Big Helping of Technology."，New York Times，October 8，1998，pp.13Gff。

[6]William R. Greer，"Robot Chef's New Dish：Hamburgers."，New York Times，May 27，1987，p.C3。

[7]William R. Greer，"Robot Chef's New Dish：Hamburgers."，New York Times，May 27，1987，p.C3。

[8]Michael Lev，"Raising Fast Food's Speed Limit."，Washington Post，August 7，1991，p.D9。

[9]Calvin Sims，"Robots to Make Fast Food Chains Still Faster."，New York Times，August 24，1988，p.5。

[10]Chuck Murray，"Robots Roll from Plant to Kitchen."，Chicago Tribunel Business，October 17，1993，pp.3ff；"New Robots Help McDonald's Make Fast Food Faster."，Business Wire，August 18，1992。

[11]最近幾年，由於缺乏足夠的青少年員工來汰換，速食業者開始儲備適量的員工，使得速食餐廳的傳統勞動人力庫擴大。

[12]Chuck Murray，"Robots Roll from Plant to Kitchen."，Chicago Tribunel Business，October 17，1993，pp.3ff。

[13]Eric A Taub，"The Burger Industry Takes a Big Helping of Technology."，New York Times，October 8，1998，pp.13Gff。

[14] "The McDonald's of Teaching."，Newsweek，January 7，1985，p.67。

[15]Erika D. Peterman，"More Students Seek Outside Help."，Sun (Baltimore)，December 13，1998，pp.1aff。

[16] "The McDonald's of Teaching."，Newsweek，January 7，1985，p.61。

[17]William Stockton，"Computers That Think."，New York Times Magazine，December 14，1980，p.48。

[18]Frederick W. Taylor，The Principles of Scientific Management，New York：Harper &Row，1947，p.59。

[19]Henry Ford，My Life and Work，Garden City，NY：Doubleday，1922，p.103。

[20]Robin Leidner，Fast Food, Fast Talk: Service Work and the Routinization of Everyday Life.，Berkeley: University of California Press，1993，p.105。

[21]Virginia A Welch，"Big Brother Files United."，Washington Post/Outlook，March 5，1995，p.C5。

[22]Virginia A Welch，"Big Brother Files United."，Washington Post/Outlook，March 5，1995，p.C5。

[23]Gary Langer，"Computers Reach Out，Respond to Human Voice."，Washington Post，February 11，1990，p.H3。

[24]Carl H. Lavin，"Automated Planes Raising Concerns."，New York Times，August 12，1989，pp.1、6。

[25]Robin Leidner，Fast Food, Fast Talk: Service Work and the Routinization of Everyday Life.，Berkeley: University of California Press，1993。

[26] "Disenchanted Evenings"，Times，September 3，1990，p.53。

[27]Ester Reiter，Making Fast Food，Montreal and Kingstone：McGill-Queens University Press，p.86。

[28]Stan Luxenberg，Roadside Empires：How the Chains Franchised America，New York：Viking，1985。

[29]Martin Plimmer，"This Demi-Paradise：Martin Plimmer Finds Food in the Fast Lane Is Not to His Taste."，Independent（London），January 3，1998，p.46。

[30]Harold Gracey，"Learning the Student Role：Kindergarten as Academic Boot Camp."，in Dennis Wrong and Harold Gracey eds.，Reading in Introductory Sociology.，New York：Macmillan，1967，pp.243-254。

[31]Charles E. Silberman，Crisis in the Classroom：The Remaking of American Education.，New York：Random House，1970，p.122。

[32]Charles E. Silberman，Crisis in the Classroom：The Remaking of American Education.，New York：Random House，1970，p.137。

[33]Charles E. Silberman，Crisis in the Classroom：The Remaking of American Education.，New York：Random House，1970，p.125。

[34]William Severini Kowinski，The Malling of America：An Inside Look at Great Consumer Paradise，New York：William Morrow，1985，p.359。

[35]Gary Langer，"Computers Reach Out，Respond to Human Voice."，Washington Post，February 11，1990，p.H3。

[36]Jeffrey Hadden and Charles E. Swann，Prime Time Preachers: The Rising Power of Televangelism.，Reading，MA：Addison-Wesley，1981。

[37]E. J. Dionne, Jr.，"The Vatican Is Putting Video to Work."，New York Times，August 11，1985，section 2，p.27。

[38]William Serrin，"Let Them Eat Junk."，Saturday Review，February

2，1980，p.23。

[39]Martin Duffy，"The Fish Tank on the Farm."，Time，December 3，1990，pp.107-111。

[40]Peter Singer，Animal Liberation: Anew Ethic for Our Treatment of Animals，New York：Avon，1975（動物解放，有中文譯本）。

[41]Peter Singer，Animal Liberation: Anew Ethic for Our Treatment of Animals，New York：Avon，1975，pp.96-97。

[42]Peter Singer，Animal Liberation: Anew Ethic for Our Treatment of Animals，New York：Avon，1975，pp.105-106。

[43]Peter Singer，Animal Liberation: Anew Ethic for Our Treatment of Animals，New York：Avon，1975，p.123。

[44] "Super Soup Cooks Itself."，Scholarstic News，January 4，1991，p.3。

[45]Laurence Zuckerman，"Words Go Right to the Brain, But Can They Stir the Heart?"，New York Times，April 17，1999，B9。

[46]Deborah Cameron，Good to Talk？Living in a Communication Culture.，London：Sage，forthcoming。

[47]Amir Muhaummad，"Heard Any Good Books Lately?"，New Straits Times，October 21，1995，pp.9ff。

[48]Raymond Kurzweil，The Age of Intelligent Machines.，Cambridge：MIT Press，1990。

第七章

理性的非理性：歡樂足跡
造成的大排長龍

　　由於供給提升的效率，可預測性，可計算性和控制，麥當勞化已經成爲橫掃社會的現象之一。姑且不論前面幾章就已經討論過的這些特質，麥當勞化其實存在某些嚴重的缺陷。理性系統們無可避免的醞生非理性，而這些非理性可能會限制，偶爾危及，甚至是破壞系統們既存的理性。

　　就最一般的層級而言，理性的非理性可以簡單的視爲麥當勞化諸多負面效應的標籤。在更爲嚴格的定義裡頭，非理性可以被當作理性的對立面。換言之，麥當勞化也可以被看做引領朝向無效率，非預期性，低計算性和失去控制的象徵[1]。非理性的指稱同時代表理性系統所遭遇的除魅化；理性系統頓時失施去他們的奇妙與神秘性。更重要的，理性系統的特色之一是不講情面的拒斥人性化，而這裡所指涉的同時包括在理性系統中工作者以及由理性系統取得服務者，其人類理性所遭遇的抹滅。故理性系統是去人性化的。也因此，必須留意的是雖然理性化（rationality）和理性（reason）這兩個語詞經常出現交替使用的情形，但在我們的討論中，它們卻是相互背反的現象：理性化系統（Rational Systems）通常都是不符合理性的（unreasonable）。

　　在這一章中，我們將比前幾章更有系統的探討麥當勞化所必須付出的代價。正如同讀者即將發現的，這些代價包括無效率，各種形式的幻覺，除魅化，去人性化和同形化。

無效率：收銀台的大排長龍

　　不同於當初拍胸脯保證的高效率，理性系統通常都以極度低效率作收。舉例觀之，在速食餐廳中，人們於收銀機前大排長龍，或是汽車列隊閒置於得來速車道的景況早已司空見慣。那些被設計來增加提供餐飲效率的方式，往往變得相當不具備效率。

　　速食餐廳所展現的無效率於是與麥當勞化社會的願景漸行漸遠。即便是一九八〇年代和一九九〇年代早期，不斷自吹自擂的日本工業也有它不具效力的一面。以第三章裡曾論及的「及時」系統為例。由於這個系統每天都需要數次運送部分材料，因此工廠周邊的街道與高速公路通常都塞滿著大型卡車。由於如此繁重的交通承載量，使得要上班或趕赴商務約會的人們因此被耽誤，其結果則是生產力的流失。但是，所謂的非理性還超過交通壅塞與錯失約會而已。這些大型卡車大量耗費在日本境內相當昂貴的燃料，並成為空氣污染的元凶。更為雪上加霜的是，當日本的便利商店，超級市場與百貨公司也都開始採用「及時」系統後，便為街頭增加為數更可觀的運送卡車[2]。

　　以下便引述一段專欄作家理查寇罕（Richard Cohen）描述麥當勞化世界的另一個無效率例證：

　　　　神啊，在這個電腦日益發達的時代中，我總是被人們告知我將是這一切的受益者。但是每一項所謂的「好處」下，我卻總以更多的努力告終。這就是自動存

提款機所統治的生活...我被告知—甚至可以說是得到
保證，我能夠避免為了存錢或提款而在銀行排隊苦苦
等候，且能夠在一天的任何時間辦理這些手續。現在
你瞧瞧，自動存提款機前頭正有好幾條隊伍，而無論
我提錢或存款，銀行看來都可以由這些手續中抽取利
潤，而且，我現在作的這些工作正是過去銀行出納員
們（大家還記得他們吧？）得作的。或許，等到以後
新型態的電話上市後，我還必須冒著冰風暴攀爬到郊
區電話杆的頂端[3]。

寇罕所強調的至少可以被區分為三種不同的非理性化：(1)
理性系統並非比較不昂貴的，(2)他們迫使人們從事不支薪的工
作，(3)最重要的是，他們通常是無效率的。或許當我們在銀行
或汽車辦理窗口時，委託一名活生生的出納員辦理會比在自動
櫃員機前排隊來得有效率。

同樣的，在家裡準備一頓飯或許比張羅全家人坐上車，開
往麥當勞，裝載食物，並且再一次開車返家來得有效率。匆忙
的動手準備一餐飯或許沒提升什麼效率，但是某些電視餐和微
波餐點卻可以，也許甚至整道菜都是由超級市場或大食客餐廳
帶回來的。儘管如此，仍有許多人經由速食餐廳的宣傳口號，
堅持著這樣的信念：在速食餐廳打發一餐，要比在家裡頭吃飯
來得有效率。

縱使麥當勞化的龐大力量總大聲疾呼著其無上的效率性，
但她們從未告訴我們這樣的系統究竟對誰而言是更具備效率
的。難道對那些只需要一塊麵包和一小盒牛奶的顧客而言，必

須考量各種他們所不需要的商品，象徵著有效率？難道對那些顧客而言，在超級市場裡頭將自己所購買的物品分別掃瞄價格，且自行刷信用卡或簽帳卡，最後再把購買的雜貨一一包裝，象徵著有效率？難道讓人們自己加油是效率的象徵？或者，讓人們按下各種電話號碼的組合，來選取他們所想聯繫的真人對話，就是高效率？經常顧客會驚覺這類的系統對他們而言，壓根就沒有效率。大部分效率所能夠帶來的收穫，都流向那些極力主張推行理性化的主導者。

　　同樣的，那些位居組織頂峰的領導者，也以效率為訴求，施壓在那些系統下層或底部的成員身上：裝配線上的作業員，櫃臺的員工和電話服務中心的職員們。而組織的所有人，經營者，以及管理者都希望能夠掌控下屬，但他們同時也希望自己的權位能夠儘可能的不受理性化的約束，這正可能是他們告知屬下的無效率情況。當那些執掌者仍舊保有創造性自由時，下屬們則盲目的跟隨著規則，條文，和構成理性系統的其他結構。

高成本：待在家中更有餘裕

　　麥當勞化的效率並不總是為消費者省下荷包。舉例來說，小杯汽水在一般經銷商通常要價十一分美金，但在麥當勞卻價值十八塊半美金[4]。四口之家若選擇以速食套餐裹腹，幾乎輕而易舉就得花上二十到二十五元不等的餐飲費。這樣的總額遠高於在家中準備一餐的食材費。

　　就像寇罕自動櫃員機的例子一般，人們幾乎總是必須為了這些理性化系統的非人性化和無效率付出額外的代價。麥當勞化系統的偉大成就和高利潤，都在在使得這類系統快速的擴展到社會的嶄新領域中，而眾多人群希望能夠加入這類經營的事實，更顯示這些系統所產生的龐大利潤。

　　鮑伯加菲爾曾在他的文章「我如何度過（而且是花費再花費）我的迪士尼假期」中[5]，論及迪士尼化活動的消耗性。加非爾一家四口前往華德迪士尼世界度假，他發現或許那裡被稱之為「花錢世界」會更貼切。五天的假期在一九九一年要價一千七百美元：只計算迪士尼世界的入場券是五百五十一塊半。（而這類假期的價位正逐年攀升。一家四口的入場卷在一九九八年超過八百元。[6]）加非爾還計算在這五天裡，他們只有不到七個小時的時間在「歡樂，歡笑與快樂。也就是說每個歡樂小時索價兩百六十一美元。」這是因為大部分在神奇王國的時間，都被用來搭乘園內交通小巴，「在每個景點或遊戲區都必須不停的排隊，並承受等待的苦悶，最後，我們所看到的十七個景點，一共讓我們開心激動了四十四分鐘。[7]」所以，原本被認為花費不甚高昂的一趟家庭旅程，最後卻變得代價很高。

歡樂的假象：哈，哈，股票市場剛崩盤

　　倘若麥當勞化並非真的有效率，且不是那麼的廉價，那麼麥當勞化—或者更確切的說，速食餐廳們—究竟提供人們什麼？為什麼他能夠發展成為如今全球化的成功經驗？答案可以

是：效率和節省的假象。只要人們持續的信守著這個假象，實際情況就顯得無關緊要了。

或許更重要的是如同史丹盧森保（Stan Luxenberg）曾指出的，速食餐廳所提供的應該是歡樂。麥當勞以無所不在的小丑人物，麥當勞叔叔，以及一系列的卡通人物，和鮮明色彩的裝潢來提醒人們當下次來臨時，有歡樂正等待著他們。部分餐廳甚至提供遊戲廣場和兒童專用的小車子，且這些設備都不斷的擴展，且發展的更為高科技[8]。很少見到這些餐廳會因為它的遊戲廣場而妨礙營運。其實，有許多餐廳根本可以視為提供餐點的娛樂公園。

曾經有一度，麥當勞果真轉變為遊戲廣場的企業。在一九九四年被轉手賣給發現領域前，麥當勞擁有一子公司，彈跳公司，曾開設四十九個遊戲廣場[9]。彈跳公司在遊戲廣場中的設備，都可由許多麥當勞餐廳遊樂場中找到類似的設置。一位麥當勞企業的發言人表示，這樣的想法是由廣告主軸中發展而來，「食物，民眾和歡笑…我們只不過將這句口號稍加翻轉，把歡樂擺在第一位罷了[10]。」許多譏諷者會說，麥當勞其實老早就把歡樂擺在食物前頭。

無獨有偶的，日本迪士尼曾經加盟RU玩具公司，助其一臂之力。許多RU玩具的商店同時也附設麥當勞餐廳。為使形象和遊戲廣場和玩具更加貼近，麥當勞公司逐步強化本身作為提供「歡樂」企業的清晰度[11]。

假使你不相信歡樂已經成為麥當勞的首要原則，那麼就先談談食物的部分。速食餐廳所提供的食物種類是方便人們能夠在娛樂公園中享用。或許我們也可以稱之為「棉花糖定律」，只

要能夠增添強烈，愉快和家庭融洽的氣氛，民眾對於花一大筆錢來換得成本低廉的食物甘之如飴。事實上，速食餐廳所販售的食品，通常可以被當成「鹹口味的糖果」[12]。而麥當勞薯條的調味秘方之一，正是它同時經由鹹甜兩種口味來包覆。人們在歡樂氣氛中所品嚐的多半是鹹與甜的調味[13]，卻很少注意到馬鈴薯切片的問題，更遑論去苛責套餐中其他細節了。

最近用餐者所注視的經常是電影畫面而非食物本身。不同於個人化，可自由選配的菜單型式，麥當勞所提供的是一幅巨型看板，就像看電影時參考的本期放映看板，麥當勞看板列出用餐者的各種選擇[14]。即使在較為高檔的餐廳中，消費者也不由自主的尋找類似的設置：「我寧可在布置特殊的環境吃中等二流的食物，勝過坐在某個呆板枯燥的場合吃高級的食物…我必須尋找裝潢，規模，菜單和許多繁雜過程。[15]」因此，造就如「岩石（Hard Rock）咖啡館」，好萊塢星球餐廳和熱帶雨林咖啡等娛樂連鎖店的崛起。

超級市場也逐步成為娛樂中心，販賣愈來愈多的「歡樂食品」，例如德古拉伯爵與少年突變忍者龜系列的喜瑞爾，形狀有趣的狗食，和歡樂腳掌狀的水果零嘴。一位觀察者說道：

> 當我們這群顧客還年輕時，美國人慣於哼唱「沒有事業像娛樂事業」，不過他們現今不再吟唱這首歌，也許這是因為每一種企業如今都成為娛樂事業了。超級市場當然也不例外。這些日子以來，超級市場變的如同主題樂園一般[16]。

康乃迪克一家大型超市的負責人，光在店內卡通人物的部

分就投資了逾五十萬美金，他並雇用人員裝扮成黛絲鴨遊走於超市內。這位所有人說：「在這裡顧客總是快樂的。人們和朋友一塊來這裡採購，因為這兒充滿歡笑。[17]」

上述的情況很大一部份可被解釋為遭到娛樂性的魅惑。尼爾‧波斯曼的書名正是一適切的說明：《娛樂自我、至死方休》，書中描述拉斯維加斯已經成為娛樂蠱惑的符碼，因為它「是一個完全致力於娛樂效果的城市，並索性提出聲稱認為這種文化精神，讓所有的公共論域都採用相同的娛樂形式。[18]」假如拉斯維加斯及其內部的麥當勞式賭局，將娛樂效應予以符碼化，那麼其實是麥當勞將速食工業對於娛樂性的著重，散播成為不可違抗的符號。

在另外的領域中，記者開始變得對於娛樂性更為敏感。舉例而言，一家理性化的雜誌《商業週刊》，在內部的設計和編排上不但能夠比ü《華爾街報》更有效率的被閱讀，同時也蘊含更多的娛樂價值。一句ü《商業週刊》的廣告台詞如下：「我們不只讓您獲得資訊，我們同時讓您獲得娛樂。」兩位評論家對這個廣告提出譏諷：「《商業週刊》究竟嚴肅與否？我們是否可以期望如下的內容：哈哈哈，哈！股市剛剛崩盤囉！多麼令人發噱啊！您的公司正要跌到谷底。多麼歡樂啊！[19]」類似的是電視新聞也因為結合新聞和娛樂事業，而常被形容為「兼具教育與娛樂的電視節目」（infotainment）。而史列文學習中心之流的連鎖教育機構，就習慣被稱為「兼具教育與娛樂的教育機構」（edutainment）。

對購物商城來說娛樂性也成為核心元素，也因此對許多美國人而言購物商城是設置了他們最熱愛娛樂型式的場所，他們

能夠在這兒採購。購物中心被設計成神奇天地，如柯文斯基所稱呼「零售業劇場」般的戲劇擺設隨處可見[20]。消費者和商城的員工在這齣戲劇中，都扮演著重要的角色。購物城以不斷播放的商場音樂作為背景，並有各種道具擺設在旁，以安撫殺紅眼血拼的消費者。某些櫥窗設計道具會持續擺放一整年，但某些則在特殊場合（舉例而言，聖誕節陳設）或促銷期間才會放置。餐廳，美髮店，電影院和健身中心都被注入歡樂的氣氛。在週末期間，小丑，氣球，魔術，樂團，和任何其他能夠讓消費者在店與店之間移動時能夠更加享受的元素都一一登場。一名行銷專家在對這些購物商城提供建議，對抗在家購物（電視或郵購）這種另類購物選擇的威脅時，就認為：「你必須讓你的購物中心更為歡樂。[21]」

明尼蘇達布魯明頓的美國購物城就提供藝術氣息濃厚的購物樂趣[22]。在美國購物城的中央是佔地龐大的休閒園區，結合了史奴比營地，包括一完整的雲霄飛車設備，長廊商場和射擊打靶場地。商城中還裝設有丙稀酸的疏導管系統，這讓顧客能夠一邊逛街一邊觀賞遍布的水族布置。高爾夫山丘則提供微型但卻完備的十八洞練習場，更配合消費者不同層級的練習。美國購物城中還擺放了巨大樂高積木的結構，此外還有大型運動中心，呼特餐廳和好萊塢星球餐廳。當然，裡頭也有電影院-一共可以放十四部電影！一位評論家說：「美國購物城根本不是一個商場，它是一個馬戲團。[23]」

許許多多的零售連鎖店都加入這個娛樂誘惑的漩渦中，也因此贏得「零售兼具娛樂功能的販賣店」（retailtainment）的封號。舉例來說，在西雅圖的REI商店中，顧客可以攀爬高達65

英尺的人造岩場。耐吉城則以高聳螢幕播放運動錄影帶。

真實的假象：連歌手都不是真的

　　有關麥當勞化社會的許多觀點，都涉及虛構的設置和事件（丹尼爾伯思丁稱之為「偽事件」[24]），包括套裝旅遊；現代營區；如同伯許花園這類休閒園區的國際度假村；如紐約紐約的拉斯維加斯賭城旅館；電腦自動化的電話服務；及類似羅伊羅傑斯和紐崔系統的錯誤友好連鎖。這一切都可以被視為伊安米特勞夫和華倫班尼斯所說「非真實工業」的部分展現[25]。他們曾指出全部的工業都試圖去生產與販賣非真實。以麥當勞為例，就創造人們正享受歡樂，用餐者正吃著許多的薯條，以及人們所購買的套餐總是得到許多的折價優惠等等的假象。流行樂團體米力凡尼里（Milli Vanilli），則是另外一個關於非真實較鮮為人知的例子。這兩位歌手在他們的專輯中，其實並沒有真正的獻聲[26]。

　　在廣泛的非真實例證中，我們將以少數超級市場的實際情況作說明，在這些超市中，愈來愈少的事物與其外表看來的一致：

◆ 嘶嘶林（一種假的培根）是由牛肉和火雞肉做成，而符合猶太教規則的培根其成分就不包括豬肉。

◆ 莫里麥奶油和奶油芽根本沒有奶油成分。

◆ 在冷凍火雞肉電視餐中的火雞調味料，其實是悉心仿製

而成，因為自然香料在過程中容易被破壞。

◆ 洗衣店洗潔精散發的檸檬香味通常不是由檸檬中粹取而來。

這一類的非真實，伴隨著形形色色的偽事件，都已經成為麥當勞化社會的核心。

虛偽的友善：「嗨！喬治」

由於速食餐廳大力限制或言消滅可能挾帶其間的真誠和友好，因此無論對員工或顧客殘存的都只是不具人性的相互關係和「虛偽矯飾的友善」。漢堡王的員工守則第十七條就規定「隨時保持微笑」[27]。羅伊羅傑的員工也慣於在我買單時，對我說「一路順風」，即使我根本不在意究竟等等會在路途上發生些什麼。（老實說，認真地想想，他們真正想說的，或許只是以禮貌的態度表達「半路失蹤」！）這樣的現象更被普遍化成為一般消費者部門職員都或順口來上一句「希望您有美好的一天」。其實，想當然爾，他們通常對於顧客們額外的生活事件毫無興趣或莫不關心。反之，他們以禮貌的姿態或儀式化的口吻，真正表達的意思或許是「趕快消失」好讓下一位顧客能夠往前接受服務。

在紐崔系統內，顧問諮商師們都被分發一長串的例行事物必須執行，以此保持節食者們的再度消費。諮商師們被鼓勵透過「熱絡稱呼他們的名字，來迎接顧客」。因為諮商師熟記客戶

的名字將製造出態度友善的錯誤印象，也才能達成所謂「熱情」的迎接。諮商師們同時也被要求「以感性的態度與客戶進行交談」。每一位諮商師都懸掛著小而閃亮的識別卡，上面標示「即使只是瞥見，也能提供個人化服務」。這樣的卡片標語，對那些熱絡迎接顧客時，虛偽回應的錯誤情境有解套作用，同時也理性化了這樣的招待方式。舉例而言，假使顧客表示在節食過程中，他們所得到的成效有限時，員工手冊教導諮商師的答覆是：「見到您真是高興。我剛剛才想到關於您的事情。這樣的計畫對您的成效如何呢？」莫非這些諮商師見到顧客時，真的由衷的感到高興？真的在幫顧客考量？確實考慮到有關客戶節食計畫的成效？諸如此類問題的解答，在麥當勞化的社會中顯而易見。

　　人們每日所接收的電子信件轟炸或垃圾郵件山丘中，其中一個莫大的困擾，是許多信件都被偽裝成看似個人化的信件[28]。（例如我現在就經常接到電信販售業者寄來的信件，這類郵件的開頭往往是「哈囉，喬治」。）在大部分的例子中，我們往往可以輕而易舉的發現，發送這些郵件的電腦往往是由姓名資料庫中搜尋並製造信件寄出。這些信件於是就如同羅伊羅傑的員工般，充斥著錯誤的友善訊息。舉例來說，這些信件往往採用親切，個人化語氣的設計，讓人們相信某些企業的領導者正努力操心某件他們根本沒費力的事，比方說知悉他（或她）在百貨公司採購，並在過去幾個月使用過信用卡等。我的一位友人在他購買汽車潤滑油幾天後，最近接獲一封來自盧比潤滑油授權中心的信件（注意當中所採用的名稱和當中深切的關心慰問）。

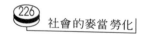

親愛的肯：

　　十分感謝您在汽車需要潤滑時，選擇了盧比潤滑中心的產品。

　　我們強烈建議您定期更換您的潤滑油…我們也將定時寄發一張小提醒卡給您…這將有助您記憶汽車何時必須更換潤滑油…

　　本公司投資大量的時間和精力，以確保我們的員工都接受良好的訓練，以便為您提供最好的服務…

何利·歐尼爾／蕭恩·威廉斯

盧比潤滑油中心管理部（粗黑為筆者所加）

　　數年之前，雖然我居住於馬里蘭州，但卻受到以下這封由長島眾議員寄來的信件。問題是我從未見過這位東尼議員，也不知道他為什麼會這樣突如其來的，寄給我這樣一封「私人」信件：

親愛的喬治：

　　難以置信的是我已經擔任過有九屆的議員…

　　回想起過去我曾經獲得超過八千六百六十多張選票時…就明白你我曾經共同攜手度過的多次選戰戰役。

　　請讓我知道我能夠為你作些什麼吧！

由衷地

湯姆·東尼（粗黑為筆者所加）

一位華盛頓郵報的投稿者就對垃圾郵件中充斥的須為友善提出以下評論：

> 透過丟出人們的名字和由這兒或那兒資料庫中所統整的簡單生活瑣事，再利用他們直接書寫郵件的系統，這些行銷組織試圖製造出親密的假象。實際上，這些科技正導致親密關係的腐敗和降格。經由取巧的手段，這些可不斷置換的資料逐步吞噬真實的想法。而這些推銷策略最終則以自身合成的替代物取代真實事物[29]。

無論垃圾信件多麼虛偽造作，它們被寄發的目的是希望能夠促成顧客朝向他們所期待的後續方向動作。

賀卡，同時還包括網際網路上頭的，在這樣的脈絡下也有相同的功效。無論是信件或電子賀卡都會挾帶上述的虛偽友善。

除魅化：神奇在哪裡？

韋伯關於理性化結果的說明，最普遍的論調之一是西方世界將演變的愈趨除魅化[30]。瀰漫於較低理性化程度社會「思想中神奇基調」的特質已然消逝[31]。也因此，不同於那些藉由魅惑，神奇和神秘力量主宰的世界，我們所居處的時代中，一切看來都是清晰的，截然二分的，富含邏輯與規則的。就如同史曲納依德評論的：「韋伯眼中的歷史，歷經與過去時代深邃魅

化的斷裂，並轉向除魅化的未來，這樣的旅程，逐步剝奪了自然世界過去飽含的神奇元素和它象徵的各項意義。[32]」換言之，就定義而言，理性化的過程導致魅化質地的喪失—在某些時期中，這對人們相當重要。無疑的，我們正由社會普遍的理性化中收穫良多，消費設置（consumption settings）這一部份的理性化過程裡更是如此，然而，我們同時也失去了某些重要的價值（因為很難界定，所以籠統的這樣稱呼）。讓我們一起來探討究竟類麥當勞化工程這樣的層面，如何排斥魅化的性質。

效率系統中根本不存在任何容忍魅化活躍的空間，且將有系統的將這樣的成分搜索出來並斬草除根。任何有關神奇性、神秘感、幻想、夢想等概念的事物都被視為無效率。典型的魅化系統均包含達成目標的多種手段，且他們其實通常都沒有明顯的目標去追求。效率系統就不容許這樣的迂迴模式，故他們的設計者和推動人員將以任何可能和必要的手段來消泯多元迂迴取徑的雜音。致力排除漫不經心和缺乏目標兩種特徵的作法，正是韋伯認為理性化系統等同於除魅化系統的原因之一。

賦魅性對於品質的要求遠高於產品的數量。神奇，幻想，夢想，偏好與自然本質經驗的連結，和對於該經驗的質化觀點，勝過對於某人類似經驗次數的計算與經驗發生時環境設置的科學估算。對於生產和大量涉入經驗的強調將扼殺歷次體驗的美好質地。換個角度來看，我們同樣很難想像大量製造神奇，幻想和美夢。上述的大量生產或許在電影中看似稀鬆平常，但對於被設計用來經常性大量傳遞、製造鉅量和遠距離性質產品和服務的設備而言，卻是痴人說夢。那些允諾能夠大量生產者，最終也都只將產品的魅化性質予以壓縮或稀釋。

理性化特質對於魅化性質最大的殺傷力，莫過於其對於可預測性的強調。神奇性，幻想和如夢似幻等，幾乎都命定是難以預料的體驗。摧毀魅惑體驗的最為容易的模式，就是讓這樣的經驗變成可以預料的，或者讓這樣奇妙經驗不斷地被重複上演。

　　無論控制或生產控制手段的非人性化科技都傾向摧毀魅惑性。就像一般認知的，幻想，神奇和美夢都難以藉由外部控制加以馴化，實際上，魅惑性之所以使人著迷就在於它本質夾雜的自由性。神奇的經驗可以來自任何地方，且任何事物都可能會發生。顯然這樣的不可逆料性無法和高度監控的環境並存。對某些人而言，嚴格和全面的控制或許是美好的，但對於更多的人而言，它可能更像是揮之不去的夢魘。非人性化科技也是如此。冰冷，機械化的系統經常正好和夢想串聯的魅化世界相互對立。同樣的，對某些人而言，非人性化科技的發展可以引領我們通往美好，但非人性化科技同時也可能不是美夢而是噩夢。

　　就像讀者發現的，麥當勞化如果不是無法自拔的交織於除魅化，那麼多少也與之呈現密切關連。一個毫無神奇和神秘性世界，只不過是逐步增加理性化的另一個非理性後果罷了。

健康和環境的危機：連你的寵物都深陷風險之中

　　不斷進步的理性化不只威脅著人們的奇幻想像，同時也危

及人們的健康水準，甚至是生命。其中一個例子便是多數速食成分所帶來危險：大量的脂肪，膽固醇，鹽分和糖份。這類餐點提供的養分其實並非許多美國人所需，但民眾卻因為這些速食餐飲而引致過度肥胖，高膽固醇，高血壓，甚至可能帶來糖尿病。

速食餐廳不但供給上述不當的營養成分，同時還因為幫助兒童建立不良的飲食習慣，進一步導致其他生活晚期的健康問題。由於瞄準兒童群作為目標，速食餐廳非但培養出一群終身熱愛食用速食者，同時也讓民眾對於攝取高鹽分，高糖份和脂肪逐漸上癮[33]。一項有趣的研究發現，兒童移民進入美國的時間愈久，其健康水準惡化愈多，究其原因有很大一部份是因為他們將攝取更加類似其他美國兒童慣於食用的垃圾食物[34]。一位從事這項研究的社會學家說道：「當考量到營養攝取的層面時，就會發現全球的麥當勞化並非一必要的演進方向[35]。」

不滿速食工業為健康所帶來有害效應的攻擊和批判聲浪，在過去幾年來逐步攀升到高峰。某些經銷商因此被迫供應沙拉作為回應，即使那些淋上的沙拉醬料仍舊是高鹽分和高脂肪成分。某些速食餐廳已經不再以牛油油炸薯條，並以植物油取代之。

不過，麥當勞的麥香堡套餐中，除漢堡外，還搭配大薯條一份和奶昔，總熱量超過一千卡路里，而且套餐中的這些食物並沒有什麼高度的營養價值。而不斷將套餐份量增加的趨勢更加深問題的惡化。舉個例子，漢堡王引以為傲的雙層份量華堡，再加上起士配料，其熱量高達九百六十卡路里（還有六十三克的脂肪）[36]。

麥當勞化所引發的還包括更為立即可見的健康危機。陸吉娜舒柏林（Regina Schrambling）就將類似沙門氏菌疾病的爆發和食物生產的理性化間的關係加以連結：

> 沙門氏菌在家禽肉類工業中的散播是在牛肉正式成為重要的食用肉品，且美國人決定每晚都需要燉煮一鍋雞肉以滿足口腹之慾後。但鳥禽類肉品的生產和汽車製造大不相同：我們無法只依靠工廠生產線的加速來滿足需求。某些問題總是必須被詳加考量-安全性是很重要的一環。那些趕忙被畜養至能夠滿足油炸需要，一旦達到標準就被宰殺，接著清理內臟，並火速大量輸出的雞仔們，絕不會是超市中最值得信賴的食品。[37]

　　史其安柏林同時也探討蛋類、水果和蔬菜的理性化生產和沙門氏菌的關係[38]。食物製造廠商看來都會由哈得遜食品的倒閉中記取教訓：該公司和其他食物廠商一般，主要營業項目是提供麥當勞和漢堡王肉類商品，但在不久前，哈得遜食品卻因為販售的冷凍漢堡肉中，被發現含有E. coli成分而關門大吉[39]。

　　速食餐飲所招致的攻擊不只來自營養學家和流行病學家，同時還有那些環境保育者。這些速食餐廳製造了大量的垃圾，某些甚至是生物無法分解的。也因此享用速食套餐後所遺留下來的廢棄物成為鄉下居民揮之不去的噩夢和眼中釘。無以計數的龐大森林資源，只為了提供麥當勞一家速食餐廳的包裝所需而被犧牲[40]。雖然某些包裝用紙成分以聚苯乙烯或其他原料加

以替代，但所有的森林仍成為速食工業虎視眈眈覬覦的對象。事實上，目前的趨勢是重新回歸到以紙產品包裝，因為聚苯乙烯無法被自然分解，將在土地上不斷累積，堆積成一座座的垃圾山，且在某地存在多年，如果不是永遠的話。

　　工廠農莊和水栽法也為環境帶來額外的負擔和健康的負面效應。舉例而言，大型的養豬農莊製造大量的糞便，而這些排泄物最終都流入水中，最後更影響我們的飲水品質；人們曾經因為飲用這些遭受污染的水質而罹患疾病[41]，婦女也可能因此流產。而飼主為工業農莊動物所施打的抗生素則可能造成足以抵抗抗生素細菌的繁殖，進一步造成某些民眾因為遭到這些細菌的感染[42]。水栽法同樣也對人類造成類似的環境問題和健康危機[43]。

　　麥當勞化的系統同時也對寵物的健康造成影響。寵物也會被那些影響人類健康和環境層面的問題所牽連，此外還要面對危及寵物自身的威脅。寵物鎖物（Petstuff）和寵物市場（Petsmart）等大型寵物連鎖店，就採用自動化的毛髮吹乾機來為狗狗們打理造型。不幸的是，有些狗狗被鎖在籠子裡頭並在吹乾機下烘吹過久。有許多狗狗因此慘死或者受傷。照護狗狗團體中「吹整傷害，監督與防護組織」的創辦人就說道：「我們認為將狗狗單獨放置在電動熱氣下吹整，而沒有任何人在旁留意是相當不合理的。他們對待動物的方式，就如同在裝配線上的汽車一般。[44]」

　　所謂自動化裝配線的採用，讓廠商體驗了非凡的生產力：它能夠僅在一年內便製造出超過百萬的車輛。不過這些車輛的產出同時也為環境帶來浩劫。它們造成空氣，土染和水質的污

染。高速公路和道路系統的拓展同樣也損害著鄉間景致和環境品質。且我們還得牢記每年都有數千人死於交通意外，及更多交通事故造成的輕重傷患。

同質化：即使在巴黎也沒有差異

　　麥當勞化另一項非理性的效應表現在同質化的提高。無論你到美國的任何地點，甚至逐漸擴展到全世界各地，你將發現相同的產品以一致的方式被供應著。

　　橫跨美國內部經銷權的拓展，意味著人們會發現不同領域裡和城市間的相異性都逐步縮減[45]。當採取全球性的角度觀之，行旅者也將驚覺不斷提升的熟悉感和愈來愈少的分歧。其他國家的布置和美式速食連鎖店的設置愈趨一致。在北京開業的麥當勞和肯德基不過是這些傾向的兩個例子罷了。

　　除此外，許多國家的餐廳老闆更將麥當勞模式與當地特有的烹飪口味相結合。在巴黎，觀光者常會因為當地美國速食店的數量而大感震驚，但更叫人吃驚的或許是當地口味與此形式相結合的迅速發展，例如可頌麵包和速食的結合。讀者或許會認為法國人一向將可頌麵包視為神聖的象徵，應該會抗拒將其透過理性化方式加以製造與販售，但一切就這麼發生，並且被接受了[46]。這類商品行銷席捲巴黎的例子，證明許多巴黎人寧可犧牲品質以爭取速度和效率。而且，讀者可能進一步質疑，假使巴黎的可頌都能夠被降格，並轉換成為成功的速食商品，那麼還有哪種食物可以逃過這樣的命運？

美式與本地速食產品版圖的拓張，使得各種配置間的差異縮小。在這個過程中，人類對於嶄新事物和多元體驗的渴求如果不是完全被扼殺，至少也被大大的限制住。反而被標準化和可預測性的追尋所替代。

概括來說，麥當勞化的制度從來就不以創生新型態與多樣產品著稱。試想雷克羅奇相當有名的呼拉漢堡在業界的失敗經驗。相對於新而多樣商品的研發，這類系統之所以勝出，卻是因為它們在閃亮嶄新的裝潢和包裝內，販售那些眾所熟知的產品和服務，更重要的是這些商品和服務可以輕易的被複製。例如，速食餐廳以明亮的包裝來打包口味平凡無奇的漢堡，且各地所營造出提供服務的嘉年華式歡樂氣氛也是大同小異。麥當勞化的這個特徵更延伸到許多其他的領域。舉例來說，傑非潤滑油廠和其他仿效它的企業所提供民眾的，不過是反覆操作的舊機油汰換和潤滑的工作。

當經銷商們正從事不同貨物商品和服務間差異的整平工程時，郵政劃撥購物的目錄也正在消彌不同時節間的落差。專欄作家愛倫古德曼在初秋時，便收到聖誕節慶的郵購手冊，對此她提出以下的批評：「國內發展中的郵購市場，所編列的目錄竟然絲毫不尊重不同季節和地區的差異。對他們而言假期的收穫已經近在眼前，並且當他們運送那些商品時，是經由化學性的防腐處理才運送至你的家中…我拒絕這樣的販售方式。[47]」

去人性化：在「飼料槽與啤酒」中以水管沖洗

認定麥當勞化是非理性，且最終將成爲毫不合理現象的一個主要原因，是因爲它非人性化發展的傾向。舉例而言，速食工業令其員工從事所謂的「麥克工作」[48]。正如一位漢堡王員工曾經指出的「這是如此的簡單不過，即使一個智能殘缺者也能夠學習這份工作。」且「任何受過訓練的猴子也能完成這項工作。[49]」工作人員只能使用他們熟知技術與能力的一小部分。速食餐飲業對於極小技術的要求其實是非理性的。

就雇員的角度而言，麥克工作之所以顯露出非理性，是因爲這類工作並沒有提供足夠的滿足感和穩定性。雇員們在任何事務上，都只能發揮很少的技能，且這些工作項目也不存在創意空間。結果是員工萌生高度的憤慨，他們對工作感到不滿，異化，曠工，最後只得不斷更換雇員[50]。其實，在全美的各種工業類別中，速食工業的離職率最高——一年高達百分之三百。這項數據意味著每位速食店雇員平均只待上四個月；速食工業內全數的勞動力，在一年內就出現將近三次的洗牌。

雖然速食店工作項目簡單和反覆操作的特質，讓速食店相對而言能夠輕鬆的找到離職員工的接班者，但無論就組織或雇員的觀點而言，如此高的離職率畢竟不是他們所樂見。讓員工願意待在此工作較久顯然是比較好的狀況。員工離職的代價包括必須重新招募及訓練新進人員，故當離職率不斷升高時，其代價自然也大幅提昇。除此外，這類組織錯誤的使用雇員的技

術也是非理性的，因為他們實際上可以由支付給員工的薪資取得更多（無論多麼微不足道）。

速食餐廳同時也將消費者予以去人性化。用餐者排排坐在類似裝配線樣貌的餐桌旁進食，其實是將這些顧客降格為機械式匆忙的吞嚥完一餐，也因此他們由用餐經驗或食物本身取得的滿足感相對就十分微薄。通常對於這類進餐的正面描述是相當具有效率，且結束的十分迅速。

有些顧客甚至感覺他們有如家畜一般的被餵食。這類的觀點可以參考多年前電視節目《週六夜晚現場》，節目中諷刺性的模仿速食餐廳的情形，並安排一個名為「漢堡與飲料」的小型連鎖速食店。在這個喜劇中，某些年輕行政人員聽說一家名為「飼料槽與啤酒」的速食店剛剛開幕，於是他們打算到那兒打發晚餐。當他們進入餐廳後，他們的脖子上頭就被戴上了圍巾。之後他們發現很像豬隻飼料槽的設置，當中裝滿了紅蕃椒，並每隔一段時間由女侍者利用鏟子由大木桶中舀出補充。顧客們紛紛彎下腰來，將他們的頭埋向飼料槽，當他們在飼料槽中移動時還不忘舔舐那些紅蕃椒，看來是在途中做出「高度的商業決策」。他們經常抬起頭來呼吸新鮮的空氣，並由共有的酒盆中舔上幾口啤酒。當結束用餐後，他們則「用頭」來支付帳單。由於他們滿臉都被調味料給弄髒了，因此當他們離開餐廳前，都必須以水管沖洗一番。這些年輕的行政人員在劇情最後則是在餐廳外頭被成群畜養。週六夜晚現場顯然是以荒謬的手法來諷刺速食餐廳，他們認為速食業者將他們的顧客都視為低等動物。

消費者還因為按章互動和其他盡力促成互動標準化的努力

而被去人性化。「人際互動與一致性間互不相容。但當人際互動透過明顯地儀式化和人爲操縱而被大量製造時，不但對消費者帶來去人性化的衝擊，同時也迴避了一致性與人際互動間的衝突性。[51]」也就是說，當預先構思的互動模式取代了眞實的人際關係時，去人性化效果已經形成。

鮑伯加菲爾對於華德迪士尼世界的批評，則爲去人性化顧客提供另一個例子：

> 我真的相信在商店中存在有眞實的歡樂與想像，不過這是當我們正面迎戰那些突出，蓄意模塑，廣受民眾支持的夢想品牌，他們其實述說的是：根本不存在夢想。

> 以圍欄和通道製成的網絡將人們引入其吸引漩渦作爲起點，到令人心寒的的員工行爲，和硬性規定的垃圾不落地，並將北韓模式社會主義者的社會觀點加以普遍化，強調極權秩序感，最後更出現對於娛樂本身全然消極的特質，迪士尼本身最終演變爲夢想最大的背反，一項值得注意的技術奇觀。

> 迪士尼最大的成功處，非但不是造成想像力的解放，反而是不斷壓抑想像力。諸如汽車或船隻造型的運輸裝置，帶領著訪客沿著鐵軌行經「白雪公主」和「動感世界」和「高速鐵道」的景點，迪士尼內部總是孜孜不倦的運行著，由電腦精確控制的機制，帶領著三千萬名訪客，體驗著經由精密計算，因而一成不變，一絲不苟的娛樂饗宴。迪士尼在不佔用精力和時

間的情況下佔領他的顧客。迪士尼在不挑戰任何人的情況下，吸引每個人。

> 雖然我們清楚的知道只消七十分鐘的車程，就有兩家大型的水族館。但我們仍想像著一架假的潛水艇在一趟假的航程中，假裝沈沒入海，經過身旁的盡是假的珊瑚和假的海底生物。[52]

換言之，迪士尼世界並沒有成為具備創造性與富有想像力的人類體驗，最終反而變得乏善可陳，不具想像力，且非人類的經驗。

眾所皆知，自動裝配線對於那些日復一日工作的工人，造成的是去人性化效果。雖然亨利福特聲稱他個人無法忍受裝配線反覆操作的工作要求，但他卻相信對大部分的人而言，在其有限的心智能力和志向下，都能夠調整自己來配合裝配線所需。福特說道：「我尚未發現輾轉反覆的勞動過程對於人們有任何傷害性...即使是最徹底完整的研究，也沒有發現人們心智遭到此類工作扭曲或麻木的例證。[53]」然而客觀的證據顯示裝配線類型的工作對於人們確有損害，它造成高度的曠工，工作態度散漫或不情願，和雇員的相繼罷工。更為普遍的是大多數人都發現從事裝配線工作將導致高度的疏離感。一位工人對於此現象的描述如下：

> 我一整個晚上，都只是站在約莫兩到三英尺見方的區域裡頭。裝配線停止時，員工才可以停止作業。要製作一輛車必須歷經三十二個工作程序，我們負責當中一個程序單位，每小時必須完成四十八個單位，

一天必須工作八小時。三十二乘以四十八再乘上八。
由此公式計算出的數字，就是我一天內按下按鈕的次
數。[54]

　　另一位員工也提供相同的觀點：「這兒還有什麼好說的
嗎？一台車輸送來了，我就焊接它；一台車來了，我就焊接
它。一小時要反覆作上一千零一次。」其他人則以相當諷刺的
態度來看待這類工作的本質：「在油漆店裡頭工作可是相當多
元的唷…你可以拿著不同顏色的水管，將顏料擠出並快速的噴
灑。拿水管，擠出顏料，噴灑；拿水管，擠顏料，噴灑；拿水
管，擠顏料，噴灑，搔搔你的鼻子。[55]」還有另一位裝配線員
工總結他對於去人性化現象的感想：「有時我覺得我只是個機
器人。你只是一股腦的按著按鈕，而且持續這樣做著。最後就
變成一個呆板的傻瓜。[56]」

　　異化影響所及不只是那些實際從事自動裝配線工作的作業
員，至少在很大一部份，還作用於那些以裝配線原則建構其布
置的員工們[57]。在這個麥當勞化的社會中，裝配線原則已經被
鑲嵌到你我許多人的生活中與各種不同的設備布置上。

速食工業：低級小餐館的消逝

　　我已經提及數個速食餐廳如何導致去人性化的面向。另外
一個面向則是速食餐廳大幅縮減人與人間的相互接觸。舉例來
說，對他們而言雇員和消費者間的關係最好是短暫的。因為雇
員們通常都是兼職性質且只在這些餐廳工作短短幾個月，即使

是老主顧也很難和這些臨時雇員發展出良好的私人關係。往昔那種和餐廳某位女侍熟稔莫名，或者和附近低級餐館快餐廚子點菜的日子已不復見。愈來愈少商家的雇員知道你是誰，以及你所偏好的菜色。雷伊歐登伯格（Ray Oldenburg）就認為這種「迅速成為壓倒性標準」的地點，例如當地的咖啡座或小酒館，都是絕妙的好去處[58]。

在速食餐廳中，雇員和消費者間的接觸十分短促。在櫃臺點餐，接過食物，付帳的整個流程只花費極少的時間。無論是員工和消費者均喜愛匆忙的步調，並期望不斷的前進─顧客希望得到他們所點的食物，員工則希望下一位點餐者上前[59]。於是乎根本就沒有時間讓消費者與結帳人員過度互動。由於更明快的服務和具體的柵欄造成點餐服務距離更加遙遠，因此快速點餐車道也缺乏兩者間的互動。

這些極度冷淡和匿名的人際關係，在員工接受過如何與顧客互動的階段性，條文化和有限制互動的訓練後，就變得更為顯著。因此，消費者或許會覺得他們就像是和機器而非有血有肉的人點餐一般。通常消費者的角色都被設定為十分匆忙，所以他們只有僅少的時間能夠和麥當勞的雇員們交談。實際上，某些論者認為速食餐飲成功的原因之一，是因為它足以配合我們所居處步調快速且冷漠的社會。現代世界中的人們皆希望在處理事務時，儘量避免不必要的人際關係。而速食餐廳就正好滿足現代人的願望。

其他速食餐廳內潛在的互動關係也遭到大幅限制。因為速食店的員工都只維持短短數月的工作期間，所以很難發展出足以滿足員工需求的人際互動關係。相反的，較為長久的就職期

有助於提高工作內的長期人際關係。再者，那些藉由工作取得較穩定工作感的雇員們，便傾向在工作結束後或假日期間外出聚會。速食餐廳和其他麥當勞化環境職務都具備的短暫與兼職性質，將大幅降低上述員工良好互動發展的可能性。

　　同樣的，速食餐飲消費者間的人際關係大多也被省略。即使某些麥當勞拍攝的廣告希望人們相信良好的互動可能發生，但那種在路邊餐館或自助餐飲享用餐點或咖啡時巧遇或消磨時間的社交景象，大多已經成為往日情懷。速食餐廳的蓬勃顯然並不鼓勵類似的社交互動。

家庭：廚房作為精力的加油站

　　速食餐廳也對家庭帶來負面效應，尤其是所謂的家庭聚餐 [60]。速食餐廳並不適合進行長時間，悠閒且充滿對話閒聊的正餐場合。除此外，速食餐廳的存在，也讓青少年更容易出外和他們的朋友們一塊進食，也因此錯開了他們和其他家庭成員用餐的場所和時間。而所謂快速購餐窗口的設計，也只不過加速降低一個家庭自行準備餐飲的可能性。當那些咀嚼著速食的家庭成員忙著開往下一個目的地時，也很難真正享受的「高品質的時光」。

　　以下就是一位記者形容家庭聚餐在此之下所產生的轉變：

　　　　難道那些在陸軍速食店打發晚餐的家庭成員，當他們在塑膠製座椅內晃蕩，且絲毫不在意餐廳內部擺設時，卻還會在大快朵頤那些酥脆金黃炸雞腿前，記

得禱告？難道當爸爸發現自己忘記跟服務生要辣泡菜，並小跑步通過人群向櫃臺索取時，卻還會記得問問孩子今天發生了些什麼？難道媽媽認為速食餐廳裡頭的氣氛，適合和小蜜德莉談談有關她學習法語動詞第三詞類變化時，遇到的麻煩事？或者乾脆先不管這些，畢竟假使不到速食餐廳吃飯，就必須在家裡面對尚未處理的冷凍食品，利用微波爐加溫，並看著「好萊塢廣場」節目？[61]

最近有許多人都在談論有關家庭崩解的議題，且都認為速食餐廳的發展或許是導致家庭分裂的罪魁禍首之一。但相對的，家庭本身沒落的趨勢也為速食餐廳提供了現成的顧客群。

現今在家用餐和至速食餐廳進食間的差別逐漸縮小。自一九四○年代以來，家庭成員就傾向不再和家人一起吃午餐，到一九五○年代，則連早餐都出現類似趨勢。時值今日，連晚餐時間家庭成員也依循著同樣的路徑。即使是在家吃飯，所謂「一餐」的意義也和過去有所不同。仿效速食模式，前所未有的多元選擇讓人們可以「倉促的進食」以補充能量，大家情願少量的吃點這個，或者吃點那個當零食，而非好好坐下來吃個正餐。此外，由於只是吃飯而不額外作點什麼會顯得沒有效率，故家庭成員均偏好在吃飯時一邊看電視或一邊玩電腦遊戲。觀賞電視節目時，如晚餐時間播放的命運轉輪，發出的吵雜聲，看來沒啥誘惑力，還有伴隨電腦遊戲進行時發出的一堆嘎嘎聲，都增加家庭成員和其他人互動的困難度。我們必須決定是否能夠承擔這樣的虧損：

共進餐點是鼓勵家庭成員每日聚首的主要儀式。
假使我們損失了這樣的聚會時刻，那麼就必須營造新
的方式以作為一個家庭。值得思考的是：由食物所提
供的共享歡樂是否值得放棄？[62]

　　微波爐以及所衍生各種可微波食品的出現，是摧毀家庭聚
餐最重要的科技成果[63]。由「華爾街期刊」所做的民意調查顯
示，美國民眾認為微波爐是他們最喜愛的家庭產品。一位消費
者研究人員說道：「微波爐的出現讓速食餐廳也顯得不那麼迅
速了，因為在家微波食品時，你並不需要排隊。」一般而言，
消費者只需要花費不到十分鐘來微波一餐所需的食物，相對於
過去人們必須耗費半小時甚至一個小時來準備晚餐。當然，對
於速度的強調使得微波食品的品質較低，但人們似乎並不介意
這部分的損失：「我們並不若以往對於食物那樣嚴苛。[64]」

　　微波烹調的快速以及各式各樣可微波食物的上市，都使得
家庭成員可以在不同的時間與地點進食。一系列產品如「兒童
廚房」、「兒童菜餚」、「歡樂饗宴」和「我自己的餐點」（還有
其他類似的冷凍食品）的出現，讓兒童也可以輕輕鬆鬆打發一
餐。於是「當食物能夠快速準備或以微波爐加熱取代烹飪時，
過去透過家庭聚餐所分享的安全感和滿足感，就將永遠的被遺
失了[65]。」

　　微波式烹調的發展持續進行著。在某些食物的設計上，在
食物處理完成時，塑膠封條就會轉為藍色。某些企業還提供直
接在封條上，標誌有微波爐烹調的處理方式。「當烹飪過程簡
化為按下幾個按鈕，廚房最後就成為補給原料站的功能。家庭

成員們進入此，按下幾個按鈕，補給能量後離開。而我們所需從事的清理工作，只是將塑膠盤丟棄罷了[66]。」

麥當勞化為家庭生活觀所帶來的威脅並不僅止於家庭聚餐一項。舉例而言，忙碌和疲憊的家長被勸告晚上可以播放錄音帶給孩童聽，以替代過去親自閱讀的方式[67]。

緊接著威而剛就出現了。雖然可以活化男性的性生活並提升他們的人際關係，但這些藍色小藥丸也構成男性和其既有伴侶間的問題。舉個例子，這些女性伴侶並沒有相應的媒介能夠使用。其結果將造成年老但飢渴的男性和慾望並不如此強烈伴侶間的緊張關係。[68]彷彿重獲新生的男性們，甚至開始被鼓動尋求較年輕更有活力的性伴侶，這樣的舉措將更進一步危害固有的人際關係。

高等教育：如同加工食物般

現代大學在許多方面已經變成高度非理性的場域。很多學生和教職員工都被大學內工廠般的氣氛所推遲。他們覺得自己就如同機器一樣，被官僚機構和電腦所處置，或者也像是家畜在食品加工的平原上四處流竄。換言之，在這種環境設計的場所內接受教育，便成為一個去人性化的經驗。

學生構成的人潮；大而冷漠的宿舍；和大班的講習課程都使得認識其他學生變得困難。許多人選修的講習課程在時間的侷限之下，使得學生其實無法和指導老師面對面進行私下互動。學生至多只能認識那些負責帶領討論課程的研究生助理。在成績的計算方面，大多是由一連串機械式的評比得出總分，

由選擇題為主的考試，而成績通常也採取社會安全號碼而非真實姓名，進行匿名性的張貼公告。總而言之，學生們多半會覺得自己比大量生產的物品好不了多少，當他們沿著訊息供應和授與等級的裝配線移動時，所謂的知識便以大量生產的模式被灌輸進來。

當然，科技的精進其實將造成教育事業更為廣泛的非理性後果。目前已經相當有限的師生互動，在類似教育性電視和內部教學節目[69]和遠距離學習，電腦化教學和教學機器的發展下，將更形縮減。很快的我們就可以親眼目睹教育去人性化的最後階段：真人教師和過去師生間人際互動的消失。

醫療照護：你不過是一組號碼

對醫師而言，理性化的過程同時挾帶著一連串去人性化的後果。如果將這些後果列為清單，在頂端或最接近頂端的就是以往由醫師所控制的部分，如今轉由理性化結構和制度所掌控。過去，私營執業醫師對於本身的工作有相當大的控制力，限制只可能來自同業間的相互制約以及病人的需要和要求。但在理性化的醫藥結構下，外部的控制增加並轉移到社會結構與制度中。醫生們不僅開始接受這些結構與制度的安排，他們還可能被本身並非醫師的管理者與行政官僚所控制。醫師自行掌握工作生涯的能力於是消退。最後，醫生的工作不滿足感與異化便開始提高。一九九○年高度保守的美國醫療聯盟戲劇化的決定將組織一個屬於醫生的工會時，正反映出醫療體系也朝向工會化邁進[70]。

再由病患的角度來說，醫療體制的理性化也造成諸多非理性的產生。醫療事業的效率取向，讓病人認為自己就像是裝配線上的產品般。增加可預測性的努力，讓醫院所訂立的條文規定醫生必須同等地對待每一位病人，這使得病人無法與主治醫師或其他健康專業人員建立人際間的良好關係。在大型院所住院也是如此，不同於定時見到單一的護士，住院病患將見到許多不同的護士進出病房。結論就是護士們從來沒辦法深入認識院內的單一病患。醫院專家，也就是那些只在醫院中看診的醫師（至少在美國是如此）的出現，則代表另一個去人性化發展。如今住院治療的病患，通常接受那些他們或許根本不認識或沒有任何私人互動醫師的治療，而非尋找他們的私人醫師（如果仍舊有這種醫師的話）[71]。

強調可計算性的結果則是病人在此系統裡頭，比較像是一組號碼而非活生生的個人。為求耗費時間的極小化和利潤的極大化，則導致系統提供給病患的醫療照護品質大幅降低。

就像對醫師般，大型結構與制度也傾向增加對於病患的控制程度，對於病人而言，這些結構與制度或許顯得既為遙遠，漫不經心又難以理解。最後，病人愈來愈像只是與技術人員或冷漠的技術進行接觸和互動。其實，由於愈來愈多的藥品技術都可以在藥局購買，病患大可以把自己當小白老鼠來實驗，也因此可以切斷這方面的人際互動—無論是和醫師或是技術人員。

醫療理性化的最後一項非理性在於無法挽救的醫療品質的衰落，以及它對於病患健康水準的破壞性。醫療系統致力於降低成本並提升利潤所增加的理性化，將扼殺醫療照護的品質，

尤其將影響那些社會中最為窮困的成員。至少部分民眾可能會因理性化的醫療而病情加重，或者導致死亡。而普遍的健康水準也可能因此降低。我所提及的這些可能性，將在未來醫療照護系統持續理性化後，得到驗證。由於醫療照護系統將繼續進行其理性化，醫療專業人員和他們的病患們就必須試著學習如何控制理性化的系統和制度，才能改善那些隨之而來的非理性後果。

結論

　　相對於麥當勞的宣傳手法和全球各地對於它的信仰，速食餐廳和他們存在於社會其他領域的複製品就不那麼符合理性，或者真的可以被稱之為理性的系統。他們為消費者製造許多的問題，包括無效率而非提高效率，相對而言較高的價位，虛假的歡樂和現實，虛偽的友善，除魅化，並對健康和環境造成莫大威脅，更促成同質化和去人性化。麥當勞化當然有其好處，但上述的種種非理性後果，則顯然抵銷或者壓倒這些優點。由於我們大多只能接收麥當勞化系統所散佈誇大不實的優點，並藉此深化他們的既得利益，故認清這些不合理就顯得更為重要。

註釋

[1]除了這裡所討論的負面影響外，其他的還包括種族主義、性別主義無法被這個過程所解釋。參考Ester Reiter所著Making Fast Food一書。Montreal and Kingston：McGill-Queen's University Press，1991，p.145。

[2]Michael Schrage, *The Pursuit of Efficiency Can Be an Illusion*。Washington Post，March 20，1992，p.F3。

[3]Richard Cohen，"Take a Message--Please!" Washington Post Magazine，May 5，1990，p.5。

[4]Peter Perl，"Fast Is Beautiful"，Washington Post Magazine，May 24，1992，p.26。

[5]Bob Garfield，"How I Spent（and Spent and Spent）My Disney Vacation"，Washington Post/Outlook，July 7，1991，p.E14。

[6]Bruce Horovitz，"The Price of Family Fun：Disney Raises Theme Park Admission Prices"，USA TODAY，April 13，1998，p.8B。

[7]Bob Garfield，"How I Spent（and Spent and Spent）My Disney Vacation"，Washington Post/Outlook，July 7，1991，p.E14。

[8]Julia Kay，"High-Tech Playground to Lure Families to Burger Restaurant"，Times-Picayune，January 27，1997，p.E14。

[9]John Bowman，"Playing Around：Local Leaps and Bounds to Close in Wake of Discovery Zone Buying Chain"，Business First-Louisville，January 9，1995，section 1，p.4。

[10]Stephen Levin，"McDonald's Makes a Play to Diversity"，Washington Post，August 30，1991，p.G1，G4。

[11]Yomiuri Shimbun，"Golden Arches Better-Known in Japan"，The Daily Yomiuri，January 26，1995，p.17。Shimbun也指出麥當勞在當時擁有RU玩具公司在日本運作20%的控制權，參考"Allying Toys and Fast

Foods"，New York Times，October 8，1991，p.D15。

[12]Stan Lexenburg，Roadside Empire：How the Chains Franchised America，New York：Viking，1985，p.116。

[13]漢堡王的薯條也是這樣。參考Ester Reiter所寫之Making Fast Food，Montreal and Kingston：McGill-Queen's University Press，1991，p.65。

[14]Allen Shelton，"Writing McDonold's，Eating the Past：McDonald's as a Postmodern Space"（未發表）。

[15]"Fast Food Speeds Up the Pace"，Time，August 26，1985，p.60。

[16]Peter Carlson，"Who Put the Sunshine in the Sunshine Scent？"Washington Post Magazine，December 16，1990，p.20。

[17]Michael Ryan，"Fast Food vs. Supermarkets"，Parade，November 13，1988，p.6。

[18]Neil Postman，Amusing Ourselves to Death：Public Discourse in the Age of Show Business，New York：Viking，1985，p.3。

[19]Ian Mitroff and Warren Bennis，The Unreal Industry：The Deliberate Manufacturing of Falsehood and What It Is Doing to Our Lives，New York：Birch Lane，1989，p.12。

[20]William Severini Kowinski，The Malling of America：An Inside Look at the Great Consumer Paradise，New York：William Morrow，1985。

[21]William Severini Kowinski，The Malling of America：An Inside Look at the Great Consumer Paradise，New York：William Morrow，1985，p.371。

[22]Jack Schnedler，Mastering Mall of American：Full-Throttle Day of Shop-Hopping Tames Minnesota's Mighty Monster，Chicago Sun Times/Travel，February 6，1994，p.1ff。

[23]Kara Swisher，A Mall for America？，Washington Post/Business，June 30，1991，p.H1，H4。

[24]Daniel Boorstin，The Image：A Guide to Pseudo-Events in America，New York：Harper Colophon，1961。

[25]Ian Mitroff and Warren Bennis，The Unreal Industry：The Deliberate Manufacturing of Falsehood and What It Is Doing to Our Lives，New York：Birch Lane，1989。

[26]Joel Achenbach，The Age of Unreality，Washington Post，November 22，1990。p.C1，C14。

[27]Ester Reiter，Making Fast Food，Montreal and Kinston：McGill-Queen's University Press，1991，p.95。

[28]Jill Smolowe，Read This!!!!，Time，November 26，1990，p.62ff。

[29]Micheal Schrage，Personalized Publishing ：Confusing Information with Intimacy，Washington Post，November 23，1990，p.B13。

[30]Mark A. Schneider，Culture and Enchantment，Chicago：University of Chicago Press，1993，p.ix，韋伯是由Friedrich Schiller取得這個見解。

[31]Hans Gerth and C. Wright Mills，Introduction，收錄於Hans Gerth 和C. Wright Mills所編之From Max Weber，New York：Oxford University Press，1958，p.51。

[32]Mark A. Schneider，Culture and Enchantment，Chicago：University of Chicago Press，1993，p.ix。

[33]Maryllen Spencer所著之Can Mama Mac Get Them to Eat Spinach？一文，收錄於Marshall Fishwick編，Ronald Revisited：The World of Ronald McDonald一書中，Bowling Green，OH：Bowling Green University Press，1983，p.85-93。

[34]Donald J. Hernandez 和Evan Charney編From Generation to Generation ：The Health and Well-Being of Children in Immigrant Families，Washington，DC：National Academy Press，1998。

[35]Patty Lanoue Stearns，Double-Sized Fast Foods Means Double the

Trouble，Pittsburgh Post-Gazette，October 10，1996，p.B6。

[36]Patty Lanoue Stearns，Double-Sized Fast Foods Means Double the Trouble，Pittsburgh Post-Gazette，October 10，1996，p.B6。

[37]Regina Schrambling，The Curse of Culinary Convenience，New York Times，September 10，1991，p.A19。

[38]Regina Schrambling，The Curse of Culinary Convenience，New York Times，September 10，1991，p.A19。

[39]E. coli Outbreak Forces Closure of Meat Plant，Independent (London)，August 22，1997，p.12。

[40]Max Boas and Steve Chain，Big Mac：The Unauthorized Story of McDonald's，New York：E. P. Dutton，1976。

[41]Bill Bell，Jr.，Environmental Groups Seeking Moratorium on New or Expanded 'Animal Factories'，St. Louis Post-Dispatch，December 4，1998，p.C8。

[42]Tim O'Brien，Farming：Poison Pens，Guardian (London)，April 29，1998，p.4。

[43]Olivia Wu，Raising Questions：Environmentalists Voice Concerns over Booming Aqua-culture Industry，Chicago Tribune，September 9，1998，p.7Aff；Colin Woodard，Fish Farms Get Fried for Fouling，Christian Science Monitor，September 9，1998，p.1ff。

[44]Eric Lipton，Visit to Groomer's Takes Deadly Turn，Washington Post，March 31，1995，p.B1。

[45]在許多區域中，也因此同時增加許多美學種族風餐廳。

[46]The Grand Illusion，The Economist，June 5，1999，p.2-18。

[47]Ellen Goodman，Fast-Forwarding through Fall，Washington Post，October 5，1991，p.A19。仍有另一不合理性存在。那些藉由型錄購買商品者，發現貨物的傳遞通常都會拖延，或者根本就沒到。紐約大都會更好商務局的總裁說道：「所謂的郵購，最大的問題在於貨物運

送和延遲交貨的問題。」參考Leonard Sloane，Buying by Catalogue Is Easy：Timely Delivery May Not Be，New York Times，April 25，1992，p.50。

[48]Georege Ritzer，The McDonadlization Thesis，London：Sage，1998，p.59-70。

[49]Ester Reiter，Making Fast Food，Montreal and Kinston：McGill-Queen's University Press，1991，p.150，167。

[50]Leidner 並不同意這樣的說法，他認爲麥當勞「在極端的規定和繁文縟節下，麥當勞員工所傳達的卻只是相對微少的不滿。」參考Robbin Leiner，Fast Food，Fast Talk：Service Work and the Routinization of Everyday Life，Berkeley：University of California Press，1993，p.134.我們可以問的是：這是否意味著處於麥當勞社會的人們，早已習慣這個過程，因此接受這是工作中不可避免的一部份。

[51]Robbin Leiner，Fast Food，Fast Talk：Service Work and the Routinization of Everyday Life，Berkeley：University of California Press，1993，p.30。

[52]Bob Garfield，How I Spent（and Spent and Spent）My Disney Vacation，Washington Post/Outlook，July 7，1991，p.5。

[53]Henry Ford，My Life and Work，Garden City，NY：Doubleday Page，1922，p.105，106。

[54]Studs Terkel，Working，New York：Pantheon，1974，p.159。

[55]Barbara Garson，All the Livelong Day，Harmondsworth，UK：Penguin，1977，p.88。

[56]Studs Terkel，Working，New York：Pantheon，1974，p.175。

[57]對於這個議題的文獻回顧，參考George Ritzer and David Walczak，Working：Conflict and Change，3rd ed.，Englewood Cliffs，NJ：Prentice Hall，1986，p.328-372。

[58]Ray Oldenburg，The Great Good Place，New York：Paragon，1987。

[59]這兒所討論的一般顧客在麥當勞不會逗留的一個例外，就是那些退休者利用麥當勞作為彼此社交場所的趨勢逐漸升高，他們尤其喜歡在麥當勞享用早餐或咖啡。某些麥當勞餐廳甚至允許這些年長者在這裡進行賓果遊戲。

[60]William R. Mattox，Jr，The Decline of Dinnertime，Ottawa Citizen，April 30，1997，p.A14。

[61]Nicholas von Hoffman，The Fast-Disappearing Family Meal，Washington Post，November 23，1978，p.C4。

[62]Margaret Visser，A Meditation on the Microwave，Psychology Today，December 1989，p.42。

[63]Margaret Visser，A Meditation on the Microwave，Psychology Today，December 1989，p.38ff。

[64]The Microwave Cooks Up a New Way of Life，Wall Street Journal，September 19，1989，p.B1。

[65]Margaret Visser，A Meditation on the Microwave，Psychology Today，December 1989，p.40。

[66]Margaret Visser，A Meditation on the Microwave，Psychology Today，December 1989，p.42。

[67]Peggy Gisler and Marge Eberts，Reader Disagrees with Advice for Mom Too Tired to Read，Star Tribune（Minneapolis），July 3，1995，p.3E。

[68]Mary Ficklen，Love These Days Can Be So Viagravating，Dallas Morning News，June 8，1998，p.12C。Ailson MacGregor，Fountain of Sexual Youth Carries Risks for Couples：Sex Can Ruin Some Relationships，Therapists Warn，Ottawa Citizen，May 27，1998，p.A8。

[69]William H. Honan，Professors Battling Television Technology，New York Times，April 4，1995，p.D24。

[70]Amy Goldstein，AMA Votes to Unionize Doctors，Washington Post，

June 24，1999，p.A1，A18。

[71]vKris Hundley，The Inpatient Physician ，St. Petersburg Times，July 26，1998，p.1Hff。

第八章

麥當勞化的疆界：
生育，死亡與對抗死亡的行動

　　麥當勞化挾帶著勢如破竹的品質，不斷複製和拓展本身的版圖[1]。論者或許可以說麥當勞化不停的開闢本身的疆界，且不停的「推展它的外殼」。模仿麥當勞經營方式的美國企業如雨後春筍般的湧現。其他國家則發展出當地版本的麥當勞系統，部分其他國家的企業甚至扭轉情勢，再把這些仿效麥當勞的成果外銷回美國本土販售[2]。

　　然而在本章中，我們將採取一種相當不同且令人驚訝的方式，來處理麥當勞化的擴張主義。首當其衝接受麥當勞化影響的，要算是那些與日常生活息息相關的企業-包括食物，飲品，居住等等。故麥當勞與日常生活緊密連結，且奮力的囊括收羅所有可能的領域範圍，同時包括生命的起始與終站：出生，死亡以及與生命搏鬥的活動，例如攀登世界的最高峰聖母峰。就像後現代理論家布希亞（Jean Baudrillard）所做的評論：「社會秩序的基本規則是...對於生命和死亡逐步增加的控制性。[3]」時值今日，不同於一般所想像的範圍，往日當作絕對的極限部分如今已經被超越，且被稱之為「前出生」或「後死亡」。在某種概念下，麥當勞化已然複製出生和其前項，以及死亡和其餘波[4]。麥當勞化背後所蘊含的力量看來致力於透過完全理性化社會制度的構作，來取代自然的根本法則，並藉此將世界打造成完全具備效率，可計算性，可預測性且便於控制。

　　當然地，麥當勞化的出生與死亡有許多眾所周知的益處。兒童們在此環境下，被產下且度過一個正常的生活，這在其它的情況中很可能不被生下或者可能面臨早夭的命運[5]。在光譜的另一端，現代醫療的發展拯救了許多人群，使其不受死亡的威脅。然而，出生和死亡的麥當勞化所產生的相關問題，相對

而言，卻只引起極少的注意。即使被論及，這些問題也沒有被放置到例如麥當勞化過程這類的廣泛脈絡中。這樣的脈絡背景，讓我們可以將這些問題和社會變遷的廣大範圍緊密連結，而非視之為孤立的發展。

在日復一日的生活中，沒有比人們自身（或他們所摯愛的人）的出生或他們離開世上更加重要的事。將出生與死亡理性化所帶來的報償十分巨大。最後，在馴化出生與死亡兩者後，人們將得以改善他們生活的水準。

舉例而言，出生和死亡的歷程帶來許多的不可預測性，也因此造成強烈的不安感。在一現代，理性化的社會，人們總被鼓勵嘗試著去縮減這些不可預測性。與出生相關的不可預測性如下：

◆某婦女是否可以受孕？
◆某男性是否可以擔負起為人父親的工作？
◆父親或母親是否攜有任何可能傳遞給後代的基因缺陷？
◆懷孕的過程是否可以不受併發症的干擾？
◆婦女是否應該產下幼兒或者結束孕期？
◆嬰兒是否一出生就帶著基因缺陷？
◆在生產的過程中，母親和孩子是否都安然無恙？
◆嬰兒是男是女？
◆這對父母是否應該生育更多小孩？
◆社會是否應該通過禁止某些生育類型的法律？
◆社會是否應該只在某些或全部一律禁止墮胎的進行？

伴隨著死亡的是一組類似的不確定性：

◆ 當某人已經沒有希望復原時，是否應透過機械器具維持他的生命跡象？

◆ 而一旦採用後，這些機械器居應該被運作多久？

◆ 人們是否擁有「死亡的權利」？

◆ 我們該如何知道某人已經死亡？

◆ 當死亡發生時，什麼樣的儀式是適宜的？

◆ 我們該如何處置死亡的軀體？

而且，我們當然也對於與死亡搏鬥的行為，也有諸多的不確定性。

由於這些生命過程對你我的重要性，因此當出生和死亡吸引那些藉由麥當勞化大撈一票者的注意時，也就無須訝異了。那些成功的將出生死亡予以理性化者，必然都獲得了可觀的經濟效益。我們幾乎已經可以預見未來某些商店門口懸掛著「麥克生產」（McBirth）和「麥克死亡」（McDeath）中心的標誌寫道：「數百萬樁難產的避免」和「大量迴避的死亡」。

在麥當勞化之後，原本和生育及死亡相關的曖昧與緊張都被降低，但卻仍無法完全消除。企圖理性化生育和死亡的努力通常都以其有限的，且雙雙挫敗的告終。就像內科醫師舍文紐蘭提到的：「每一次的生育都與任何在他之前的存在著差異，死亡亦復如此。每一個人所存在的獨特性，甚至更進一步拓展到其死亡的方式。[6]」生育的經歷也相當類似。即使這些生命歷程都抗拒著理性化的過程，但至少在某種程度上，人們持續的嘗試著將他們盡可能地推向理性化的一端。

紐蘭在描述癌症的說明裡，就巧妙的捕捉到人們不斷抗拒

的究竟為何：

> 不同於一個背後放冷箭的仇敵，癌症其實公然地
> 抱持著惡意進行其扼殺生命的行動。這種疾病帶來的
> 是連續不斷的，不受拘束的，圍繞四周地，大規模掃
> 蕩式的破壞性。在這樣的過程中，癌症的迸發並無任
> 何規則可循，也不是依據任何指令在運作，在它造成
> 性命殺傷的蹂躪與混亂後，才引發全面性的防禦和抵
> 抗行動。癌症細胞彷彿是野蠻民族成員在游牧過程中
> 的狂暴行徑-欠缺領導者且不具明確標的，只有一個單
> 一的目標：在抵達某地時，將一切都加以侵吞。[7]

紐蘭也將癌症描述為就像是一個：「不適合，且無法控制
的烏合之眾。」「永遠顯得無法馴服、不成熟的幫派組織」以及
「幼稚且亂無章法的細胞社會」[8]。假使理性化必須面對一個揮
之不去的幽魂，癌症就是其一。

生育及其之前：高科技懷孕和精心設計的寶寶

渴望為人父母者早已開始採納各種將生育過程予以理性化
的步驟。這些技術的發明，都有助於「高科技寶寶的誕生」
[9]，且可以被採用來製造「精心規劃的孕期」[10]和「精心設計
的寶寶」[11]。換言之，渴望為人父母者如今得以降低在自然懷
孕和生育時，不可預測性，非計算性和無效率等特性的某些環

節。揮別了過去只能懵懂而拙劣的模仿他人，現在身為父母時，你可以前所未有的「讓它隨心所欲」。

麥當勞化的受孕：即使老奶奶也可以懷孕

懷孕這個過程迅速的被麥當勞化。舉例來說，男性陽痿和性無能的問題[12]，已經有迅速成長的治療性無能診所著手解決，某些診所甚至進一步擴張成為連鎖式經營[13]，並大量引進各種技術使用，包括醫藥（尤其是聲名大噪的威而剛）和物理的設備。許多男性如今能夠藉由這些醫療方式從事過去無法擁有的生育功能。

相同的，女性的不孕症在人工授精（更確切的說來，是人工捐精）[14]、試管授精[15]、內細胞質精液注入等科技的高度發展下[16]，得到長足的改善。某些生育診所對於本身的技術相當有自信，甚至保證若在經過三次的試驗後，仍沒有受孕寶寶存活，那麼醫院將提供退款的保證[17]。對於那些仍舊無法受孕或履行懷孕的女性而言，代理孕母可以完成這個工作[18]。即使是更年期後已經停經的婦女，現在也可以有機會懷孕（「老奶奶受孕」）[19]；到目前為止，年紀最大的是一位六十三歲的婦人[20]。這些發展和類似在家就自行進行的排卵期預測其他技術，都使得擁有一個小孩的可預測性大大提高[21]。而在家中就容易使用的驗孕方式，則象徵著效率，因為它能夠讓婦女究竟是否已經懷孕的模糊曖昧性迅速降低。

讓準父母困擾不已的最大不可預測性之一，便是小孩是男是女的問題。「性別選擇」診所就在倫敦和香港紛紛開業[22]，

並首開先例協助解決這項困擾，儼然成為「性別選擇中心」。在一九七〇年代早期發展的技術其實相當容易：用蛋白將精液過濾，由精液中帶有女性染色體的部分濾析出帶有男性染色體的精液。緊接著，就將處理完成的精液（依照父母的性別願望）以人工的方式注入女性的體內，使其懷孕。在這樣的過程下，製造出男性寶寶的比例為百分之七十五，女孩的比例則為百分之七十[23]。一個新技術將精液細胞組織加以染色，以此決定哪些細胞帶有X（男性）和Y（女性）染色體。人工授精或試管授精於是將這些選擇過後的精液與卵子加以結合。美國發展此項技術的實驗室，能夠為一對夫妻創造出女孩的機率為百分之八十五，至於製造出男孩的比率目前還不清楚，但預計將會將較為低些[24]。他們的目標是希望能夠在使用「男性」或「女性」精液，來迎合對於後代性別需要和父母的期望時，能夠達到百分之一百的準確性。

　　對於某些人而言，懷孕的理性化過程令其歡欣鼓舞，但對另外一些人而言，則是一場夢魘：「能夠事先指定小孩的性別，將引導我們步入一場夢魘，我們將可能鉅細靡遺的預約後代的所有特徵，這就好像車子是否有自動變速器，或真皮座椅。[25]」一位醫療倫理者說道，「選擇孩童就像我們選車一般，是消費主義者心態的部分展現，孩童於為成為一個「產品」（product）而不是一個完全的人類了。[26]」讓寶寶培育轉而成為另外一項被麥當勞化的產品「後規劃」，製造和日用品—人們就陷入生育過程去人性化的危機之中。

　　當然，我們只不過站在生育這個麥當勞化新領域的邊界上頭（對其他事物或許也是如此）。以第一隻複製羊陶莉為例，牠

在一九九六年在蘇格蘭被創造誕生。這項實驗開啟了人類複製的大門。複製意味著製造出完全吻合分子、細胞甚至是完整有機組織的複製品[27]。這些技術發展讓我們映入眼簾的想像是規劃操縱和大量生產「千篇一律」的人類族群，他們都擁有姣好的面孔，良好的體能，聰穎的頭腦，且不受基因缺陷所苦等等。假使每個人都經由複製而被懷孕生產，那麼我們將接近麥當勞化於此過程的極端。而一個每個人都擁有相同面貌的世界，每個人也都準備好接受所有環繞四周的事物都一模一樣的世界。當然，這些看來都還只是科技虛幻小說的場景，但能夠帶領我們朝向這條路徑所需的技術，早已掌握在我們手中。

麥當勞化的懷孕：選擇最完美的寶寶

某些父母在擔心有關孩子的性別前，還必須等待著懷孕這項事實的發生和確認。但後來羊膜穿刺技術的發展，則可以用來決定三個月胚胎的性別。羊膜穿刺術最早於一九六八年被用來作胎兒產前的症狀檢測，這項技術由羊膜中汲取所需流質液體，通常在懷孕的第十四週到第十八週進行[28]。藉由羊膜穿刺的技術，父母可以在胚胎是「錯誤性別」時，選擇終止懷孕，也就是墮胎。顯然地，這項技巧遠比上述的懷孕性別選擇來得沒有效率，因為它必須在受孕之後才開始進行。實際上，極少的美國人（一項研究中顯示只有百分之五）表示他們會以墮胎作為性別選擇的方法[29]。無論如何，羊膜穿刺仍舊讓父母能夠早早知曉孩童的性別為何。

有關於孩童性別的關注，在與基因缺陷可能性的關切相比

之下相形見絀。除了羊膜穿刺之外，近來仍有多種技術的發展可以被用來檢測胚胎是否帶有例如唐氏症，血友病，鎌狀紅細胞等基因缺陷[30]。這些新發展的檢測包括以下數種：

◆ 絨毛穿刺採樣（CVS）：通常早於羊膜穿刺被完成，在懷孕的第十到第十二週進行，CVS由取下一手指般組織的採樣，而這些組織未來將發展為胎盤。這些結構擁有和胚胎相同的基因構造[31]。

◆ 母體胎兒蛋白血清（MSAFP）檢測：一項於懷孕第十六到第十八週進行的簡單血液檢驗。胎兒蛋白過高表示可能意味著胎兒將有脊髓露出體外癱瘓症；而過低則可能產生唐氏症。

◆ 超音波（Ultrasound）：一項由聲納發展而來的技術，藉由加諸高頻率能量於胚胎上，提供出胎兒影像。超音波可以顯示各種基因缺陷，以及許多其他訊息（性別，懷孕階段和其他）。

近年來對於這些技術的使用大幅增加，有些（超音波，MSAFP）甚至成為自行的操作[32]。還有許多其他檢測胚胎的技術已經發展完成，無疑地，更多其他的技術將被繼續研發。

假如這些檢驗中的一項或多項都表示基因缺陷的存在，那麼墮胎就成為選擇。選擇墮胎的父母們極度不願意將基因變態和疾病的痛苦，強加在孩童與家庭上。優生學家則認為社會若允許基因不良的孩童出生，並伴隨著其他伴隨此孩童出生的非理性後果，那麼便是不理性的社會。由成─效益的角度觀之（可計算性），墮胎耗費的成本低於撫養一個身體或心理障礙的

孩童,有時還必須經歷許多年。在這樣的邏輯概念下,社會利用如今已經可行的非人性化技術,探測哪個胚胎可以獲准生存而哪些不行,就相當合乎情理了。看來最終的階段,會成為社會明令禁止某些婚姻和生育類型,正如中國曾經試行的,這類法律的目標是期望降低疾病和智能不足兒童對於國家造成的沈重負擔[33]。

付諸預測和修復基因失常的努力不斷快速地成長著。人類基因組計畫,致力於建立人類染色體基因地圖的建構,有助於協助科學家發展出額外診斷測驗和治療的方式[34]。知悉單一基因位居於何處且每一種基因所司為何的知識,同時也延伸了檢測胚胎、兒童和準父母基因疾病的能力。期望為人父母者若帶有問題基因,可能被歸類於不能結婚或不能生育子女。另外一個可能(也是隱憂)是當科技變得愈來愈便宜且愈來愈廣為人知時,人們或許就能夠自行進行檢測工作(我們目前已有自行在家測試懷孕與否的方法),且在檢測後或許就試圖在家中進行高風險的墮胎[35]。總而言之,這些嶄新非人性化的技術,將增加其對於人們結合與生育的影響力和控制力。

許多非理性和胚胎檢測的科技發展相關。因為胚胎失常其實是相當罕見的情形,超過百分之九十八的女性在施測後都傳出好消息[36]。然而,檢測經驗本身或許就會導致負面的後果:

> 強調畸形的檢驗反而提高女性對於寶寶健康的擔憂。在某些產前過程中進行晚期胎兒檢查,讓這樣的經驗更加惱人。某些女性在接獲檢驗結果前,都試著避免和寶寶過度緊密連結或者告知他人懷孕的事情…

這樣的壓力來自…「暫時性懷孕」是產前檢查的未預料性後果，或者說是副產品。[37]

芭芭拉羅素曼（Barbara Rothman）創造了「暫時性懷孕」的概念：

暫時懷孕婦女已經進入了懷孕的狀態，她是一個懷孕的婦女，但她卻知道或許會因為基因突變或某些錯誤而無法產下這名幼兒。這次懷孕或許無法誕生寶寶而是進行墮胎。[38]

顯然的，這種不確定性對於充滿期待的婦女和她們的配偶投下莫大的陰影。

胎兒檢測也傾向將過去集中在母親所擁有的權力，轉移到胎兒本身。超音波讓父親可以由電視螢幕上看到胎兒，增加他們與孩子間人際關係的聯繫能力，但這同時造成母親與胎兒關係的醫學化和去除當中長久以來的神秘性[39]。結果就形成母親的希望關切以及影響力均被漠視，反而傾向有利於孩童、父親甚至是社會的偏好。

更具批判性的是，產檢過程可能引發風險。MSAFP檢驗可能導致錯誤的陽性反應，或錯誤的陰性反應，而超音波則直接將胎兒的狀態呈現在父母眼前，卻沒有事先警告父母胎兒可能已經死亡或授精卵其實並未存活。絨毛穿刺若進行施測時發生錯誤，則可能導致胎兒出生後的缺陷，因此與更高度的風險相關。也因此，產前檢測的作業改由一種無侵略性篩解的新方法進行，包括血液檢查和由胎兒脖子後皮膚最厚的部分進行的超

音波檢驗（若為唐氏症或其他缺陷則將更厚）[40]。

當然，麥當勞化的大軍將不會終止對於胎兒性別和體能失常的檢驗工作。某些人甚至認為類似的檢驗可以被使用以判斷胎兒的人格態度[41]。據推測，在此之下，父母便能夠將那些帶有「錯誤人格」的胚胎予以小產，並更進一步的實現設計寶寶的概念。

麥當勞化的孩童生產：生產作為一種病狀

在生產的過程中理性化的趨勢也相當明顯。判斷的方法是人性化與個人實踐助產婦的衰退。在一九○○年，助產婦參與了約莫一半美國人的生產，但一九八六年時，他們只協助百分之四的生育工作[42]。然而，最近由於現代兒童生育實行的去人性化和理性化[43]，使得助產婦得到些許的復興，目前美國有百分之六點五的嬰兒是經由助產婦接生[44]。當被問及為何要由助產婦來接生時，產婦通常抱怨「醫院員工的冷酷無情與漫不經心的照護」，「為求醫師的便利而雇用許多不必要的勞工」，且「為了相同的原因進行非必須的剖腹生產」[45]。

相對於助產士的沒落，專業化醫療對於生產過程的控制則大幅提昇，尤其是產科醫師[46]。因為正是產科醫師致力於從事生育過程的理性化和去人性化工作。麥可哈里森醫師，一位婦產科住院醫師，是少數願意承認醫院生育是一「去人性化過程者」[47]。

嬰兒生育明顯的理性化傾向可以藉其科層化的程度來判斷。傳統的「社會嬰兒生育」，過去大部分的生產都是在家中進

行，並由女性親戚或親密友人協助生育。如今，嬰兒生產則大部分都在醫院中完成，「在眾多陌生人前進行」[48]。一九〇〇年時，美國只有少於百分之五的生產是在醫院中，直到一九四〇年，比例提高到百分之五十五，一九六〇年代，生育過程全程幾乎百分之百都在醫院中完成[49]。近年來，連鎖醫療院所和生育中心紛紛成立，而這些醫院都在我所討論的理性化過程後取得雛形-在速食餐廳中汲取靈感。

經過這些年，醫療院所和醫學專業都發展出許多標準以規則化（麥當勞化）掌控嬰兒生產的各個程序。其中最為人所熟知的是由約塞夫迪里醫師創立的規則，並廣泛的在二十世紀上半葉被遵守。迪里將生育胎兒的過程當作一種疾病（一種病理過程），且他所訂立的程序即使在低風險的生產案例中也被奉為圭臬[50]：

1. 病患被置於截石術的平台上頭，「仰臥式地躺著，上舉在空中的雙腳，藉由鐙具的輔助，彎曲且大幅度的張開。[51]」

2. 從手術的開始，即將為人母親者便藉由麻醉劑使其沈穩入睡。

3. 醫師對其進行外陰切開術[52]以使得寶寶出生所通過的區域擴大。

4. 鑷子在生育的過程中，經常被使用以增加效率。

一位婦女描述這種生育過程為：「婦女就像是綿羊般成群結隊的被擺放在生育的生產線上，她們都接受麻醉並被綑綁著躺臥在平台上，並且就在這些台子上，她們的寶寶被鑷子接生

出世。[53]」

　　迪里所訂立的標準操作過程中，包括麥當勞化大部分的要素—效率，可預測性，經由非人性化技術的控管（過程本身，鑷子，藥物以及那條生產線），最後，不合理性將人類出生的產房轉變為一個非人性化的寶寶工廠。在迪里的生育過程中所缺乏的可計算性，日後在伊曼紐佛萊曼的「佛萊曼曲線」形式中被加入。這個曲線規定三個嚴密的勞動階段。舉例而言，第一個階段被分配為精確的八點六個小時，在此階段中子宮頸的擴張必須為二到四公分[54]。

　　在寶寶呱呱落地的時刻，他們同樣也必須由可計算的評分系統所迎接，也就是所謂的愛普佳測驗（Apgar Test）。在五項因素中（例如心跳次數，顏色），寶寶們被評以零分到十分的分數，得到十分則表示最健康的寶寶。大部分的嬰兒在出生後一分鐘內，所得分數介於七分到九分；在出生後五分鐘後，分數則介於八分到十分。僅得到零分到三分的寶寶表示有嚴重的健康問題。哈里森醫師質疑為何醫療人員不多重視主體內在的事項，例如關注一下嬰兒的好奇程度和心情起伏：

　　　　一個嬰兒不需要哭泣好讓我們知悉他的健康狀況。手上抱著一個新生兒，與他兩眼相望。他在呼吸著，他在嘆息，寶寶身體有其顏色。再將他用手臂舉高，並感覺他發出良好的音調與否，有著強健或殘缺的四肢。寶寶就是不需要躺在一個冰冷的平台上，被測量他的狀態。[55]

利用各種非人性化的技術接生嬰兒的風氣起起伏伏。一五

八八年發明利用鑷子作為接生工具，並在一九五○年代間的美國達到使用的高峰，當時大約有百分之五十的生育過程中使用鑷子為輔助。然而，鑷子在一九八○年代不再是流行的工具，只有百分之十五的生產採用鑷子。許多麻醉準媽媽的方式同樣也被普遍的接受。而電子胎兒監看儀在一九七○年代廣受好評。今天，超音波成為一項普遍的技術。

另外一項和胎兒生育相關卻令人擔憂的技術就是解剖刀的使用。很多醫師在接生的過程中習慣性的進行外陰切開術，以此確保陰道在生產過程中不會因為不當的張開而撕裂或撐大。通常這樣做是為了增加未來性伴侶的滿足程度，並減輕生產過程中的痛楚，但外陰切開術對於婦女而言卻是相當痛楚且令人衰弱的。哈里森醫生曾表示對於此手術莫大的疑問：「我希望那些婦產科醫師停止切開產婦的陰道。生育胎兒的過程並不是外科手術。[56]」

在剖腹生產的部分，解剖刀更是不可或缺的工具。於是生育這個百分之百的人類過程，在許多例子中就轉由這些技術（以及操縱工具的那些人）所控制[57]。一八八二年執行了現代社會中第一個剖腹生育（C-section），但一直到一九七○年代，只有百分之五的生產以剖腹的方式進行。一九七○年代和一九八○年代剖腹產達到高峰，在一九八七年佔全部生產的百分之二十五，並蔚為流行[58]。直到一九九○年代中期，剖腹產才略為沒落為百分之二十一[59]。剖腹生產的沒落反映的事實是美國大學的產科醫師們，正式放棄盛極一時的想法，「一朝採用剖腹產，則永遠進行剖腹產。」也就是說一旦母親進行過剖腹手術，那麼這位產婦接下來的生育都必須是以剖腹來完成的看法

不再被支持。

　　除此外，許多人都相信剖腹產通常都在不必要的情況下被執行。最早的線索來自一個歷史性的資料：爲什麼我們會觀察到剖腹生產如此大量而急遽的增加？難道在十幾年前剖腹生產並非同等需要的過程？第二項線索是在某些資料中顯示自費病患通常比醫療補助者（補助的金額甚少）更偏好剖腹生產，自費患者進行此手術的數量是貧困病患的兩倍[60]。莫非那些位居較高社會階級和收入較高者，果眞比那些收入較低且位於社會階級底部者更需要剖腹產[61]？

　　對於剖腹生產戲劇化增加的解釋之一，是認爲剖腹產恰好符合社會麥當勞化的趨勢：

◆ 剖腹生產比正常的生育程序來得更可以預測，一般生育往往會比預期生產早或晚上幾個星期（或者是幾個月）。仔細觀察可以發現剖腹手術通常在下午五點三十分前進行，如此一來外科醫師們才來得及回家吃晚飯。同樣地，富裕的女性也可能選擇剖腹生產，以此避免自然生產的不可預期性對於職業生涯和社會需要的干擾。

◆ 作爲一個相對簡單的手術，剖腹生產比自然生產來得更有效率，畢竟自然生產可能引發許多不可逆料的突發狀況。

◆ 剖腹生產的計算性較高，一般而言通常手術進行的時間不少於二十分鐘，不多過四十五分鐘。而自然生產所需的時間，尤其是第一胎，將可能遠多於此，並有很大的變異性。

◆ 剖腹程序是一項非人性化的技術控制著正常的生育過程。

◆ 非理性存在於和手術相關的風險中—麻醉，失血和輸血。相較於在自然狀態下生產者，採用剖腹生產的婦女通常體驗更多的身體症狀且必須有更長的恢復期，而其死亡率也比一般生產高出兩倍。此外剖腹產也涉及高昂的費用。一項一九八六年的研究顯示剖腹手術相較於自然生產，外科醫師的費用高出百分之六十八，而醫院則將多花上百分之九十二的經費。[62]

◆ 由於帶動人類自然過程的轉變，剖腹手術造成去人性化的後果，同時必須將自然過程轉入一個非人性化甚至無人性的過程，在這樣的過程中，婦女必須承受外科手術的過程。至少許多剖腹生產的孕婦們，都在不必要的情況下，被剝奪了陰道生產的人性化經驗。生育嬰孩的驚奇與感動，如今都被縮減為一項微不足道的外科手術罷了。

死亡—之前，過程和超越：傳送帶葬禮

現在開始討論最後的新領域：麥當勞化的死亡。實際上，這個過程在個人死亡前便已經開始，其序幕是醫療體系試圖儘可能的努力維持個人存活的時間。且同時也延伸至死亡的當下，通常死亡多在科層設置中發生，並衍生至死亡後的時期。

垂死過程的麥當勞化：精心設計的死亡

　　大部分死亡者都蒙受數個月甚或數年的衰弱期，並涉及一連串無可抵抗的麥當勞化影響。就事物的自然秩序而言，人體崩毀的最後階段根本不具效率，不可計算性且毫無預測性可言。為什麼系統不會在一夕間全數毀壞，而是腎臟先退化，之後是智商，然後是心臟功能？許多垂死病患的情況都教醫師們困窘，情況好的可以逐漸恢復並維持比預期更長的壽命，相反的，也有些患者比預期中提前離世。既有的神話，文學和影片都深刻地描繪著死亡的景象，反映出人們面臨死亡時的無力感。

　　但現今我們已經發現將死亡過程予以理性化的方式，並讓我們至少得到控制的幻象。非人性化的技術紛紛被設計，讓人們比起過去歷史中的任何一個時期都存活的更久。實際上，某些這些技術的受益者，並不希望在這種讓他們苟延殘喘的狀況下活著（這當然是明顯的非理性想法）。除非醫師們遵守病患事先擬好的指示（存活的遺囑）當中明確的指出「不要施以急救」或「不施打麻醉劑」，否則人們在自己的死亡過程中就失去了控制權。同樣的，家庭成員在沒有這種病患意願的明確指示下，也必須向醫療負責人員鞠躬哈腰，儘可能的延長人們的存活時間。

　　問題在於誰才應該控制死亡的過程。換言之就是死亡者是誰，以及何時應該轉往醫療科層體制。當然，我們都知道官僚們將集中於理性的層面。舉例來說，醫療機構不斷致力從事的便是極大化病患存活的時間—無論是多個幾天，幾週，甚至數

年。然而，這段額外存活期的生命品質的改善工程卻發展得極為緩慢。這種只集中在可計算性的特性，和速食餐廳告訴人們他們的三明治有多大，但卻不提及食物的品質如出一轍。

我們同樣可以觀察到對於非人性化技術的日益倚賴。例如電腦系統在死亡過程中的幾個特定時間點，被用來測量病患存活的機率—90％，50％，10％等等。而醫療人員對待病患的行為就受到測量數據的強烈影響。因此，無論人們生存或死亡都轉而愈加倚賴電腦程式的估量。

如你所見，死亡幾乎追隨著如生育同樣的路徑。也就是說，死亡過程自家中移出，而控制權則由垂死者和其家人轉到醫護人員和醫院的手中[63]。就像生育般，醫師們獲得對於死亡的龐大控制力，且愈來愈多死亡也在醫院中發生。一九〇〇年間，只有百分之二十的死亡是在醫院中；至一九七七年，則達到百分之七十。一九九三年，醫院的死亡略降至百分之六十五，但這個百分比還必須納入人們在養老院辭世的數量（11％），以及收容所的數量（22％）[64]。醫院連鎖和收容所的成長，都是由速食餐廳中取得基本原則，這標誌出死亡的科層化，理性化，甚至是麥當勞化。

這些控制程序的後果之一，是將絕對人性化的死亡經歷去人性化。人們傾向在全然陌生人的面前，非個人化的死亡（就像他們出生時一樣）：

> 日復一日，病患變得不像人類，反而更像密集照
> 護下的複雜挑戰。在病患逐漸落入敗毒病前，在認識
> 他的大部分護士和少數醫師面前，他還保留有其人性

尊嚴（或者曾經擁有的），但對於專職診視的專家面前
…他不過是個案例…一位三十歲比他更加年輕醫師喚
著他的小名。不過這也好過醫師以疾病名稱或床號來
稱呼他。[65]

　　上述的去人性化，只是菲力普愛瑞司描繪現代世界「放逐
死亡」過程中的一部份[66]。雪瑞曼紐蘭醫師將我們需要將死亡
理性化的原因如下：

　　　我們竭力搜索得以抗拒死亡力量的方法，並對抗
死亡冷冰冰攫住人類思想的下場。死亡總是如此的貼
近，因而激起了我們有意無意的藉由傳統的方式，如
民間故事，寓言，美夢甚至是笑話，來偽裝它的殘酷
現實。最近幾個世代，我們則添加了某些新的方法：
我們創造了**死亡的現代方法**。現代的死亡發生在現代
的醫院中，在那裡死亡可以被隱藏，將機能的衰敗予
以潔淨化，最後再以現代葬儀加以包裝。於是我們現
在不但可以拒絕死亡的力量，同時也可以抗拒自然本
身了（斜體由作者所加）。[67]

　　同樣的，布希亞曾經描寫「精心設計的死亡」與「精心設
計的生育」比較：

　　　不計一切的將死亡現代化，藉由虛飾、低溫冷凍
屍體或使其處於良好狀態，幫屍體化妝以「設計」
它，對待死亡就如同無情的對待污點，性愛，細菌學
或放射性廢棄物般。在潔淨的原則下，對死亡進行裝

扮…和「精心設計」…國際性的行銷。[68]

非人性化科技在死亡過程中日益提升的角色，其實與醫師和醫院對於死亡的控制力相互關連。科技已經模糊了存活及死亡的界線，舉例而言，讓人們的心臟持續跳動但卻已經腦死。醫療人員也仰賴科技協助他們去決定何時是宣佈死亡的時機。有什麼是比死亡時，身邊圍繞的盡是冷冰冰的醫療器具而非摯愛的人來得去人性化？

> 當人們被問及他們希望如何死亡時，大多數的反應都是：快速，毫無痛楚，在家中，身邊圍繞著家人與朋友。而問及他們預期的死亡狀況為何時，恐懼就油然而生：在醫院中，獨自一人，身上裝滿了救護儀器，充滿痛苦。[69]

紐蘭所描繪的去人性化死亡（dehumanized death）如下：

> 發出嗶嗶聲和尖銳聲響的監視螢幕，伴隨著空氣嘶嘶聲的人工呼吸器，活塞式的縟墊，多種電子信號顏色閃爍不停-整套的科技配備就是醫療救護構成的背景環境，在這裡我們應該有權期待的安寧完全被剝奪，並和那些絕不願意讓我們孤伶伶死去的人們隔離開。在這樣的光景下，生物科技原本被創造來提供的希望，實際上正被他自身所奪走，留給我們這些存活者的是關於那些逝去者的最後回憶。[70]

死亡過程的麥當勞化就像生育般，也促發一連串的反抗行

動，這類活動致力於應付過度的理性化。舉例而言，助產婦的復甦是重新人性化生育的方法。然而，更多的反抗行動開始搜索重新獲得對於我們自身死亡的控制權。透過事先的指示和存活時訂立的遺囑告知醫院和醫護人員，他們在垂死時期想要以及不希望發生的狀況。社會中的自殺和如德瑞克杭菲力《最終的逃脫》一書，都教導人們如何結束自己的生命。最後，愈來愈多人能夠接受安樂死[71]，致力於此最著名的就是外號死亡醫師的傑克凱沃齊安，他的目標就是希望能夠讓人們重獲對於死亡的控制權。

然而，即使是這些反抗運動本身也帶有麥當勞化的成分。例如凱沃齊安醫師也是採用非人性化的技術，一部機器，來幫助人們結束生命。更顯著且更令人驚訝的是他努力從事的是有計畫死亡的「理性策略」[72]。故，死亡的理性化特性即使在那些試圖抵抗他的活動中，也可以覓得。反對凱沃齊安醫師者就曾經注意到他那「理性策略」的侷限：

> 去想望一個美好嶄新良善與理性化的社會…並不困難，人道的分配系統在此社會中，統整並除去古怪者以及乾癟的老人，並達到一個夢想的境界。因為這些人其實將耗費高度的社會成本且毫無生產力…而且他們對於不斷強調將理性控制擴散到生命各個層面的美國特質也造成嚴重的破壞。…
>
> 莫非去想像一個以效率和便捷為名的社會…在這樣的社會中凱沃齊安主義在每個社群中被當作重要規則而實踐著，將會過度困難？[73]

麥當勞化的葬禮：陰鬱葬禮的消逝

即便是最爲現代，理性化的醫療也無可避免的會遭逢病患死亡的挫敗。然而，人們即使去世也逃不過麥當勞化的影響。舉例而言，我們將開始見證由家庭成員在家中自行打理葬禮轉而成爲連鎖店代辦的轉變發生[74]。一九九九年服務企業作爲最大的連鎖葬儀國際公司，就代辦了包括在家中，在火葬場以及墓園等三千七百場葬儀（一九九二年僅有八百五十場）[75]。一位工業分析者論及死亡看來不恰當且突兀的瑰麗包裝，認爲：「死亡照護工業的黃金時代仍很長久。[76]」據估計目前死亡工業一年可以賺進八十億元的收益。死亡的事業正蓬勃發展，目前每年的死亡人數約爲兩千兩百萬，至二〇一〇年時，每年將增加爲兩千六百萬人。

躍入此利潤豐厚和不斷成長市場的連鎖店，通常不僅提供葬儀的服務，同時也包辦墓園資產和其他商品，如棺材，骨灰盒與墓誌碑的販售。現代分期付款的支付方式在這些企業中也被採納，如此一來人們就可以提前安排葬儀，並至少可以省下百分之二十的費用，在二到五年間將費用付清。這些行業甚至還開始從事廣告行銷：

> 現在您將得到選擇！您負擔得起的路易斯威勒葬儀之家，是您最好的選擇。專業化的服務只需九百九十五元，金屬棺木一百六十元起。[77]

被葬儀企業強調的低價位（可計算性），使其如今以類似麥當勞「物超所值的一餐」的形象出現。

顯然葬儀企業還從速食餐廳工業中習得另外一課-他所眞正販賣的是「歡樂」:「摯愛死者的親友圍繞在墓園旁哭泣的陰鬱葬禮看來已經不合時宜。[78]」以現今家庭爲例,葬禮可能是在海邊舉辦一個追思派對。日本人又要比美國的作法更開放,他們會以麥當勞社會中顯著元素迪士尼世界爲藍本,籌畫一個死亡的娛樂園地。一位大阪的喪葬承辦人就準備以秀的形式加以呈現:

> 棺木被裝載在電動操控的貨車,由五十公尺的山丘搬下,沐浴在雷射光束中,旁邊還有低聲吟頌的和尚與死者的至親好友們。
>
> 當到達大廳的末端,這兒過去曾經是個保齡球場,棺木就進入一個半圓形的坑道內,乾冰所製造出的濃厚霧氣圍繞在旁,棺木最後消失並進入「另一個世界」。[79]

接下來的例子,則是一個由加拿大所建造的主題墓園:

> 在一百一十英尺的高樓頂端,送葬者可以看見親愛的人們,在可以眺望俯瞰城市的柴堆中被火化。其下將是一主題樓層:一層是佈置有耶穌誕生圖,專門提供給天主教徒,另一層則有神明塑像和薰香裊裊,提供給佛教徒使用,某層是專爲加拿大的退役軍人所準備,於是就以紀念勳章和武器作佈置,此外還有假造的熱帶島嶼,上頭有棕櫚樹和喇叭與尤克理理琴彈奏的音樂,這樣的場景則是專爲溫格華富有的斐濟社

區成員所準備。[80]

火葬一般要比傳統的葬禮和土葬來得有效率。因為火葬傾向盡可能縮減各種繁文縟節，且有時會有類似輸送帶的特性，火葬可以發展為「傳送帶葬禮」。專門研究英式葬禮習俗的一位權威，描述火葬場景如下：

> 一架靈車獨自無聲地在停車棚下滑行，棺木首先被移入不鏽鋼製的手推車上頭，並以輪軸推往小型禮拜堂內，此處不像是設計來擺放屍體的地點，反而更像是大專院校內診療室的等候廳。十分鐘之後，當棺木緩慢的降至地板下，圍繞伴隨著靈柩車幕簾的，便是那些錄製模糊的音樂。[81]

火葬同樣希望本身可以比理性化的葬禮和土葬發展更具可計算性。舉例而言，就像是速食店以標誌催促顧客在二十分鐘後離開，倫敦的市立火葬場也有以下的標語：「請在十五分鐘內完成服務。」於是高度理性化的火葬便衍生出非理性成分，因為它將導致許多有關傳統葬禮和土葬的人性化禮儀都被淘汰。對現代化的家庭而言，死亡就像是「只是一段令人發窘的時刻，待在火葬場一個半小時，檢查送來致哀的花圈，然後回到公司上班。」某些人甚至更為極端，連喪禮一塊省去：「你根本不需要舉辦喪禮…有些人在火葬結束後，仍會留在骨灰室旁的聖壇。[82]」

對於死亡後從事的理性化工程，還不僅止於喪禮而已。例如遺囑和事先安排的葬禮形式，讓人們即使已經死亡，還可以

控制自己的身後事。此外，取得死者的器官以幫助其他病患則是另一個例證。

　　另一個更爲極端的方式則爲低溫學[83]。人們將自己的身體，或許只有頭部，藉由冷凍的方式加以保存，並等待生命的理性化程度不斷增長，並使得這類的事情成爲可能後，讓他們重新獲得生命。無須訝異的是華德迪士尼對於低溫學相當有興趣，不少人相信在他死後，已經藉由冷凍保存，靜待某日的重生[84]。

　　當然，麥當勞化同時也作用於死者所摯愛的人身上。長時期和痛苦哀傷的過程並不符合凡事追求快捷和效率的社會原則。米蘭麥克菲森就精妙的掌握住麥當勞化社會中，哀傷態度的精髓：「然而，在我們的文化中，人們總是在一場又一場的會議中穿梭奔走，快速的殺掉轉寄的電子郵件，每件事物和每一個情緒都讓碰上暗礁的生活顯得微不足道。我們並非過去那樣的哀傷者。我們期待的是快速流逝的哀傷。[85]」

　　討論至此，我們可以藉最近的一項發展：「死後的複製」得到完整的循環，這同時影響生育和死亡。電解放射機器讓技術人員由死者（或是昏迷者）中取出精液。而這些取出的精液則可以用來，或許是幾年後，讓婦女懷孕。於是，在某位男性死後所蒐集精液，將使這位婦女產下胎兒[86]。

對抗死亡的行動：一條通往聖母封峰端的「康莊大道」？

　　前面的討論顯示，我們期望將自身生命和死亡麥當勞化的慾望近乎無窮無盡。然而，顯然有其侷限性存在—兒童還是可能生具殘疾，且人們總是會面臨死亡。麥當勞化限制的議題也逐漸升溫，無論是否隱晦不彰，但在瓊克拉考爾所著的《投入稀薄天空》一書中，就描述一九九六年攀爬聖母峰所進行之對抗死亡的活動。顯而易見的是，目前也有許多人致力從事麥當勞化的對抗死亡活動，例如一般的登山活動[87]，其中尤以攀登聖母峰為最，但一九九六年十二位登山者的死亡則證明登高這類「本質非理性的活動」無法[88]，至少尚未被完全的理性化。克拉考爾描述這幾年來，各種被援用來促成這類登高活動麥當勞化的方式。

　　科技研發是其條列清單的第一項，例如繁複的登山齒輪；在較高緯度補給補充性氧氣的罐裝氧氣；利用直昇機運送到攀爬的起點處（過去必須花費超過一個月的旅程）或者借助直昇機將生病或受傷的登山人員；醫療技術（或人員）解決有關跌落和緯度急速增高所造成的不適等等難題；除此外，電腦，網際網路和傳真儀器則讓登山者在登高時還能與外界保持聯繫。克拉考爾同時也指出組織化的安排設計使得人們不至於單獨登山，並可以讓登山團隊運作的如同一良好上油的機器。一位領隊就因為他的「令人印象深刻的組織技巧」和「良好的系統」而受到褒揚[89]。

一九九六年努力理性化攀登聖母峰的最好例子，就是某小組在緯度差異造成的體力衰弱下，採用的「快速軌道適應良好」系統[90]。包括由低地營區較短程的移動，且每次移動都是在一標準登山高度內。大體而言，快速軌道方式有四星期留在一萬七千英尺以上，八個晚上約停留在兩萬一千三百英尺或更高處，在登山者開始登高至聖母峰頂的兩萬九千零二十八英尺前，僅有一個晚上待在兩萬四千英尺處。在標準但較不理性化的過程中，登山者花費更多的時間在兩萬一千三百英尺或更高處，且在嘗試攻頂前，至少有一位成員已經攀登到兩萬六千英尺處。以他的觀察爲基礎，克拉考爾小心翼翼的結論道：「無庸置疑的，延長目前停留在兩萬一千英尺到兩萬四千英尺處八到九個晚上，來適應環境的作法，將有助於安全性的提升。[91]」

那些期望麥當勞化攀登聖母峰的人，可以被形容爲試圖顛覆傳統，將這座山變成一美好，平坦和安全的「收費道路」[92]。假使他們能夠證明攀登聖母峰的危險性都已經完全被控制，那麼他們就可以收取更高的費用，且招募到更多富有的登山人。一位領隊說道：「我們已經想出方法克服大E（譯按：指聖母峰），我們爲它到處裝設電線。我可以大膽的告訴你，這些日子以來，我們已經建造了一條通往頂峰的康莊大道。[93]」

但是，這些努力的限制仍反映在攀登聖母峰探險隊的爭議上，「無法像瑞士火車般運行」[94]。許多理性化的不理性是關於這類麥當勞化的努力。因爲有許多團體和個人都試圖攻頂，致使山上交通出現壅塞的情況。付費的登山者看來沒有接受完善的訓練，且並未有充足的事前準備，只能完全仰賴於導遊。

大多都是不清楚其他對友力量和極限的一群陌生人。由於這些登山者都支付大筆的款項，領隊通常即使在登山者應該被拒絕的情況底下，仍然無法對他們說不。

　　但理性化的非理性絕佳的例證，和水土適應有關。適應的快速軌道法具有效率，且協助人們能夠爬得更高更快，並能夠早點到達頂峰，但問題在於它必須在較高緯度時，倚賴於罐裝氧氣的使用。缺乏在每個高度以恰當的時間加以適應，導致那些一九九六年的攀登者，當無法在較高的高度取得足夠的氧氣時，就難以存活。

　　一九九六年的登高活動還顯露出其他的非理性，包括無經驗的登山者，一位自己也是首次嘗試攀登聖母峰的導遊，以及其他導遊的明顯私心，某領隊的「咒罵完蛋」方式，領隊間的競爭怨懟，以及違反某團體內部開始由頂峰下降的最後時間點。如此的非理性並非攀登聖母峰，或是理性化登山活動時根深蒂固的本質，但類似的問題卻在任何攀登過程中層出不窮。

　　除卻理性化的非理性以及特殊登高中的非理性外，嘗試聖母峰登高本身的確含有本質性的非理性層面。自從一九二一年開始出現組織化的登高後，超過一百三十位登山人死於聖母峰，死亡名單中的四分之一曾經到達頂峰。當登高者攀爬到愈高的高度，生理的不適感便愈加提高。地表裂縫的轉變，將造成登山者突如其來的死亡。自山上崩落的岩石敲響他們的喪鐘。颼颼的冷風有時低溫到零下一百度。但最大的不合理性莫過於氣候：一九九六年，一個全然無法逆料的暴風奪走了十二位企圖攻頂登山者的性命，這也是史上攀登聖母峰最多人死亡的一次不幸事件。

正如同生俱殘疾和死亡降臨的無法抗拒，一九九六年聖母峰的慘劇暗示著，無論人們付出多少的努力，麥當勞化仍有其侷限性。我們即使在未來也無法完全的理性化生育，死亡或者類似攀登聖母峰等抗拒死亡的活動。

但是麥當勞化並非一全有或全無的過程，麥當勞化有其程度之分。因此，我們將繼續戮力縮減關於死亡，生育和登山活動當中的非理性。以攀登聖母峰為例，一九九六年的意外事故（或其他），都讓未來的登山者可以由當中學習，並發展出縮減或消除這些風險的方法。最大的危險在於非預期性的暴風，但發展並採用改善天氣預測和氣候感知的設備，就可以改善這樣的情形。

或許遙遠未來的某一天中，登山者可以找到一條近乎通往聖母峰頂端的「康莊大道」（也許是由迪士尼一手打造）。但在那發生的許久之前，難道那些深受聖母峰迷惑者，不會鋌而走險的尋求某些低度麥當勞化的探險旅程？

結論

假使你對於現代社會中，麥當勞化的範圍有所懷疑的話，這一章的討論應該已經讓這些質疑接受挑戰。在前一章中，顯露了我們生活中早已經歷無數方式的麥當勞化。在這兒，我們則發現麥當勞化背後的強大趨力，促使著麥當勞化的疆界大幅拓展以包括人類的經驗-不僅是每日的日常活動，還包括對於人類意志和持久性的考驗；不僅是生育的過程，還包括生產的各

個步驟：不僅是死亡的過程，還同時包括死後的各項事宜。至少長時間以來，麥當勞化大部分看來似乎毫無侷限性，也沒有強大到足以抗拒其發展的阻礙。但就某點而言，自然所展現的力量有時對麥當勞來說，也是無與倫比的。

註釋

[1] 有人指責我將麥當勞予以擬人化和具體化，但其實是人們和他們的代理者在推動這個過程。

[2] Bill McDowall，The Global Market Challenge，Restaurants & Institutions，November 1，1994，p.52ff。

[3] Jean Baudrillard，Symbolic Exchange and Death，London：Sage，1976/1993，p.172。

[4] 這個概念來自當代德國理論者Jurgen Habermas的作品，主要集中在探討被他稱作生活世界殖民化的探討。參考Jurgen Habermas，The Theory of Communication Action：Vol. 2，Lifeworld and System：A Critique of Functionalist Reason，Boston：Beacon，1987。

[5] 然而更顯矛盾的是認爲其他的孩童沒有被產下而慘遭墮胎，因此認爲避免了對於孩童生命和深愛他們的人的傷害。

[6] Sherwin B. Nuland，How We Die：Reflections on Life's Final Chapter，New York：Kropf，1994，p.3。

[7] Sherwin B. Nuland，How We Die：Reflections on Life's Final Chapter，New York：Kropf，1994，p.207。

[8] Sherwin B. Nuland，How We Die：Reflections on Life's Final Chapter，New York：Kropf，1994，p.208。

[9] Annette Baran and Reuben Pannor，Lethal Secrets：The Shocking Consequences and Unresolved Problems of Artificial Insemination，New York：Warner，1989，p.162。

[10] Aliza Kolker and B. Meredith Burke，Prenatal Testing：A Sociological Perspective，Westport，CT：Bergin & Garvey，1994，p.16。

[11] Roger Gosdon，Designing Babies：The Brave New World of Reproductive Technology，New York：W. H. Freeman，1999。Janet Daley，Is Birth Ever Natural？The Times(London)，March 16。1994，

p.18。

[12]Lenore Tiefer，The Medicalization of Impotence：Normalizing Phallocentrism，Gender & Society 8(1994)：363-377。

[13]Cheryl Jackson，Impotence Clinic Grows Into Chain，Tampa Tribunel Business and Finance，February 18，1995，p.1。

[14]Annette Baran and Reuben Pannor，Lethal Secrets：The Shocking Consequences and Unresolved Problems of Artificial Insemination，New York：Warner，1989。

[15]Paula Mergenbagen Dewitt，In Pursuit of Pregnancy，American Demographic(May 1993)：p.48ff。

[16]Eric Adler，The Brave New World：It's Here Now，Where In Vitro Fertilization Is Routine and Infertility Technology Pushes Back All the Old Limitations，Kansas City Star，October 25，1998，p.G1ff。

[17]No Price for Little Ones，Financial Times，September 28，1998，p.17ff。

[18]Diederika Pretorius，Surrogate Motherhood：A Worldwide View of the Issues，Springfield，IL：Charles C Thomas，1994。

[19]A New Mama，Aged 62，Daily Mail(London)，July 19，1994，p.12。

[20]Korky Vann，With In-Vitro Fertilization，Late Life Motherhood Becoming More Common，Hartford Courant，July 7，1997，p.E5ff。

[21]Angela Cain，Home Test Kits Fill an Expanding Health Niche，Times Union-Life and Leisure(Albany，NY)，February 12，1995，p.11。

[22]Neil Bennett編，Sex Selection of Children，New York：Academic Press，1983。

[23]Selecting Sex of Children，South China Morning Post，March20，1994，p.15。

[24]Rick Weiss，Va. Clinic Develops System for Choosing Sex of Babies，Washington Post，September 10，1998，頁A1ff。Randeep Ramesh，

Can You Trust that Little Glow When You Choose Sex？Guardian(London)，October 6，1998，p.14ff。Abigail Trafford，Is Sex Selection Wise？Washington Post，September 22，1998，p.Z6ff。

[25]Janet Daley，Is Birth Ever Natural？The Times(London)，March16，1994，p.18。

[26]Matt Ridley，A Boy or Girl：IS It Possible to Load the Dice？Smithsonian 24(June 1993)：123。

[27]Roger Gosdon ，Designing Babies：The Brave New World of Reproductive Technology，New York：W. H. Freeman，1999。p.243。

[28]Rayna Rapp，The Power of 'Positive' Diagnosis：Medical and Maternal Discourse on Amniocentesis，收錄在Donna Bassin，Margaret Honey和Meryle Mahrer Kaplan所編Representation of Motherhood，New Haven，CT：Yale University Press，1994，p.204-219。

[29]Aliza Koler and B. Meredith Burke，Prenatal Testing：A Sociological Perspective，Westport CT：Bergin & Garvey，1994，p.158。

[30]Jeffrey A. Kuller and Steven A. Laifer，Contemporary Approaches to Prenatal Diagnosis，American Family Physician 52(December 1996)：2277ff。

[31] Aliza Koler and B. Meredith Burke，Prenatal Testing：A Sociological Perspective，Westport CT：Bergin & Garvey，1994。Ellen Domke and Al Podgorski，Testing the Unborn：Genetic Test Pinpoints Defects，But Are There Risks？Chicago Sun-Times，April 17，1994，p.C5。

[32]然而，仍有些父母拒絕胚胎檢測導致的理性化。參考Shirley A. Hill，Motherhood and the Obfuscation of Medication of Medical Knowledge，Gender & Society 8(1994)：29-47。

[33]Mike Chinoy，CNN News，February 8，1994。

[34]Joan H. Marks，The Human Genome Project：A Challenge in Biological Technology，收錄於Gretchen Bender and Timothy Druckery編，

Cultural on the Brink：Ideologies of Technology 中。Seattle，WA：Bay Press，1994，p.99-106。R. C. Lewontin，The Dream of the Human Genome，收錄於 Gretchen Bender and Timothy Druckery 編，Cultural on the Brink：Ideologies of Technology 中。Seattle，WA：Bay Press，1994，p.107-127。

[35]Matt Ridley，A Boy or Girl：IS It Possible to Load the Dice？ Smithsonian 24(June 1993)：123。

[36]有許多是由 Aliza Koler and B. Meredith Burke，Prenatal Testing：A Sociological Perspective，Westport CT：Bergin & Garvey，1994 中得到。

[37]Aliza Koler and B. Meredith Burke，Prenatal Testing：A Sociological Perspective，Westport CT：Bergin & Garvey，1994，p.7。

[38]Barbara Katz Rothman，The Tentative Pregnancy，New York：Viking，1986，p.101。

[39]Margarete Sandelowski，Separate，But Less Equal：Fetal Ultrasonography and the Transformation of Expectant Mother/Fatherhood，Gender & Society 8(June 1994)：230-245。

[40]Richard Saltus，Sooner and Safer，Boston Globe，October 25，1998，p.6ff。

[41]Piontelli，轉引自 Aliza Koler and B. Meredith Burke，Prenatal Testing：A Sociological Perspective，Westport CT：Bergin & Garvey，1994，p.1。

[42]Jessica Mitford，The American Way of Birth，New York：Plume，1993。

[43]若想參考以理性化觀點對於助產婦提出的批判，可見 Charles Krauthammer，Pursuit of a Hallmark Moment Costs a Baby's Life，Tampa Tribune，May 27，1996，p.15。

[44]Judy Foreman，The Midwives's Time Has Come--Again，Boston

Globe，November 2，1998，p.C1ff。

[45]Jessica Mitford，The American Way of Birth，New York：Plume，1993，p.13。

[46]Catherine Kohler Riessman，Woman and Medicalization：A New Persective，收錄在P. Brown編，Perspectives in Medical Sociology，Prospect Heights，IL：Waveland，1989，p.190-220。

[47]Michelle Harrison，A Woman in Residence，New York：Random House，1982，p.91。

[48]Judith Walzer Leavitt，Brought to Bed：Childbearing in America，1750-1950，New York：Oxford University Press，1986，p.190。

[49]Judith Walzer Leavitt，Brought to Bed：Childbearing in America，1750-1950，New York：Oxford University Press，1986，p.190。

[50]Paula A. Treichler，Feminism Medicine, and the Meaning of Childbirth，收錄在Mary Jacobus，Evelyn Fox Keller，和Sally Shuttleworth所編Body Politics：Women and the Discourses of Science，New York：Routledge，1990，p.113-138。

[51]Jessica Mitford，The American Way of Birth，New York：Plume，1993，p.59。

[52]外陰切開術是將陰道往肛門方向切開，使得開口大到足以讓嬰兒通過的大小。

[53]Jessica Mitford，The American Way of Birth，New York：Plume，1993，p.61。

[54]Jessica Mitford，The American Way of Birth，New York：Plume，1993，p.143。

[55]Michelle Harrison，A Woman in Residence，New York：Random House，1982，p.86。

[56]Michelle Harrison，A Woman in Residence，New York：Random House，1982，p.113。

[57]Jeanne Guillemin，Babies by Cesarean：Who Chooses，Who Controls？收錄在P. Brown編Perspectives in Medical Sociology，Prospect Heights，IL：Waveland，1989，p.549-558。

[58]L. Silver and S. M. Wolfe，Unnecessary Cesarian Sections：How to Cure a National Epidemic，Washington，DC：Public Citizen Health Research Group，1989。

[59]Joane Kadak，C Sections，Newsday，November 11，1996，p.B25ff。

[60]Randall S. Stafford，Alternatives Strategies for Controlling Rising Cesarian Section Rates，JAMA，February 2，1990，p.683-687。

[61]Jeffrey B. Gould，Beckey Davey，and Randall S. Stafford，Socioeconomic Differences in Rates of Cesarian Sections，New England Journal of Medicine，vol.321，no.4，July 27，1989。

[62]Randall S. Stafford，Alternatives Strategies for Controlling Rising Cesarian Section Rates，JAMA，February 2，1990，p.683-687。

[63]雖然最近保險和醫院的作法讓更多人在看護之家甚至家中去世。

[64]Sherwin B. Nuland，How We Die：Reflections on Life's Final Chapter，New York：Knopf，1994，p.255。National Center for Health Statistics。Vital Statistics of the United States，1992-1993，Volume II--Mortality，Part A Hyattsville，MD：Public Health Service，1995。

[65]Sherwin B. Nuland，How We Die：Reflections on Life's Final Chapter，New York：Knopf，1994，p.149。

[66]Philippe Aries，The Hour of Our Death，New York：Knopf，1981。

[67]Sherwin B. Nuland，How We Die：Reflections on Life's Final Chapter，New York：Knopf，1994，p.xv.。

[68]Jean Baudrillard，Symbolic Exchange and Death，London：Sage，1976/1993，p.180。

[69]Nancy Gibbs，Rx for Death，Time，May 31，1993，p.34。

[70]Sherwin B. Nuland，How We Die：Reflections on Life's Final Chapter，

New York：Knopf，1994，p.254。

[71]Richard A. Knox，Doctors Accepting of Euthanasia，Poll Finds：Many Would Aid in Suicide Were It Legal，Boston Globe，April 23，1998，p.A5ff。

[72]Ellen Goodman，Kevorkian Isn't Helping 'Gentle Death'，Newsday，August 4，1992，p.32。

[73]Lance Morrow，Time for the Ice Floe，Pop：In the Name of Rationality，Kevorkian Makes Dying--and Killing--Too Easy，Time，December 7，1998，p.48ff。

[74]James Corcoran，Chain Buys Funeral Home in Mt. Holly，Burlington County Times(New Jersey)，January 26，1992。Kathy Finn，Funeral Trends Favor Stewart IPO，New Orleans City Business，September 9，1991，p.23。

[75]Service Corp. International Website：http：// www.sci-corp.com，Holt Hackney。Caskets on the Installment Plan，Trend Magazines，Inc.，Business Dateline，Florida Trend，October 1993(Internet)。

[76]Brian Edwards，Scaring up Profits：Knocking at Death's Door Can Pay Off，Chicago Tribune，October 29，1993，p.15。

[77]Marvin Greene，New Ad Raises Curiosity of Funeral-Home Directors，Louisville Courier Journal，April 12，1994，p.D4。

[78]Ellen McCarthy，Today's Upbeat Funerals：Balloons，Not Boo Hoos，San Francisco Chronicle，September 5，1991，p.32。

[79]Waka Hamada，Aging Society Giving Birth to 'Death' Business，Japan Economic Newswire，September 5，1991，p.C1。

[80]Jim Carlton，A Vancouver Condo Irks the Neighbors, But Nobody Cares，Wall Street Journal，March 8，1991，p.32。

[81]Elizabeth Grice，The Last Show on Earth，The Times(London)，January 11，1992，p.10。

[82]Elizabeth Grice，The Last Show on Earth，The Times(London)，January 11，1992，p.10，11。

[83]Art of Cryogenies：Greatest Probloem Is Not Shattering Frozen Body。Chicago Tribune，September 1，1998，p.7。

[84]Stephen M. Fjellman，Vinyl Leaves：Walt Disney World and America，Boulder，CO：Westview，1992，p.116，418。

[85]Myra MacPherson，She Came to Live Out Loud：An Inspiring Family Journey Through Illness，Loss and Grief，New York：Scribner，1999，p.21。

[86]Lori B. Andrews，The Sperminator，New York Times Magazine，March 28，1999，p.62ff。

[87]Ian Heywood，Urgent Dreams：Climbing，Rationalism and Ambivalence，Leisure Studies 13(1994)：179-194。

[88]Jon Krakauer，Into Thin Air，New York：Anchor，1997，p.xvii。

[89]Jon Krakauer，Into Thin Air，New York：Anchor，1997，p.39，353。

[90]Jon Krakauer，Into Thin Air，New York：Anchor，1997，p.320。

[91]Jon Krakauer，Into Thin Air，New York：Anchor，1997，p.320。

[92]Jon Krakauer，Into Thin Air，New York：Anchor，1997，p.100。

[93]Jon Krakauer，Into Thin Air，New York：Anchor，1997，p.86。

[94]Jon Krakauer，Into Thin Air，New York：Anchor，1997。

第九章

變動世界中的麥當勞化：
是否永無止境？

　　在出生、死亡、以及像爬埃佛勒斯峰一類的向死神挑戰的例子裡，我們已經看到麥當勞化進程裡的巨大動能，但還是有些自然侷限，對麥當勞化進程構成強力障礙。如果在自然界有這些障礙，那麼，在社會以及經濟的世界裡是否也有這些障礙？換言之，有任何事物能夠藉由改變美國，乃至於整個世界的社會與經濟生活裡的諸般事物，來阻止麥當勞化嗎？

　　本章從四個方面討論此一主題。首先是回答這些問題所需的背景：我們會檢視某些驅動麥當勞化進程的重要因素。第二步，我們會檢視麥當勞化的全球效應，並對在地文化（local cultures）是否對麥當勞化構成嚴重的障礙此一問題加以討論。這就是說，麥當勞化在適應世界各地的在地情境時，是否會轉變到無法辨識的地步？如果答案是肯定的，就意味了在地文化的確代表了一種強而有力的障礙，而且它們比較會改變麥當勞化，而不是為麥當勞化所轉變。第三步，我們來看看幾種與麥當勞化的論點背道而馳，或者至少有某部分背道而馳的理論觀念；而這些理論觀念指出有其他社會變遷會反麥當勞化的趨勢而行。最後，我們會直接檢視與麥當勞和麥當勞化兩者的前景相關的議題。兩者是否能無限擴張且以倍數成長？還是將來會有其他正在往前邁進的進程，能減緩，阻止，甚而逆轉這個進程，並導致去麥當勞化（de-McDonaldization）？

驅動麥當勞化的力量：它有效，我們重視它，它吻合

　　我們已經討論過麥當勞化成功的基本原則的吸引力―效率、可計算性、可預期性、與控制力― 但要了解增進麥當勞化的驅力，還有其他三個因素也是很重要的：(1)物質利益，特別是經濟目標和追求的渴望；(2)把麥當勞化自身視為目的的美國文化；以及(3)麥當勞化與社會裡發生的重要變遷相調和。

較高的利潤與較低的成本

　　韋伯會辯稱，在資本主義社會裡，根本上的物質性，或者更明確地說―經濟利益，驅動了理性化。旨在獲利的企業追求麥當勞化，是因為麥當勞化帶來較低的成本與較高的利潤。顯然，更高的效率與非人力科技的運用常被用於提升獲利率。可預期性較大，至少可以提供組織想獲利，以及組織的利潤逐年穩定成長所需的氛圍。對於可計算性的強調，即對於可被量化的事物的強調，有助於做出生產與提升利潤的決策，而且也讓評估獲利率成為可行之事。簡言之，個人與組織從麥當勞化獲利甚豐，結果，他們就野心勃勃地想擴張麥當勞化的適用範圍。

　　儘管非營利組織並不是利潤導向的，但他們也為了物質上的理由而推動麥當勞化。明確地說，麥當勞化帶來較低的成本，這就使得非營利組織得以維持運作，或許還能擴張。

　　有趣的是，某些在俄羅斯或東歐發生的戲劇性變化也可以用這套說法來解釋。這些前共產主義社會向來以無效率、不可計算性、不可預期性而聞名，而且在引介先進科技的時候也相當遲緩（軍事上例外）。因此，這些社會爲嚴重的經濟（與社會）問題所苦，而這些問題也促使它們放棄共產主義，邁向更合理，更具市場觀的經濟。俄羅斯與東歐主要受到改進經濟局勢的願望所驅使，現在正斷斷續續，各有不同地邁向更高的理性化。

爲麥當勞化而麥當勞化

　　雖然麥當勞化的根基是經濟因素，但麥當勞化也已經變成某種爲人渴望的進程，是許多個人與企業所追求的目的本身。許多人變得重視效率、可計算性、可預期性、與控制力；不計它們是否會帶來經濟收穫而尋求之。例如，在速食店用餐或是在家享用微波爐晚餐也許是有效率的，但是這樣做比「有什麼吃什麼」的一餐來得貴。因爲人們重視效率，所以他們願意付出額外的代價。

　　然而，在較爲巨觀的層次上，我們也許可以質疑麥當勞化的合理性（rationality）。對於其他想開麥當勞化機構的企業家而言，這麼做或許在經濟上是合理的；但在社會的層次上，在某些定點集中了如此眾多的麥當勞化機構，在經濟上是否說的通？畢竟，溫蒂漢堡店的漢堡和麥當勞的漢堡也都差不多。因此，麥當勞化在經濟上並不全然有道理。這意味了麥當勞化不能只以物質利益的說法來詮釋。麥當勞化本身就受到重視，而

且也爲其自身所重視。

　　美國人長久以來就重視理性化、效率，和諸如此類的事情；麥當勞正是建立在這套價值體系之上。此外，自麥當勞興起，即一九五〇年代以降，麥當勞（更別提其他無以數計的理性化單位）投資大量金錢和精力說服人們接受其價值和重要性。的確，現在的麥當勞宣稱自己是豐富的美國傳統裡的一部分，而不是像許多人所相信的，是對美國傳統的威脅。許多美國人年輕的時候在麥當勞用餐，和好朋友一起吃漢堡，當他們長大以後則在各種時刻帶孩子去麥當勞，或是去麥當勞和爸媽喝杯咖啡。麥當勞已經透過對這種情感包袱的壟斷，創造出許許多多高度死忠的顧客。儘管麥當勞是建立在理性化原則之上的，其顧客的忠誠度卻既是感性的，也是理性的。因此，麥當勞化的快速進展可能有兩個原因：麥當勞化有合理性的優點，人們也願意對之投入情感。這種投入導致人們忽視了麥當勞的缺點，反倒爲麥當勞化的不斷前進開啓了世界的大門。

麥當勞化和變動社會

　　第三個關於麥當勞化熱潮的解釋是，麥當勞化與在美國社會或是世界上所發生的變遷齧合得很好。例如，單親家庭與外出工作的婦女的數目大幅提高了。比較少人有空去購物，準備材料，煮飯，和收拾杯盤。至少在工作日裡，也比較沒時間（或金錢）在傳統餐館用餐。速食餐的速度與效率與這些現狀配合的很好。其他許多麥當勞化的機構提供了類似的火種。

　　速食模式也在強調機動性（mobility）的社會興盛起來，特

別是透過汽車。美國（與其他地方）的青少年是最可能成為速食店的死忠客戶的人，他們現在也有足夠的理由開車了。除了在大城市都心地區的速食店以外，他們需要車子才能造訪大部分的速食店。

更廣泛地說，速食店適合存在於一個人人喜歡動起來的社會[1]。外出吃麥當勞化的快餐，或是從事任何其他理性化的活動，是和這類社會的要求相應和的：能利用得來速窗口更好，這樣人們就更不需要停下來吃東西了。不論是出差或是度假，旅行人數的增長進一步促進了麥當勞化。縱使是在這個國家的不同地方，旅行中的人也好像喜歡去熟悉的速食店吃他們在家鄉所吃的相同食物。

另一個速食店成功的理由是，伴隨更多閒錢（discretionary funds）而來的，是人口中至少有某個部分的人口逐漸匯聚起來了。人們有多餘的錢可以維持吃速食的「習慣」，也可以常常上速食店用餐。同時，速食店也讓窮人偶爾有機會能吃頓荼尾。

大眾傳媒日漸增加的影響力對速食店的成功也有所貢獻。少了飽和的廣告，以及電視和其他媒體無所不在的影響力，速食店就不會像現在這麼成功。同樣地，像H&R Block報稅公司，Jenny Craig瘦身中心，Pearle Vision Centers眼鏡連鎖店一類的麥當勞化體系所採用的密集廣告有助於打造它們聲名遠揚的成功。

當然，科技方面的改變在麥當勞化體系的成功裡，或許扮演著最重要的角色。最初，像科層制度、科學管理、裝配線、以及裝配線生產系統的主要產品─汽車等科技，都對速食社會的興起有所貢獻。隔了幾年，無數的科技激發了麥當勞化，也

為麥當勞化所激發：自動供水器、超市條碼辨識器、自烹食物、微波爐、水產養殖（aquaculture）、室內養殖場（factory farming）、信用卡與借貸卡、Stair Master健身器材、錄影帶、巨蛋運動場、（籃球運動的）24秒計時器、休旅車（RVs）、提款機、語音信箱、企管醫療保健組織（health maintenance organizations, HMOs）等，族繁不及備載。許多明日科技奇蹟不是從麥當勞化社會不斷擴張的需要中產生，就是協助創造了麥當勞化的新領域。

今日，電腦是對麥當勞化的增長貢獻最力的科技。[2] 由此看來，新興的網際網路的重要性應該加以強調。線上服務之一——美國線上（American on Line, AOL）從一九九五年的三百萬會員增長到一九九九年初的一千六百萬會員。[3] 像入口網站（例如網景（Netscape）和微軟探險家（IE））與搜尋引擎（例如雅虎和Lycos）高度理性化與簡化了上網管道。現今，網際網路便於上手，而數百萬對電腦科技與電腦程式十分無知的人也得以進入網際網路。[4]

全球化與麥當勞化：「吃完就走」或是「沒事晃晃」

本書常常討論到麥當勞化在全世界的擴展。然而，這個議題是這樣的：這種進程是否是冷酷無情的？還是說在這個世界上有足以力拒麥當勞化的制衡力量？關於冷酷無情的論點來自於這麼一些人[5]，他們辯稱麥當勞化是個龐大的，單向的「文

化帝國主義」的進程，這個「文化帝國主義」主要是把美式體系強加在其他國家之上。某一群人站在另一面，斷言麥當勞化體系能迎合在地環境，而且，事實上，在地人還會以各式各樣無法預知的方法改變這些體系。例如，華生（James L. Watson）斷言「東亞的消費者安安靜靜地，有些時候是頑強倔強地，將他們身邊的麥當勞轉變成在地機構。」[6]因此，中國麥當勞是中國奇觀（Chinese phenomenon），一如美國麥當勞是美國奇觀。在日本，某些人把麥當勞想成「日本人建構的米國風（Americana）」。[7]照華生的說法，麥當勞是「跨國」奇觀（"transnational" phenomenon）。麥當勞是「半自主企業的聯盟」[8]，而非鐵板一塊。我們從支持這種立場的證據出發，再轉而討論身爲帝國勢力的麥當勞。

身爲在地奇景的麥當勞

毫無疑問，麥當勞（以及其他麥當勞化體系）迎合在地情境、現狀、和品味。事實上，麥當勞國際（McDonald's International）的總裁聲言，該公司的目標是「『盡可能地變成在地文化的一部分』」。[9]雖然麥當勞的基本餐點在全球各地仍未做更動，但它已經納入這些地方性食物（還有其他地方性食物）：（譯注1.）

◆ 挪威：McLaks—加上蒔蘿醬，由全麥麵包做成的燻烤鮭魚三明治。

◆ 荷蘭：Groenteburger-蔬菜漢堡。

◆烏拉圭：McHuevos-加荷包蛋的漢堡。

McQuesos-烤起司三明治。

◆日本：龍田醬（Tatsuta）燒雞三明治－加上萵苣與芥末美乃滋，並以豆　醬與薑調味的燒雞。

◆菲律賓：麥義大利麵（McSpaghetti）－淋上蕃茄醬或肉醬，加上法蘭克福香腸丁。[10]

◆俄羅斯：Pirozhok-馬鈴薯、磨菇、與起司派。[11]

在英國，麥當勞推出「烤瑪烙餅麥香雞」（McChicken Korma Naan）與「麥辣羊」（Lamb McSpicy）[12]來迎合這個國家對印度食物漸漸滋長的熱愛。當然，麥當勞不是唯一一家提供符合當地口味與喜好的食物，花功夫迎合當地的店家。例如，在以色列過逾越節的時候，必勝客賣的是不含發酵餅皮的披薩，而肯德雞烤雞沾的是烤肉醬，而非麵包粉。麥當勞也不落人後，推出以未發酵的麵包為裹粉的麥克雞塊。[13]

麥當勞靠著迎合在地環境而經營分店。

• 在北京的菜單和在美國的是一樣的，但其食物通常是當成點心吃，而非正餐。除了把食物當成點心之外，北京的消費者（其他國的消費者也一樣）常常閒晃個把鐘頭，而不是盡快吃完便走人，也不是帶著食物離開得來速窗口。也許最大的差異在於，在北京，麥當勞把自己當成在地公司，是一個可以「沒事晃晃」和辦辦慶祝會（如小孩子的生日派對）的地方，而不是個快進快出的地方。每家分店雇了五到十位女性客服人員；這些「麥當勞阿姨」[14]（Ronald McDonald在台灣稱為「麥當勞叔叔」）主要是照顧小孩，並與家長溝通。[15]

‧正如同在北京一樣，香港的麥當勞是更人性化的環境，顧客消費的時間是美國人用餐速度的兩倍。這是青少年下午三點到六點閒晃的地方，而麥當勞也不限制用餐時間；這裡的麥當勞感覺更像「家」。[16]這裡的員工不常對顧客微笑。他們倒是表現出這個文化所重視的特質—「幹練、直接、鎮定」。[17]在香港麥當勞用餐的人並不清理它們的殘渣菜屑。此外，餐巾紙一次只發一張。因為如果餐巾只是放在公共紙盒裡，馬上就會消失不見。（譯注一）

‧在台北，麥當勞也是青少年閒晃的地方。一般說來，麥當勞被當成家以外的家；這地方「熟悉而又本土化」。[18]同樣的顧客一再光顧，和店方就熟識了。

麥當勞（與其他許多麥當勞化體系）適應的能力有助它在海外大發利市。但如果麥當勞迎合過頭了—放棄了標準化的食物和經營方法[19]，並因此失去認同和一致性—那將會損害麥當勞達到世界性成功的源頭。如果世界各地的在地麥當勞都各行其是，它們會不會不成其為麥當勞？這樣迎合在地會不會最終損害了，或者摧毀了公司本身（至少是公司的國際業務）？

身為文化帝國主義代理人的麥當勞

至少在某個程度之上，麥當勞化體系必須加以標準化。因此，它們在某種程度上，不可避免地必須將自身強加在其他社會裡的在地市場。雖然麥當勞會用各種方法迎合當地現狀，但基本上，其基礎菜色和基本操作程序在世界各地都是一樣的。

在國際戰場上，這種標準化體系的巨大擴張是文化帝國主義的跡象。然而，在許多方面，單單是其他國家裡的標準化的美國連鎖店的生存，並不是麥當勞化的擴張的最重要指標；這反倒是這些麥當勞化企業的本土複製品。畢竟，美國舶來品的出現可以僅僅只是一種孤立而浮面的要素的展現，並不代表這個文化裡有什麼改變。但是本土版本的出現的確反映出這些社會所經歷的變遷，一種真正的麥當勞化。

　　下述例證反映了麥當勞改變在地餐館的力量：

　　• 麥當勞在俄羅斯的成功[20]，導致了像Russkoye Bistro一類的本土企業的發展。Russkoye Bistro有超過一百家的分店，每日服務三萬五千到四萬名顧客。Russkoye Bistro代理董事長說：「如果麥當勞沒到我們國家，那我們就不會在這裡」。[21]他進一步說，「我們必須創造合於我們生活方式和傳統的速食…我們視麥當勞為大哥……我們需要從他們那兒學很多東西。」[22]

　　• 在北京，榮華雞與香妃烤雞模仿肯德雞。北京速食公司已有一千家販售當地特產的地區性餐廳以及街頭攤位。某幾家公司的經理曾經是肯德雞或麥當勞的員工，他們在那裡學到基本的管理技術。即使是「北京最知名的」餐廳─全聚德烤鴨店─也在1993年將其管理人員送去麥當勞，並於1994初年推出「烤鴨快餐」。[23]

　　• 在日本，麥當勞最大的競爭者是摩斯漢堡（有一千五百家分店），該店供應「盛上肉與辣醬的肉餅狀混合物的麵包」。[24]其母公司也以不同的名字經營其他連鎖店，如有一百六十一

家（還有兩家在中華人民共和國）中華麵連鎖店的綺麗麵亭；有八十二家分店的Naka卯（米與日本麵），以及在加州有四家分店的日式麵店Mikoshi（神輿）。[25]

• 在漢城，麥當勞的競爭對手包括了喬叔叔漢堡（Uncle Joe's Hamburger）（高麗泡菜漢堡的發明者，漢堡裡加的是由辣味醃高麗菜所做的當地佐料[26]）以及美國風（Americana）。[27]

麥當勞除了刺激在地餐館求變以外，還對整個社會的風俗造成威脅：

◆ 當英國父母依然稱爲chips（炸洋芋條）的東西，英國小孩稱爲french fries（薯條）。[28]（譯注2）

◆ 在韓國（與日本），在麥當勞用餐的個人主義威脅到米食的共享主義（commensality），米食是在一個公用大鍋裡煮好的，再一碗一碗分盛。

◆ 在香港，跟在美國一樣，麥當勞將兒童轉型成顧客。剛到這個城市的僑民，其旅程的終點是麥當勞。其意義明顯不過：香港可以提供的最佳事物就是麥當勞。[29]

◆ 在日本，麥當勞被描述成新的「在地」奇觀。某位日本童子軍訝異地發現芝加哥也有麥當勞；他還以爲麥當勞是日本公司。[30]

正如同在地居民漸漸把麥當勞和麥當勞化體系視爲他們所固有的，麥當勞化必然會更爲深入地將自己嵌入世界各地的文化之中。[31]例如，禁止站著吃飯的傳統日本禁忌已經被速食店削弱了。同樣在某個程度上遭到顛覆的，還有禁止直接以嘴就

杯碗而喝水的文化束縛。禁止以手就食的規範維持的比較好（日本人一般將漢堡包在手帕裡食用，以免雙手直接碰觸食物）。儘管如此，麥當勞改變了牢牢維繫的規範，這一事實就是麥當勞化影響深遠的證據。

　　文化帝國主義是實情，但文化帝國主義對所有國家的影響力不可能都一樣。例如，不像其他亞洲地區，韓國有很長的反美歷史（伴隨著親美感受），也會畏懼泛美主義（Americanism）摧毀韓國的自我認同。因此，我們可以預期，麥當勞化在那兒所受到的反對會比在大多數國家多很多。

　　撇開麥當勞化對在地風俗帶來的負面效應不論，我們不應忘記麥當勞化體系為這些風俗帶來的進步。例如，在香港（以及在台北），麥當勞擔當了催化劑的角色，促使該城裡其他許多餐館的衛生狀況得到改善。

　　此外，麥當勞化偶爾也促成在地傳統的復甦。例如，雖然速食店在台北大量興起，但它們激發了本土食品傳統的復興（revival），例如吃檳榔（betel nut）。（譯注3）更普遍地說，巴伯（Benjamin Barber）在著作《聖戰vs.麥世界》（Jihad vs. McWorld）裡辯稱，麥世界的擴張帶來了全然反對麥當勞化的，在地的基本教義運動（聖戰）。[32]然而，巴伯最後下結論，認為麥世界將會勝過聖戰。他說，為了要取得大規模的成功，基本教義運動必須開始運用麥當勞化體系（如電子郵件，網際網路，電視）。

全球化對美國化

在討論文化帝國主義以及在地適應的問題時，我們觸及了最近社會科學關於全球化（globalization）問題的爭議。全球化理論家辯稱，焦點應放在全球化進程，而非在特定國家內產生的全球化。[33] 在過去，整個西方，特別是美國，常常被視爲是世界其他地方的楷模。之前的理論化也試圖強調西方進程對世界其它地方的影響，特別是這些地方的文化的同質化（homogenization）。

全球化理論家辯稱，一般民族國家（nation-state），特別是美國，再也不像以前那麼重要。獨立於任何特定國家的全球化進程，其重要性遠大的多。例如在全球化金融世界裡，「金融流動」（finanscape）牽涉到「千百萬元在一眨眼的時間裡，就透過國際轉帳管道而運動」。[34] 另一個例子是「人口流動」（ethnoscape），也就是大量人口藉由旅行，在世界各地移動。除這一類的獨立進程之外，全球化理論家也辯稱，各式各樣的出口朝不同的方向移動。因此，他們強調這麼一個事實：不是只有美國才出口麥當勞化企業，其他國家也將麥當勞化企業出口到美國。

但這依然是事實：大多數的麥當勞化體系是將美國創造的產物出口到世界其他地方的。一如傅立民（Friedman）所說：「全球化有張明顯帶著美國味的臉：它戴著米老鼠的耳朵，吃著麥香堡，喝可口可樂或百事可樂，用IBM或蘋果電腦做計算，使用視窗98，配上英特爾（Intel）的奔騰II處理器，以及用思科（Cisco）系統的網路連線。」[35] 所以，麥當勞對日本的衝擊

大過摩斯漢堡對美國的衝擊無限多倍。事實上，隨著共產主義和有別於美式資本主義的其他大規模出路的逝去，世界較已往更傾向於接受這些進程。主要的反對來自在地的層次，而這種努力能有多成功，還有待觀察。

某位全球化理論家辯稱：「今天全球互動的中心問題，在於文化同質化與文化異質化之間的緊張關係。」[36]大多數全球化理論家爭辯，我們是否目睹了更高度的異質化（麥當勞化體系在世界各地蔓延，則朝向同質化）。全球化理論家指明，他們所稱的，在地層次的混同化（hybridization），象徵了文化帝國主義的界線。例子有：「阿姆斯特丹的摩洛哥女郎打泰國拳，倫敦的中文雷鬼音樂，愛爾蘭的培果麵包，美國的中國玉米餅和狂歡節印地安人。」[37]事實上，當然也可能兩件事都是真的。我們可以在生活的某些層面有著更高度的同質化（比如，透過麥當勞化），而在另一些層面有著更高度的異質化。同質化與異質化的共存，在「全球在地化」（glocalization）概念中尤其明顯，全球在地化反映了全球與在地之間的複雜互動。[38]也許華生對香港所做的分析是對的，他辯稱：「再也不可能區分在地與非在地的東西了。在香港，跨國的就是在地的。」[39]但如果他是對的，那也是因為麥當勞化體系已經深深地滲進了在地生活。許多對在地的迎合並不意味著同質化沒發生。

麥當勞化的論題傾向支持美國化（Americanization）的理論，而非全球化的理論。畢竟，美國不僅是麥當勞的母國，也是其他許許多多促成麥當勞化的關鍵力量的母國，這種麥當勞化的進程是主動輸出到世界其他地方的。約莫四十年前，威廉士（Francis Williems）寫道：「美國的侵略正在世界各地上演

著：美式思考，美式方法，美式風俗，美式飲食、衣著習慣，美式娛樂，美式社會模式，美式資本。」[40] 從這個角度看來，麥當勞（以及麥當勞化）只不過是一長串被其他文化視為威脅的美國輸出品—可口可樂、MTV、迪斯奈、哈佛商業技術學院—之一。實際上，法國在一九四〇年代就曾就可口可樂的重要性引發爭議：法國人害怕「可口可樂殖民」（coca-colonization）。[41]

然而，時至今日，麥當勞和麥當勞化代表了對其他文化的獨特威脅。第一點，他們不比其他美國出口品，他們對企業組織方式，以及人們過日常生活的基本方式都有所衝擊。第二點，他們代表一組可以和其源頭（麥當勞的源頭，或者廣義地說：美國社會）全然無涉的原則。一但這些原則從其源頭抽離，並隨後重新嵌入本土結構的時候，想要認出它們是源自麥當勞或美國，終歸是件困難或不可能的事。結果，將麥當勞化當成外來輸入品而反對變的不可能，正如要激發反美情緒來對抗麥當勞化的所有面向也是不可能的。就算其他文化消費了，買了可口可樂—像是一間麥當勞分店，或是麥香堡，或是類似的東西，可口可樂也只是某種保留了美國身份的產品。相反地，作為一種進程的麥當勞化，可以脫離其特定的物質外貌，並侵入任何一家在地機構。當然，這不是單憑麥當勞化一己之力就辦得到的。看到麥當勞化有利可圖的企業家迫切地想把這套原則運用到不同背景的國家裡。

這一點把我們帶回華生的論證：辨別全球與在地是越來越不可能的了。這或許言之成理，但至少在某部分，這也是因為麥當勞化的原則離其根源越來越遠，變得更加融入在地機構與

在地文化所致。

一些另類觀點：「後」時代的速食

　　我在本書裡，把麥當勞化呈現為在現代世界裡的中心進程。然而。許多當代觀點－特別是後工業主義（post-industrialism）、後福特主義（post-Fordism）、與後現代主義（postmodernism）－論道：我們已經遠離現代世界，移向一個全新的、完全不同的世界。這些觀點隱然指出，，像麥當勞化一類的「現代」現象會因此而馬上就消失。我仍持著這種看法：麥當勞化與其「現代」（還有工業化（industrial）與福特主義（Fordist））特質不僅在可見的將來存在，也會加速影響社會。雖然重要的後工業主義、後福特主義、與後現代主義潮流也發生了，但某些與這些觀點相關的思想家急著宣布現代性的終結，至少是有一幅麥當勞化外貌的現代性的終結。

後工業主義與麥當勞化：「複雜化」與「簡單化」

　　在所有辯稱人們已經工業社會移到新的，後工業的社會的人之中，最重要的當屬貝爾（Daniel Bell）。[42]貝爾主要辯稱，社會的焦點，已由貨品的製造轉移到勞務供給（providing service）。在五十或七十五年前，像鋼鐵和汽車一類的貨品製造業，主導了美國的經濟。然而，在今日，經濟是由健康照護或速食一類的勞務所主導的。貝爾也點出新科技的興起，知識的

增長，以及資訊處理。他觀察到，專業人士、科學家、技術人員無論是在重要程度或是在數量上都增加了。其含意在於：社會由具有創造性知識的工作者所主導，而非由麥當勞化體系裡，墨守成規的雇員所主導。

然而，在麥當勞化社會裡頭，佔核心地位的低階服務業並沒有消失的跡象。事實上，它們還擴張了。重要的是，麥當勞化還建立在工業社會，特別是科層化、組裝線、與科學管理的想法和體系之上。在許多方面，社會當然是後工業化的，而知識工作者也變的越來越重要。但麥當勞化的普及表明：某些工業社會的面向還會存在好一陣子。

海格（Jerald Hage）和包爾斯（Carles Powers）在《後工業生活》（Post-Industrial Lives）一書中倡言後工業論點。[43]他們聲稱新的後工業組織已經興起，並與古典工業組織和其他組織形式共存。後工業組織有許多特質，包括打平科層差異、組織界線模糊、整合更佳，更不分殊化的組織結構、不照規章來的行為增多了、還有，雇用政策強調未來雇員的創意。相較之下，麥當勞化的組織一直都是科層分明的（hierarchical）、雇員與經裡的行為死守規章、在多數工作進行雇用時，創意是最不被重視的一點。海格和包爾斯認為，「任務再明確不過，技術層次簡單，和時常重複」的工作將會被自動化技術所終結。[44]在重工業裡，許多這類型的工作已經被終結了，但這類型的工作在麥當勞化的組織裡卻漸漸成長。[45]後工業化組織也包含了量身訂做的工作和產品，但在麥當勞化的環境裡，標準化的工作（每個人都遵守相同的程序，腳本）和均一化的產品才叫標準。毫無疑問，後工業組織正在崛起，但同時，麥當勞化組織

也在擴增。現代社會承受著兩套不同的組織發展。

海格和包爾斯想像著社會整體的廣泛變遷。強調的是創造性的心靈、複雜的自我、與具有這些特質的人的溝通。他們辯稱「複雜化（complexification）將是後工業社會廣泛存在的社會變遷模式。」[46]儘管現代社會的某些層次和這種形象吻合，麥當勞化要的是沒有創造力的心靈、簡單的自我、和由腳本和例行公事主導的最低層次的溝通。麥當勞化強調「簡單化」，而非「複雜化」。

總而言之，後工業化論點並沒有錯，但較許多後工業化論點的信徒所相信的，還是比較有限。後工業化與麥當勞化共存。後者非但沒有消失的跡象，而且，事實上，其重要性還戲劇化的增加了。我的論點是：在不同的經濟部門與更大的社會裡，複雜化與簡單化兩者都會很流行。

福特主義和後福特主義：或者這是麥當勞主義？

一個相近的議題跟馬克思主義思想家有關，他們宣稱企業已經從福特主義過渡到後福特主義。福特主義自然是指福特（Henry Ford）大量採用的想法、原則、和體系。

福特主義有許多特質：

• 同型（homogeneous）產品的大量生產。雖然今日的汽車跟T型福特原型車相比有許多變化，但大體還是同型的。至少汽車的樣式是同型的。事實上，福特於一九九五年在美國推出所謂的世界車（如康拓（Contour）），也就是可以銷售到所有

世界市場的車。

• 不變科技，如組裝線。除了改變組裝線，特別是瑞典的富豪汽車所做的實驗以外，今日的組裝線和福特那個時代的組裝線看起來都差不多。

• 標準化工作程序，又稱泰勒主義。把引擎蓋裝配至汽車上的人一再重複同樣的工作，每次所用的方法都相去不遠。

• 為增加產量所下的功夫。產量的增加來自「規模經濟，以及勞動的非技術化、密集化、與均質化。」[47] 規模經濟（economy of scale）意指：生產大量產品的大工廠可以比生產少量貨物的小工廠製造單價更低的產品。非技術化（deskilling）意指：如果有許多工人做不太需要，或是根本不需要技術的工作（如將引擎蓋組到汽車上），而不是像過去一樣，由一小群有高明技術的勞工包下全部工作的話，則產量提高。密集化（intensification）意指：生產過程要求越重越快速，則產量越高。勞動均質化（homogenization of labor）意指：每位勞工做同樣高度分殊化的工作（如引擎蓋），使得勞工彼此可以互相替代。

• 大量製造單一項目的市場。這種市場跟消費型態的同質化有關。在汽車業，福特主義帶來一個全國性的汽車市場，在這個市場裡，地位相似的人買相似（如果不是完全相同）的車子。

雖然福特主義在二十世紀逐步成長，特別是在美國，福特主義在一九七○年代達到高峰，並隨即衰退。一九七三年的石油危機，以及隨之而來的，美國汽車業的衰退（還有日本同業

的崛起），是福特主義衰退的首要因素。

　　許多人辯稱，福特主義的衰退伴隨著後福特主義的興起，而後福特主義有一些明顯的特質：

　　‧大量生產的利益降低，注重量身訂做與專門製作的產品的利益逐漸成長。式樣與品質特別受到重視。單調，千篇一律的產品不再走紅，人們要的是一眼就可以認出的，夠炫的產品。[48]後福特主義的顧客願意為了較高的品質付出更多的錢。

　　‧更短的生產流程。後福特主義社會所要的特殊產品要更小更有生產力的體系。生產單一產品的大工廠被生產多樣產品的小工廠替代了。

　　‧彈性生產（flexible production）。在後福特主義的時代，新科技使得彈性生產有利可圖。例如，可以重寫程式以便生產不同產品的電算裝置，取代了舊式，單一功能的科技。這種新的生產過程是由更具有彈性的體系所掌控的─一如更具彈性的管理形式。

　　‧能力更佳的工人。後福特主義體系對工人的要求比對早期工人的要求來得多。好比通人需要更多樣化的技能與更好的訓練，以掌握更困難更複雜的技術。這些新技術需要能盡更多責任，操作上具有更多自主性的工人。

　　‧更大的差異。正如後福特主義的工人變的更加不同，他們逐漸希望擁有更與眾不同的商品，生活形態，與文化管道。易言之，工作場所日漸分化（differentiation），導致整個社會更為分化。其結果是顧客更多樣化的需求造成工作場所進一步的分化。

雖然後福特主義的要素從現代世界產生，但老式的福特主義，其要素仍然存在，而沒有消失的跡象；福特主義沒有明確的歷史分期。事實上，「麥當勞主義」這種明顯與福特主義有著許多共通點的現象，在當代社會正以驚人的腳步成長。麥當勞主義與福特主義共享下列幾件事：

- ◆ 同型的產品主導了麥當勞化的世界。麥香堡，加蛋滿福堡，與麥克雞塊在不同時間不同地點都是一樣的。
- ◆ 遍行於速食業的，像漢堡王一類的輸運系統，以及薯條和飲料機等科技，就像福特的生產線系統一樣牢不可破。
- ◆ 速食店的例行工作是高度標準化的。甚至員工和顧客所說的話也是例行公事化的。
- ◆ 速食店的工作是非技術化的：很少需要，甚至不需要能力。
- ◆ 員工是同質化的，彼此可以互相替代。
- ◆ 顧客的行動與要求也被速食店的需要同質化了。別想叫個特製的漢堡；吃什麼和怎麼吃都被麥當勞化給同質化了。

因此，雖然福特主義已經轉型為麥當勞主義了，但它在現代世界仍是生生不息而又興盛的。進一步說，古典福特主義—如組裝線式的福特主義—在美國經濟仍然是重要的圖景。

後福特主義，和福特主義／麥當勞主義並存。然而，麥當勞的基本信念之一：對量的利益的強調，相對忽視了質的利益；看起來和後福特主義對高品質產品的生產和銷售的強調有

所矛盾。如果實情如此，是否可能將高品質產品加以麥當勞化？在某些情況下—如高級料理或是技術高超的麵包師傅做出來的麵包—品質是不能麥當勞化的。但在其他情況下，品質和麥當勞化不見得彼此不合。拿星巴克咖啡為例。[49] 星巴克高價出售高品質咖啡（至少跟大部分美國咖啡比起來，特別是在麥當勞和相似的環境裡所賣的咖啡比起來，的確如此）。星巴克咖啡可以將咖啡業麥當勞化，而不犧牲品質。在服務品質方面，麥當勞和星巴克咖啡的複雜度相若，但後者自覺地尋求克服麥當勞化體系所產生的問題。星巴克咖啡的創辦人說：

> 在美國，服務是一門失傳的技藝。我認為人人都有心把工作做好，但如果待遇太差，他們的服務就打折了……在美國，櫃臺後的工作並不被視為專業工作。我們不信這套。我們希望給我們的人提供尊嚴和自尊，但口惠而實不至是辦不到這點的。所以我們提供具體的利益。一般零售速食業的耗損率是一年百分之兩百到四百。但在星巴克咖啡，耗損率是百分之六十。[50]

既然服務不只是泡泡咖啡了事，那麼星巴克咖啡是否能在擴張和持續的基礎上提供高品質的服務，就值得研究一下了。

後現代主義：我們是否在超空間裡浮沈？

從一個更廣泛的，我們名之為「後現代主義」[51] 的理論角度來看，我們進入了，或正在進入，一個代表了與現代社會

（modern society）有著根本斷裂的，新的後現代社會；後現代性（postmodernity）承繼而又增補現代性。（modernity）。現代社會被視爲高度理性化的以及僵化的社會，而後現代社會被視爲理性化程度較低，非理性的，和更有彈性的社會。若從後現代性是現代性後繼者的角度來看，後現代社會理論被視爲與麥當勞化的論點對立：認爲非理性逐漸增長的看法，是和認爲合理性逐漸增長的觀點互相矛盾的。如果我們已經實質邁入了後現代時期，那麼，麥當勞化就會面臨強而有力的反對勢力。

然而，較不基進的後現代思潮走向能讓我們觀察到麥當勞一類的現象的現代與後現代特質。[52]因此，當謝爾敦（Allen Shelton）把麥當勞與後現代主義串連起來的時候，他也把麥當勞與各種我認爲是屬於現代主義（以及企業主義和福特主義）的現象結合起來。例如，謝爾敦指出絕佳的論點，認爲麥當勞成功地讓顧客自動化了。也就是說，當顧客進入速食店或是把車開往得來速窗口時，他們進入了某種自動化體系裡；他們依這種自動化體系之命行事，而當他們「重新加油」以後，又從這種自動化體系彈離。因此，照謝爾敦的觀點，麥當勞看起來比較像是工廠，而非餐飲店。然而，麥當勞「對顧客來說，不是剝削勞力的工廠，而是一間高科技工廠。」[53]因此，從後現代主義觀點看來，麥當勞既是現代也是後現代圖景。

哈維（David Harvey）也提出了溫和的後現代主義論據。哈維觀察到社會的重大變遷，並論道，這些變遷是建立在後現代思想的基礎之上的。但他也看到了許多現代性與後現代性間的承續關係（continuities）。他的主要結論是：「雖然一九七三年以來的資本主義表象已經有了廣泛的改變……但資本主義積

累（accumulation）的邏輯與其發生危機的傾向仍然保持不變。」
[54]

時空壓縮（time-space compression）的觀念在哈維的論據裡具有核心地位。他相信現代主義同時壓縮了時間與空間，加快了生活的腳步，並且讓地球縮小；而此一進程在後現代時期加速了。但資本主義的初期基本上都是一樣的：「簡言之，我們在透過時間而消滅空間的進程裡，業已目睹了另一次總是位於資本主義動力的核心的殘酷循環。」[55]因此，對哈維來說，後現代性與現代性並非是斷裂的，兩者都反映了同一種內在動力。

有個例子可以反映麥當勞化世界裡的空間壓縮：過去只有在外國或大城市裡才能吃到的食物，現在，在美國境內，隨時隨地都吃得到了；這是因為供應義大利，墨西哥，或Cajun族食物的速食連鎖店擴張的緣故。這是一個時間壓縮的例子：之前要花上好幾個小時準備的食物，現在只要在微波爐裡放個幾秒鐘，或是花幾分鐘在易食（Eatzi）超市食品專賣店購物即可。

時空壓縮在其他方面也很明顯。例如，在一九九一年對伊拉克的戰爭中，或是一九九九年北約對南斯拉夫的攻擊裡，電視（尤其是CNN）瞬間將觀眾從某個地方移動到另外一個地方——從巴格達空襲，到特拉維夫的飛毛腿飛彈攻擊，再到利雅德的軍事簡報會議；從在科索沃流浪的數千名可憐的難民，到北約對貝爾格勒的飛彈攻擊，再到憤怒的塞爾維亞人藉由攻擊當地的麥當勞。觀眾和將領與美國總統同時得知許多軍事進展。

最廣為人知的，將現代性與後現代性連結起來的論據，出自詹明信（Fredric Jameson）的論文（後來集結成書）：《後

現代主義，即晚期資本主義的邏輯》（Postmodernism, or the Culture Logic of Late Capitalism）。[56]這個標題明確地表明詹明信的馬克思主義立場，認為現在正處於「晚期」的資本主義（著當然是一個「現代」現象）依然支配了今日世界。然而，資本主義現在衍生了新的文化邏輯─後現代主義。換言之，雖然文化邏輯可能會變遷，但在底下支撐的經濟結構仍然延續了早先的資本主義形式：也就是說，經濟結構仍然是「現代的」。尤有甚者，資本主義持續搞它的老把戲，衍生出某個文化體系來幫助它維持自己的生存。

晚期資本主義涉及「資本入侵迄今尚未商品化的領域的巨大擴張」。[57]詹明信不僅將這種擴張視為與馬克思主義理論一致，還認為這種擴張創造了資本主義更純粹的形式。對詹明信而言，現代資本主義的關鍵在其跨國性格，以及跨國公司（如麥當勞）將產品大量轉變為商品的事實。即使是常常被人們跟文化聯想在一起的美學要素，也已經被轉化成在資本主義市場裡可以買與賣的商品（例如藝術）。結果，極端不同的要素造就了新的後現代文化。

詹明信對後現代社會的印象有五個基本要素，每一個要素都可以牽連到社會的麥當勞化：

與晚期資本主義的關聯。毫無疑問，麥當勞化可以與早期資本主義的形式扣連起來。例如，麥當勞化是由與資本主義密切相關的物質利益所推動的。但麥當勞化也是晚期資本主義的多國性質（multinationalism）的例子。許多麥當勞化的企業是多國企業，其主要成長是在世界市場裡發生的。

淺薄性（Superficiality）。後現代社會的文化產品並不挖掘潛藏其下的意義。安迪‧沃荷（Andy Warhol）關於康寶濃湯罐頭的名畫就是一個好例子，這幅畫除了完美地再現了（represent）這些罐頭以外，就沒什麼要表達的了。用某個後現代理論的關鍵詞來說，這幅畫是個擬像（simulation）（參照以下進一步對這點所做的說明），人們無法在擬像中區辨原版與複製品。擬像也是對複製品的複製。據說沃荷不是依照罐頭本身畫他的濃湯罐頭的，而是照著這些罐頭的照片來畫的。詹明信把擬像描述為「其原版不曾存在，卻彼此相同的複製品。」[58]根據定義，擬像是淺薄的（浮面的），非本真的（inauthentic）。

　　一個麥當勞化的世界的特質，就是這種淺薄性。人們在麥當勞化的體系進進出出，卻不受其影響；好比顧客與麥當勞、麥當勞員工、以及麥當勞產品維持著游移而浮面的關係。麥當勞的產品也是說明擬像精彩例子。每一塊麥克雞塊都是對複製品的複製，並沒有原版麥克雞塊存在。而其原版：雞，在麥克雞塊裡幾乎看不出來。麥克雞塊是「冒牌雞」。

　　情感或效應的衰退。詹明信將沃荷的另一幅畫，一幅近似照片的瑪麗蓮夢露再現；與一幅現代派經典畫作－孟克（Edvard Munch）的《吶喊》（The Scream），兩相比較。孟克的超現實主義畫作呈現了一個陷入痛苦深淵的人，或者用社會學的術語，一個陷入失範（anomie）或異化（alienation）的人。相對的，沃荷關於瑪麗蓮夢露的畫並沒有表達真正的情感。後現代主義者會斷言，現代社會導致了孟克所描繪的異化，但在沃荷所描繪的後現代社會裡，破碎化（fragmentation）似乎取代了異化。既然世界與世界中的人已經變的破碎了，殘留的情

感就「隨意浮動，不帶個人色彩」。[59]不過，有種奇異的幸福感（euphoria）和這種詹明信稱之為「官能刺激」（intensities）的後現代感受相關。例如，他把呈現了這麼一幅寫實照相（photorealist）般的都市景觀：「在此，甚至連汽車殘骸都閃爍著某種新的似幻似虛的光彩。」[60]將幸福感建立在都市廢棄區的汽車殘骸之上，真的是一種奇異的情緒。[61]

明顯地，在麥當勞化的世界裡，情緒和情感的真誠表達幾乎是無影無蹤了。在麥當勞，顧客、員工、經理、與所有者的情緒聯繫很少，甚至沒有。公司努力消弭真誠的情緒，以便盡可能流暢地，合理地運作。麥當勞化的世界也是破碎化的世界：人們今天去麥當勞，明天去 Denny's，後天去必勝客。雖然麥當勞化的世界裡的異化，特別是員工的異化，反映了現代世界；但麥當勞也提供了詹明信所描述的隨意浮動的情感。人們也許會對麥當勞化的世界感到憤怒或產生敵意；但他們並不總是知道該向誰發脾氣或是宣洩敵意。[62]畢竟有太多事物都經歷了麥當勞化。在麥當勞化的世界裡，除了缺乏情感以外，人們常常會經歷某種官能刺激，也就是在他們進入其領域的時候所感受到的幸福感。明亮的燈光、俗豔的顏色、五顏六色的標誌、兒童遊樂場，以及種種類似的一切，都讓遊客有種感覺，認為他們到了某個遊樂場，也該享受一下歡樂時光了。

歷史感（historicity）的喪失。後現代主義者斷言，史家無法找到關於過去的真理，甚至要說出將過去講成一個前後一致的故事也辦不到。所以他們必須滿足於把對於過去的看法塑造成一幅拼貼畫（pastiche），或是一盤雜燴，有時還會自相矛盾或啟人疑竇－也就是「對所有過去風格的任意拼合」。[63]尤有

甚者，在後現代世界裡，沒有明確的歷史漸進與時光流逝感。
過去與現在彼此糾結而密不可分。例如，多克特羅（E. L.
Doctorow）的歷史小說《襤褸時代》（Ragtime）（譯注四）呈現
了「歷史參照對象的消失。這本歷史小說並不再現歷史上的過
去，而是「再現／表述」了我們對過去的看法或是刻板印象。」
[64]另一個例子則是電影《體熱》（Body Heat），這部片內容顯然
是關於當下的，但它塑造了一種令人懷想起一九三○年代的氛
圍。爲了要這麼做：

> 現今的物世界（object world）—物品與裝備，甚
> 至汽車，它們的款式可以反映某個時代的意象—被悉
> 心刪掉了。因此，這部電影裡的所有事物，共同模糊
> 掉電影表面上的當代特質，讓你在歷史時間之外，接
> 受這個彷彿設定在永恆的三零年代的故事。[65]

這樣的電影或是小說是「我們的歷史感蒼白無力的徵候。」
[66]無法對過去，現在，與未來加以分辨，顯示了個人層次上的
某種精神分裂。對後現代而言，事件支離破碎，斷斷續續。

一般麥當勞化體系也都缺乏歷史感。人們覺得自己身處在
這麼一個環境：不但不能歷史性地，精確地定位自己；還呈現
了不同歷史時期的拼貼。關於拼貼的最佳例證是把過去，現
在，與未來混雜成一團的迪斯奈樂園。而身處麥當勞化的環境
的觀光客極可能會缺乏時光流逝的感覺。有許多例子顯示，這
類體系的設計者意圖移走時間的參照對象。最佳的例子是購物
中心與拉斯維加斯賭場，在它們兩者裡頭都看不到時鐘或窗
戶。然而，麥當勞化世界的所有面向並非都創造了這種無時間

感，這點顯示了它們延續不斷的現代性。對於那些選擇去速食店用餐的人來說，時間顯得相當重要（例如二十分鐘的用餐時間一到，會有提醒裝置），以免他們在店內逗留。另一方面，得來速窗口看起來像是一張永恆的網絡，一個窗口一個窗口聯向無窮無盡的銷售點。

再生產（複製）科技（Reproductive technologies）。詹明信辯稱，像汽車組裝線一類的後現代科技，已經被再生產（複製）科技，尤其是像電視或電腦一類的科技，所取代了。也就是說，後現代科技一再生產之前所生產的東西。不像之前工業革命的「令人興奮」的科技，這些新科技將所有影像平板化，並且使得每個影像與其他影像難以區辨彼此。從這些後現代時期的「內爆」（implosive）科技誕生了一些和現代時期的外爆（explosive）科技十分不同的文化產品。

雖然麥當勞化體系的確利用了某些舊式的生產科技（如組裝線），但它們還是為再生產科技所支配。在本書第二章，筆者討論了速食店如何複製長久以來就有的產品、服務、和科技。他們製造的產品平板而沒有特徵—那就是麥當勞的漢堡和服務（櫃臺人員所採用的事先編好的互動方式）。

總而言之，在詹明信所提出的後現代性意象裡，人們浮浮沈沈，無法掌握多國資本主義體系，或是呈爆炸性成長的科技，或是他們所寄居的商品市場。詹明信以知名後現代建築師波特曼（John Portman）所設計的，位於洛杉磯的邦那凡旅館（Hotel Bonaventure）作為例證。人們在旅館大廳內無法找到方向，這就是詹明信所稱的超空間（hyperspace）的例子，這是一個現代空間觀念無法幫助人們定位自己的區域。這座大廳由四

座全然對稱的住宅塔樓所環繞。事實上，因為人們難以在原先設計的旅館大廳找到方向，所以整個旅館必須加裝識別與方向標誌。

旅客在邦那凡旅館所面對的情境是一種隱喻：世人無法在晚期資本主義的多國經濟與文化爆炸找到自己的方向。他們所需要的是新的地圖。對於這種地圖的需求，反映了詹明信觀點：人們已經從一個為時間所定義的世界，移動到一個為空間所定義的世界。超空間的概念和邦那凡旅館大廳的例子，真正反映了空間對後現代世界的支配性。因此，對詹明信而言，今天的中心問題在於人們喪失了在後現代空間定位自己以及繪製這個空間的能力。

相似地，當既有環境的內部被明確地標示，並充滿了熟悉感，整個麥當勞化的世界就失去方向，難以圖繪。好比你可以身在北京市區，但仍上麥當勞或肯德雞用餐。因為與特定地點連結的空間和事物變化迅速，人們不再十分清楚他們置身何處，而需要新的嚮導。最好的超空間的例子包括購物中心、拉斯維加斯大賭場、與迪斯奈樂園－全都高度麥當勞化了。

麥當勞化符合詹明信所提的後現代社會的五個特質，但這也許是因為他把後現代性視為晚期的資本主義。在某種程度上，因為無法劃分清楚的界線，某些學者拒絕新的，後現代社會的觀念。舉個例子：「我不相信我們住在一個『新時代』，一個與過去兩個世紀以來，佔主導地位的全球資本主義生產模式有著根本差距的『後工業與後現代時期』。」[67]

在筆者最近出版的《將除魅世界入魅：消費手段邁向革新》(Enchanting the Disenchanting World: Revolutionizing the Means of Consumption）裡，也得到類似的結論。[68]麥當勞與其他速食店、購物中心、虛擬商場（cybermall）、迪斯奈樂園、遊輪等，都是「新的消費手段」的例證。這些都是第二次世界大戰戰後的圖景，並藉由將我們消費所在的結構加以理性化，革新了我們的消費方式。正如第七章所討論的，麥當勞化有助於除魅，也就是去除神奇或神秘事物。除魅後的結構是不太可能吸引消費者的。為了解決這個問題，至少在某個程度上，新的消費方式又入魅了，吸收了更為壯觀的故事，以便將追求幸福感的消費者引入缺乏情感的世界。這是與後現代主義相連結的新的消費工具的特質。

《將除魅世界入魅》一書的中心思想之一，就是在這些理性化的結構裡，如何創造魅惑（Enchantment），好讓消費者為之吸引，進而為之花錢。有一些答案：

• 很諷刺的，理性化本身可能就是入魅。例如我們被這些事情所吸引：麥當勞幾近瞬間供餐（至少在大部分的情況是這樣）的「魔術」；亞瑪遜網路書店（Amazon.com）在上百萬本庫存書中花個一天兩天就可以寄送某一本書的能力；以及像迪斯奈樂園或拉斯維加斯脫衣舞的單一環境裡的聲光刺激。

• 這些環境的模擬特質使它們顯得神奇。因此，迪斯奈樂園與拉斯維加斯能在單一地理區域內讓許多虛假世界共聚一堂（如未來世界裡所在現的眾多國度、「紐約，紐約」購物中心、百樂吉大飯店（Ballegio），以及巴黎賭場酒店）。（譯注五）真要參觀這麼多「真實」世界，就需要來一趟更貴，更費時間的環遊世界之旅。但我們可以神奇地在同一個地點就參觀到這些

眞實世界的模擬。

‧新的消費工具藉由曾經衆多，分散四處的地點內爆，坍塌成一地的過程而顯得神奇。例如美國購物中心（Mall of America）之所以是一大誘惑，是因爲它在同一棟建築裡結合了購物中心和遊樂場。某些拉斯維加斯的賭場飯店現在也設置了遊樂場和購物中心。麥當勞已經內爆到許多場景，包括威名百貨（Wal-Mart）和迪斯奈樂園。想想看孩童在迪斯奈樂園找到麥當勞時興奮的樣子。

在許多方面，現代性（理性化）和後現代性（透過後現代模擬和內爆過程而再次入魅）在麥當勞化的消費手段裡共存。

很明顯，麥當勞化沒有消失或是爲新的、後現代的結構取代的跡象。然而，麥當勞化體系的確顯示出，許多後現代特質與現代要素攜手並存。因此，我們大可說，麥當勞化的世界同時展現現代性與後現代性。而這點明顯地表明了，後現代性並不對麥當勞化的持續構成障礙。

放眼未來：去麥當勞化

我們在前一節已經處理了對麥當勞化的各種不同的障礙，並得到其中沒有任何一個障礙能對麥當勞化進程構成阻礙的結論。我們在本節放眼未來，喚起更極端的立場：我們能預見麥當勞的衰退，甚至是消亡嗎？更廣泛地說，我們能否想像麥當勞化也有遭受同一命運的一天？這些是不同的議題，而我們先

來處理麥當勞的未來。

麥當勞與加盟店的未來：爛青菜與大糞堆

　　許多發展威脅著麥當勞的未來。這家公司不會一下子就申請破產，但各種壞兆頭仍值得留意。[69]

　　美國的麥當勞已經有了第一個壞兆頭。其海外成長幾近光速，而且，其海外企業報酬亦屬豐碩。但美國的速食業已經飽和了，成長停滯。更糟的是，麥當勞在蕭條的市場裡所分到的比例已經走下坡了。麥當勞面臨來自墨西哥的速食和披薩連鎖店的強力競爭。此外，走高級路線的李奇龍蝦（Reci Lobster）連鎖店展現了更高的獲利能力。麥當勞業已不斷嘗試新招數，以提振美國方面的銷售量（例如：美金五十五分的低價策略、招牌漢堡（Arch Deluxe）、以及當前製作程序的改進：「都是為你」），但大體而言，這些都是失敗之舉。提振美國市場的作法持續遭受挫敗，這就是問題了；而且最後這個問題可能邁進跨國戰場，最終威脅到整個公司。最近牛肉與漢堡肉所發現的問題一點也幫不上麥當勞的忙。英國的狂牛症恐慌以及幾起大腸桿菌事件的爆發，就是例子。[70]

　　從麥當勞的角度來看，第二個令人憂心的趨勢，就是第十章所討論的世界性的擴張成果，對其運作與實務的背離。某些團體相信麥當勞象徵了環境惡化、危險餐飲、萬惡資本主義、跛腳化工會、對小孩的忽視、美國化的威脅等問題；這些團體的結盟所帶來的威脅尤其巨大。麥當勞跨國運作上千家地方分店，特別容易受到（雖然麥當勞化並非如此）跨國運動和在地

反對的傷害。在許多人眼中，麥當勞曾經是，或許現在還是，一家模範公司（正面說法）；但麥當勞現在有淪為世界上所有壞事的典範的危險。一九九九年，媒體上充斥著類似影像：塞爾維亞人在貝爾格勒搗碎兩家麥當勞的窗子，而鄰近賣其他美國產品的店（賣Levi's牛仔褲和哈雷機車皮帶）則分毫未損，照常營業。[71] 同樣地，當美國決定向洛克福（Roquefort）乳酪開徵百分之百的關稅的時候，在法國引發了一場抗議，當地的麥當勞也被丟了一堆爛青菜與大糞。[72]

麥當勞的另一個威脅源自於沒有公司能永遠名列前茅的困境。國內問題（如利潤降低與股票跌價，還有管理創意的缺乏）、國際競爭、或是兩者間的某種結合，都會讓麥當勞走下坡。最終，麥當勞可能會變成現在當紅企業的無力翻版。這些因素甚至可能會導致麥當勞完全消失。

更廣泛地說，包含麥當勞在內的連鎖店體系，不是開了就一定會成功。經歷大風大浪的連鎖店體系，其數目多到驚人；許多連鎖店就此一蹶不振。例如專賣墨西哥填充玉米餅的Wrap & Roll，就因為食客覺得菜色有限而關閉分店。[73] 費用全包，合理規劃假期的先驅—地中海度假村（Club Med）的財富，也漸漸流失，遑論地中海度假村正在尋找新的空間和定位。[74] 美體小舖（Body Shop）在美國有三百家分店，其中多半是公司自營的；它們現在也遇到麻煩了。[75]「家庭代餐」（home meal replacement）的先驅—波士頓市集（Boston Market，之前名為Boston Chicken）連鎖店破產了；這都是過度擴張、有問題的財務體系、烤雞市場的激烈競爭、以及除了烤雞本行以外未能力求新局等因素所害的。某位波士頓市集的地方拓展人憾嘆道：

「我們以爲我們已經是麥當勞第二了。」[76] 就算是星巴克也有財務問題[77]，而且也變成了某些抗議的對象。[78] 雖然麥當勞在法國大獲成功，但漢堡王則被迫關閉法國的分店，其中包括香榭里舍大道（Champ Elysees）上的分店。[79] 假日飯店正面臨問題，某部分是因爲它被視作「既老套又無趣」。[80] 另一個加盟的問題在於授權加盟者和加盟店對擴張的看法有衝突，因爲擴張會對既有加盟店造成威脅。[81] 麥當勞努力保有加盟店，但可能在這種企業模式中全面潰敗。

不是只有加盟店和連鎖店才有失敗的潛在風險；將既有的理性化體系進一步麥當勞化的制度上的新設計也有失敗的潛在風險。結帳頻道（Checkout Channel）是爲在速食店和超市的結帳人龍裡頭等待的顧客而設計的。人們可以一邊等著結帳一邊看電視。因此，某位發展了電視網的業務主管這麼說：「顧客最在意的問題之一便是排隊……可以減少預期中的排隊時間的零售商就能獲利。」[82] 注意在隊伍裡等待速食（或雜貨）的人所默許的東西—速食不會迅速，有效率的體系不會那麼有效率。最後，結帳頻道以失敗收場—有一部分的原因是因爲節目每隔幾分鐘就會重播一遍。結果，被頻道惹煩了的櫃臺人員或是結帳人員乾脆把電視關掉。

麥當勞化的未來：「狗運小姐」和「牛排小姐」

我們不能把對麥當勞及相關企業的威脅與對麥當勞化進程的威脅搞混。在未來的某一天，麥當勞終將消失無蹤；但到了那一天，麥當勞化的進程有可能還是會在美國或是世界大部分

地區根深蒂固。到麥當勞走下坡，或甚至歇業的時候，我們需要爲這種進程再找一個典範，甚至賦這個進程以新的名字；但幾乎可以確定，這個進程（特別是理性化進程）仍會持續加速進展。

但不是有些看起來已經對麥當勞產生莫大威脅的反趨勢已經出現了嗎？這些反趨勢不是對麥當勞化進程構成威脅了嗎？的確是這樣，而且其中有些反趨勢值得討論。

這些反趨勢之一是微型、非麥當勞化企業顯目地興起。在我所住的華盛頓特區市郊就出現了一些重要的例子，那就是許多高品質的小麵包店的興起（我們將會在第十章詳細討論個別例子）。當然，麵包店不是唯一的例子；還可以找到許多種類似的，非麥當勞化的微型企業。

在麥當勞化體系爆炸性地成長之前，這類企業遠比現在來得多。在麥當勞化的競爭者所帶來的壓力面前，他們似乎都消失了。但到了最後，他們又重新出現了，這裡至少有某部分的原因可以歸諸於對麥當勞化的反動。然而，就像我們在下一章會談到的，這些另類出路對麥當勞化並不會帶來嚴重的威脅。

另一個反趨勢是在運動世界裡突然出現的。直到最近，運動承辦人試著把運動比賽當成商品，使之更具可預期性。現代的、對稱的棒球場讓擊到牆上的球反彈的路徑更能被預期。每座球場間高度的一致性也使得構成全壘打的距離與高度標準化了。現代球場的設計是用來取代像波士頓的芬威球場（Fenway Park）一類有著草地球場、不對稱的不具理性化、不具可預期性的球場。芬威球場著名的「綠色怪物」是一座在左外野的環形高牆，會讓距離較短的高飛球變成全壘打，打的好但是低飛

的球變成一般安打。在芝加哥的雷格利球場（Wrigley Field），有時候球會消失在圍牆上滿佈著的長春藤裡。但這一類的球場對大聯盟職棒而言已經是例外了。有趣的是，對往昔美好比賽的思古幽情彷彿仍然抵制著對稱的棒球場。某些最新的球場，像金鶯隊的坎登球場（Oriole Park at Camden Yards），是相當不對稱的。這一類的球場有許多讓人聯想到老球場的特徵，並藉此喚起思古幽情。就像金鶯隊主場保留並重建了某座舊倉庫，以作為球場的老式看台。雖然這些新的「懷舊」球場在某種程度上是一種尚古風（throwbacks），我們卻必須記得，他們還是保留了許多高度理性化的要素。

另一股值得注意的反趨勢來自於可以製造高品質產品的麥當勞化體系的興起。我已經在某幾處談過這類體系的主要例證：龐大而快速成長的星巴克咖啡連鎖店。星巴克已經顯示了，創造生產高品質產品的麥當勞化體系是有可能的。表面上，星巴克的成功挑戰了我們所知的麥當勞化（特別是和麥當勞化相關的平庸化）以及麥當勞化的要義。然而，星巴克在許多方面都是不同於典型的連鎖店：

◆ 星巴克所賣的是單一產品—咖啡的不同變化。[83]
◆ 持續生產好咖啡是相當簡單的事，能夠借用高科技之力的時候更是如此。
◆ 星巴克的熟客願意為了一杯好咖啡付出相當多的錢。事實上，有時候，在星巴克喝一杯咖啡就跟在麥當勞吃一頓午餐一樣貴。

大部分的連鎖店都無法符合這些條件，結果就是他們可能

會麥當勞化與庸俗化兼而有之。而且，除了高品質以外，星巴克在許多方面都麥當勞化了（例如咖啡份量的大小在不同時間不同地點都是可預期的。）不過，許多連鎖店也許會受到星巴克模式的鼓舞而仿效之。

在這個脈絡下，討論福特公司／福特主義與麥當勞／麥當勞化的類比是有用的。在早期大量生產汽車的時代裡，一般人是沒有選擇的；他們的選擇在質的方面並沒有太大的差別。當然，隔幾年後，特別是這個身處後福特主義的時代裡，人們對汽車有許多選擇。他們可以選擇高品質的車種（賓士或是BMW），也可以選擇品質一般的車種（福特巡弋（Escort）或是順風牌霓虹（Plymouth Neon）小客車）。然而，汽車都利用了標準化零件以及裝配線科技。也就是說，高品質的車可以用福特式科技來生產。

可以在麥當勞與麥當勞化之間作一點類比。在麥當勞初期，速食店的焦點放在最大眾、低品質、標準化的產品之上。然而今日，人們對食物的要求更高了，要求食物保持高品質，卻又不能喪失麥當勞化的優點。就像我們可以用福特式科技來生產賓士車一樣，我們也可以抱持著麥當勞化的宗旨來供應高品質的法式蛋餅。除非對這種產品的需求真的不高，否則無法阻止連鎖餐館提供多樣高品質的法式蛋餅。

這是否意味著，正如同我們已經邁入後福特主義時代一樣，我們也進入了後麥當勞化紀元？就某種程度來說，是的。但正如同我覺得支持後福特主義的論據過於誇大一樣，我不會把後麥當勞化的論點過度引伸。明日的後麥當勞化體系也將會持續受到麥當勞主義的強力影響，就好比今日的福特主義時代

受到福特主義很大的影響一樣。

　　將所有產品麥當勞化是有可能辦到的，甚至高品質產品也能被麥當勞化到某種程度。看起來能夠抵禦麥當勞化的，是好餐館的某種本質：每天都能以高超的技術準備複雜的餐點，同時保有營養和廚師的創意。

　　星巴克（以及像Morton's一樣的高品質餐館連鎖店）與其他麥當勞化體系的分野大體來自於這個面向：可計算性，或者說是對量而非質的強調。但其他面向是否有別？例如，我們是否能在無效率的基礎上建立連鎖店？那麼，把這基礎換成不可預期性又如何？或是使用人力，而捨卻非人力的科技呢？這些作法看來是絕不可行的。不過，也許有那麼一天，當所有的體系都高度麥當勞化了的時候，從那些渴望從麥當勞化的桎梏中解脫出來的人裡面，會冒出一個大市場。在這種情況下，某間無效率、有著需要密集勞力的分店、產品和服務不可預期的連鎖店也許能為自己爭到一席之地。不過，如果這種連鎖店成功了，它馬上會面臨麥當勞化的壓力。這場荒唐的競爭就會變成試著將無效率和不可預期性麥當勞化。很諷刺地，這是可以做得到的——一家有效率地展示自己無效率的連鎖店、可以預期其不可預期性的連鎖店。

　　例如，想想看這麼一家將不可預期性理性化的連鎖餐館；用後現代的術語來說，就是這家連鎖餐館「擬仿」（simulate）了不可預期性（我給這個想像中的漢堡與薯條餐館取名為「狗運小姐」（Miss Hap's）；還有一家友店「牛排小姐」（Miss Steak's）[84]）。處理不可預期性的程序必須加以創造，並以設計出來的程序來吸引對可預期體系感到厭煩的顧客。然後這些程

序被打碎到一系列例行步驟裡，並將這些例行步驟記載下來，登錄進公司的手冊裡。要教導新員工表演不可預期性所需的步驟。最後，我們就得到一家將不可預期性理性化了的連鎖餐館。好比當跑堂的一看到暗示，就輕盈地把一盤義大利麵打翻到某位顧客的腿上。撇開這些異想天開的例子不論，想要將不合理性理性化，以及在這個過程中製造一個在高度麥當勞化的社會裡擁有現成的市場的體系，是很有可能的。事實上，現在仍在建造的環球影城偷閒主題樂園（Universal Studios Escape theme park）的Seuss Landing遊樂場（譯注7）就照著Seuss博士的風格，做的「歪歪扭扭」，而不用直線。這個遊樂場有著扭曲的窗戶、捲在一起的電線杆、以及彎曲的棕梠樹。[85]

麥當勞化面臨的另一個潛在威脅是「依足置履」（sneakerization）。有大量的證據顯示，我們已經進入了後工業時期，對構成麥當勞化體系核心的標準化、「一式多份」的產品瞧不上眼。我們所看上眼的是量身訂做的東西。當然，真正的量身訂做（例如訂做的套裝）並不容易為麥當勞化所吸納。然而，在這個脈絡下的量身訂做更近似於利基行銷（niche marketing）。例如，「依足置履」以後，我們現在有數以百計，樣式不同，依據市場中不同利基區位（niche）（跑步的人、走路的人、練習有氧運動的人等等）而製造的跑鞋。這當然不是真正的量身訂做；跑鞋不是為特定人士而訂做的。類似的進程無所不在。製造出來的隨身聽有一百種類型以上，精工錶有三千多種，菲利普彩色電視則有八百種。[86]

這裡所想要提的中心論點是：依足置履並不反映出去麥當勞化的趨勢。耐吉一類的大公司每種跑鞋都製造了成千上百，

甚至上百萬雙，其結果則是每種跑鞋都能被被麥當勞化生產
（以及行銷、配送、與銷售）所吸納。事實上，將商品以及勞務
以越來越少的數量販賣，也是麥當勞化的未來應用方向之一。
毫無疑問，一定有某些比麥當勞化可以獲利的數量門檻存在，
但這道門檻隨著科技進展有可能變的更低。也就是說，我們有
可能將規模經濟應用到逐漸增加的少量生產趨向。更多更不同
的跑鞋、更進一步依足置履，並未對麥當勞化構成重要的威
脅。

　　有個類似的論點可以闡明何謂「大量訂做」。[87]以康乃迪
克州（Connecticut）西港（Westport）的「手工鞋」（Custom
Foot）為例。88在那兒，顧客將腳放到電動測量器裡，電動測
量器就會從十四個維度測量他的腳。然後在售貨人員的協助
下，電腦螢幕上完成腳的外型的繪製。在這個階段，顧客選擇
款式、型號、以及皮件等級、顏色、襯裡等等。電腦軟體接著
做出要送到某幾個義大利城市的承包商那兒的式樣書。鞋子在
兩到三個星期內縫好，並送到美國來。價格在美金九十九到兩
百五十美元之間，和紐約的好鞋店的鞋子價格差不多。相反
地，傳統手工訂製的鞋子要價可能會到一千兩百美元，還得花
上好幾個月才能送到手上。簡言之，「手工鞋」將製作與銷售
真正訂做的鞋子的過程麥當勞化了。比起大量生產數千雙甚至
上百萬雙鞋的作法而言，這種過程的麥當勞化程度較低。大量
生產更有效率、擁有更高的可預期性、更適合量化、比起手工
生產鞋子，甚至比起「手工鞋」的生產方式，也更為仰賴非人
力科技。然而，「手工鞋」的程序明顯比傳統生產手工鞋子的
方式要來得更為麥當勞化。因此，我們在這裡所談的，常常只

是麥當勞化的程度而已。

同樣的現象也發生在無形的產品生產之上。美國有線電視新聞網（CNN）率先將美國，乃至於世界上大部分的電視新聞給麥當勞化了（CNN頭條新聞，以及新聞、商業、體育、及娛樂各播三十分鐘的模式）。然而，近年來，CNN正朝將其新聞地域化的方向移動─也就是說，CNN提供多少帶點不同的新聞節目給世界上不同的地區。[89]除了這種「依足置履」的新聞以外，CNN也和甲骨文（Oracle）公司合作，在網際網路上提供CNN特製新聞（CNN Custom News）。[90]事實上，在很大的程度上，這種作法仍然是用許多不同手法將同質的產品「切丁切塊」而已。

漸漸以量少質精的方式生產和銷售商品與勞務，呈現了麥當勞化的新方向。但這不代表去麥當勞化（de-McDonaldization）。因此，儘管麥當勞的沒落甚至消失是可以想像的，麥當勞化會不受歡迎的想法也依然得不到證明，那就更別提麥當勞化的消失了。[91]

結論

這一章已經探討了驅動麥當勞化的各種力量，以及這個進程所面臨的許多社會和經濟障礙。正像自然界有生有死，我們發現不少形塑此一進程的力量，也發現許多此一進程的障礙。然而，儘管這些障礙是存在的，但沒有任何一個障礙能在麥當勞化的方向裡逆勢而行或是將麥當勞化逆轉為去麥當勞化。

　　但沒有社會建制能永遠存續。麥當勞化終究也會有下台一鞠躬的一天。除非社會本質的變遷巨大到麥當勞化體系無法迎合，否則麥當勞化體系仍會保持強而有力。在第二章，我討論過身為麥當勞先驅的官僚化、科學管理、和裝配線。當麥當勞像它的前輩一樣，影響力變小（甚或是下台一鞠躬）的時候，麥當勞仍然會因為它一度有過，正面或負面並存的劇烈影響，而留名青史。在未來的某一時刻，某位作家將會提到麥當勞－作為一個可能會變得更合乎理性的社會的先行者。麥當勞化一詞也許不再適用，但我們將會需要一個類似的觀念，去探詢最新階段的本質，以及理性化的表現形式。

註釋

[1] 諷刺和弔詭的是，有些麥當勞化的進程（舉例來說像是網際網路和網路購物）都允許許多人作比在家更多的事，這似乎顯示出社會的理性化的其他面向（例如購物中心）。

[2] Ester Reiter. Making Fast Food. Montreal and Kingston: McGill-Queen's University Press,1991,p.165.

[3] Greg Alwang. "Americ Online 4.0" PC Magaine, April 20,1999,p.98.

[4] Don Slater. "You Press the Button, We Do the Rest' : Some Thought on the McDonaldization of the Internet." Paper present at the meetings of the Eastern Sociological Society, Boston, March,1999.

[5] See, for example, Thomas L. Friedman. The Lexus and Olive Tree: Understanding Globalization. New York: Farrar, Straus, Girous, 1999,p.221.

[6] James L. Watson. "Transnationalism, Localization, and Fast Food in East Asia," in James L. Watson（ed.）. Golden Arches East: McDonald's in East Asia. Standford, CA: Standford University Press,1997,p.6. Futhermore, things are constantly changing with the result that it is impossible to generalize over time about the impact of McDonald's and McDonaldization. For example, in Hong Kong, McDonald's was primarily once for wealthy children,but ow it has more of a low-class clientele.

[7] Emiko Ohnuki-Tierney. "McDonald's in Japan: ChangingManners and Etiquette," in James L. Watson（ed.）. Golden Arches East: McDonald's in East Asia. Standford, CA: Standford University Press,1997,p.173.

[8] James L. Watson. "Transnationalism, Localization, and Fast Food in East Asia,"in James L. Watson（ed.）. Golden Arches East: McDonald's in East Asia. Standford, CA: Standford University Press,1997,pp.1-38.

[9] Cited in James L. Watson. "Transnationalism, Localization, and Fast Food

in East Asia,"in James L. Watson（ed.）. Golden Arches East: McDonald's in East Asia. Standford, CA: Standford University Press,1997,pp.12.

譯注1：這些菜單請參見麥當勞網頁：http://www.media.mcdonalds.com /secured/ products/international/

[10]Barbara Sullivan. "McDonald's See India as Golden Opportunity." Chicago TribuneBusiness, April 5, 1995, p.1.

[11]Betsy McKay. "In Russia, Wesr No Longer Means Best: Consumers Shift to Hime-Grown Goods." Wall Street Journal, December 9,1996, p. A9.

[12] T. R. Reid. "Fish & Chips Meet Their Vindaloo." Washington Post, July 6, 1999, pp. C1, C10.

[13]Jessica Steinberg. "Israeli Fast-Food Outlets Offer Passover Meals." Times-Picayune, April 26, 1997, p.A19.

[14]Yunxian Yan. "McFonald's in Beijing: the Localization of Americana," in James L. Watson（ed.）. Golden Arches East: McDonald's in East Asia. Standford, CA: Standford University Press,1997,pp.39-76.

[15]Yunxian Yan. "McFonald's in Beijing: the Localization of Americana," in James L. Watson（ed.）. Golden Arches East: McDonald's in East Asia. Standford, CA: Standford University Press,1997,pp.39-76.

[16]James L. Watson. "McDonald's in Hong Kong: Consumerism, Dietary Change, and the Rise of a Children's Culture," in James L. Watson （ed.）. Golden Arches East: McDonald's in East Asia. Standford, CA: Standford University Press,1997,pp.77-109.

[17]James L. Watson. "McDonald's in Hong Kong: Consumerism, Dietary Change, and the Rise of a Children's Culture," in James L. Watson （ed.）. Golden Arches East: McDonald's in East Asia. Standford, CA: Standford University Press,1997,pp.77-109.

譯注2：從這一段的描述，實在令人感覺不出來香港麥當勞到底哪裡給人 「家」的感覺。作者似乎前後矛盾。

[18]David Y. H. Wu. "McDonald's in Taipei: Humburger, Betel Nuts, and National Identity," in James L. Watson (ed.). Golden Arches East: McDonald's in East Asia. Standford, CA: Standford University Press,1997,pp.77-109.

[19]David Barbara. "Pluralism under Golden Arches." New York Times, Feburary 12,19991pp.C1ff.

[20]Shannon Peters Talbott. "Global Localization of the World Market: Case Study of McDonald's in Moscow." Sociale Wetenschappen (December 1996）：31-44.

[21]Marshall Ingwerson. "That Golden Touch to the Arches in Russia." Ohio Slavic and East European Newsletter 25（Spring 1997）：1（Originally published in the Christian Science Monitor,1997.）

[22]Lee Hockstader. "Attact on Big Mac." Washingston Post, August 8, 1995, p.A13.

[23]Yunxian Yan. "McFonald's in Beijing: the Localization of Americana," in James L. Watson (ed.). Golden Arches East: McDonald's in East Asia. Standford, CA: Standford University Press,1997,pp.75.

[24]Emiko Ohnuki-Tierney. "McDonald's in Japan: ChangingManners and Etiquette," in James L. Watson (ed.). Golden Arches East: McDonald's in East Asia. Standford, CA: Standford University Press,1997,p.165.

[25]Source is the Mos Food Service Website: http//www.mos.co.jp.

[26]Sangmee Bak. " McDonald's in Seoul: Food Choices, Identity, and Nationalism," in James L. Watson (ed.). Golden Arches East: McDonald's in East Asia. Standford, CA: Standford University Press,1997,p.136-160.

[27]Sangmee Bak. " McDonald's in Seoul: Food Choices, Identity, and Nationalism," in James L. Watson (ed.). Golden Arches East: McDonald's in East Asia. Standford, CA: Standford University

Press,1997,p.136-160.

[28]T. R. Reid. "Fish & Chips Meet Their Vindaloo." Washington Post, July 6,1999,pp.C1,C10.

譯注3：chips是英國傳統對「薯條」的稱呼，通常要配炸魚排一起吃，但 french fries則是美國的外來稱呼。

[29]James L. Watson. "McDonald's in Hong Kong: Consumerism, Dietary Change, and the Rise of a Children's Culture," in James L. Watson (ed.). Golden Arches East: McDonald's in East Asia. Standford, CA: Standford University Press,1997,pp.77-109.

[30]Emiko Ohnuki-Tierney. "McDonald's in Japan: ChangingManners and Etiquette," in James L. Watson (ed.). Golden Arches East: McDonald's in East Asia. Standford, CA: Standford University Press,1997,p.161-182.

[31]Emiko Ohnuki-Tierney. "McDonald's in Japan: ChangingManners and Etiquette," in James L. Watson (ed.). Golden Arches East: McDonald's in East Asia. Standford, CA: Standford University Press,1997,p.161-182.

譯注4：由此可見作者對在地文化真的不是很了解。他大概以為檳榔是一 種台灣傳統食物，所以吃檳榔可以和吃麥當勞等量齊觀。至於嚼 檳榔的傳統為何會因速食店出現而「復興」更是令人不解。嚼檳 榔行為跟地域、階級、性別差異、的關係，恐怕比跟麥當勞的關 係來得大。

[32]Benjamin R. Barber, Jihad vs. McWorld, New York: Times Books,1995; see also Thomas L. Freidman. The Lexus and the Olive Tree:Understanding Globalization. New York: Frrar, Straus, Giroux,1999.

[33]Roland Robertson. "Globalization : Social Theory and Global Culture. London: Sage,1992.

[34]Arjun Appaduri. "Disjunction and Difference in the Global Culture Economy," in Mike Featerstone (ed.).Global Culture: Nationalism, Globalization and Modernity. London: Sage, 1990,p.295.

[35]Thomas L. Freidman. The Lexus and the Olive Tree:Understanding Globalization. New York: Frrar, Straus, Giroux,1999,p.309.

[36]Arjun Appaduri. "Disjunction and Difference in the Global Culture Economy," in Mike Featerstone (ed.) .Global Culture: Nationalism, Globalization and Modernity. London: Sage, 1990,p.295.

[37]Jan Nederveen Pieterse. "Globalization as Hybridisation." International Socilogy 9 (1994) ：169.

[38]Roland Robertson. "Globalization : Social Theory and Global Culture. London: Sage,1992,p173.

[39]James L. Watson. "McDonald's in Hong Kong: Consumerism, Dietary Change, and the Rise of a Children's Culture," in James L. Watson (ed.) . Golden Arches East: McDonald's in East Asia. Standford, CA: Standford University Press,1997,pp.80.

[40]Francis Williams. The American Invasion. New York: Crown, 1962,npi.

[41]Richard Kuisel. Seducing the French: The Dielmma of Americanization. Berekeley: University of California Press,1993.

[42]Daniel Bell. The Coming of Post-Industrual Society: A Venture in Social Forecasting. New York, Basic Books, 1973. （桂冠有中譯本）

[43]Jerald Hage and Charles H. Powers. Post-Industrial Lives: Roles and Relationship in the 21st Century. Newbury Park,CA:Sage,1992.

[44]Jerald Hage and Charles H. Powers. Post-Industrial Lives: Roles and Relationship in the 21st Century. Newbury Park,CA:Sage,1992,p.10.

[45]Although there ae, as we have seen, efforts to automate them well.

[46]Jerald Hage and Charles H. Powers. Post-Industrial Lives: Roles and Relationship in the 21st Century. Newbury Park,CA:Sage,1992,p.50.

[47]Simon Clarke. "The Crisis of Fordism or the Crisis of Social Democracy?" Telos 8 (1990) ：71-98.

[48]Pierre Bourdieu. Distinction: A Social Critique of the Judgemnet of taste.

Cambridge, MA: Harvard University Press,1984.

[49]Lorraine Mirabella. "Trouble Brews for Starbucks as Its Stock Slides 12 Precent." Baltimore Sun, August 1,1998, p.10C; Margaret Webb Pressler. "The Brain behind the Beans." Washington Post, October 5,1997,ppH01ff.

[50]Alex Witchel. " By Way of Canarise, One Large Hot Cup of Business Stratgy." New York Times, December 14,1994, p.C8.

[51]For more on postmodernism, see George Ritzer. Postmodernism Social Theory. New York: McGraw-Hill, 1997; Jean Baudrillard. Symbolic exchange and Death. London:Sage,1976/1993; Fredric Jameson. " Postmodernism, or the Culture Logic of Late Capitalism." New Left Review 146 (1984) : 53-92；Fredric Jameson. Postmodernism, or the Culture Logic of Late Capitalism.Durham, NC: Duke Universty Press,1991; Jean-Francios Lyotard. The Postmodern Conditon: A Report on Knowledge. Minneapolis: University of Minnesota Press,1984; Steven Best and Douglas Kellner. Postmodern Theory: Crititcal Interrogations. New Your: Guilford,1991.

[52]Smart argues that rather than viewing modernism and postmodernism as epochs, people can see them as engaged in a long-running and ongoing set of relationshuip with postmodernity continually pointing out the limitations of mod-ernity. See Barry Smart. Postmodernity. London: Routledge,1993.（巨流有中譯本）

[53]Allen Shelton. "Writing McDonlad's, Eating the Past: McDonald's as a Postmodern space." (unpublished）.

[54]David Harvey. "The Condition of Postmodernity: An Enquiry into the Origins of Cultural Change. Oxford, UK: Basil Blackwell, 1989, pp.284,293. Shelton also places great emphasis on time-space compression, but associates it with postmodernism and disassociates it from modernism.

[55]Fredric Jameson. " Postmodernism, or the Culture Logic of Late Capitalism." New Left Review 146 (1984) : 53-92 ; Fredric Jameson. Postmodernism, or the Culture Logic of Late Capitalism.Durham, NC: Duke Universty Press,1991.

[56]Fredric Jameson. " Postmodernism, or the Culture Logic of Late Capitalism." New Left Review 146 (1984) : 53-92 ; Fredric Jameson. Postmodernism, or the Culture Logic of Late Capitalism.Durham, NC: Duke Universty Press,1991

[57]Fredric Jameson. " Postmodernism, or the Culture Logic of Late Capitalism." New Left Review 146 (1984) : 78.

[58]Fredric Jameson. " Postmodernism, or the Culture Logic of Late Capitalism." New Left Review 146 (1984) : 66

[59]Fredric Jameson. " Postmodernism, or the Culture Logic of Late Capitalism." New Left Review 146 (1984) : 64.

[60]Fredric Jameson. " Postmodernism, or the Culture Logic of Late Capitalism." New Left Review 146 (1984) : 76

[61]Postmodern intensity also occurs when " the body is plugged into the new electronic media." See Martin Donougho. "Postmodern Jameson," in Douglas Kellner (ed.) .Postmodernism, Jameson, Critique. Wishingtion, DC: Maisonneuve, 1989, p.85.

[62]Thus, attacks like the one on the McDonald's in Belgrade are exceptional events, although we will see later that is a danger that such violence may become more common.

[63]Fredric Jameson. " Postmodernism, or the Culture Logic of Late Capitalism." New Left Review 146 (1984) : 65-66.

譯注5：ragtime本意指早期爵士樂的某種節拍，又稱散拍音樂。中譯本由常濤、劉奕合譯，於2000年2月由敦煌文藝出版社出版，譯名《襤褸時代》係雙關語。該中譯本的線上版（簡體字）刊載於

http://www.shuku.net/novels /foreign/ragtime/ ragtime.html，讀者
可參考。此外，本書1984年曾改編拍成電影，香港譯名爲《大時
代》。本書也曾改編成音樂劇，譯名《爵士年華》或是《快板爵
士》，1998年曾獲得十三項東尼獎提名。

[64]Fredric Jameson. " Postmodernism, or the Culture Logic of Late
Capitalism." New Left Review 146（1984）：65-66,71.

[65]Fredric Jameson. " Postmodernism, or the Culture Logic of Late
Capitalism." New Left Review 146（1984）：68.

[66]Fredric Jameson. " Postmodernism, or the Culture Logic of Late
Capitalism." New Left Review 146（1984）：68.

[67]Alex Callinicos. Against Postmodernis,: A Marxist Critique. New York:
St. Martin's Press, 1990,p.4.

[68]George Ritzer. Enchanting a Disenchanted World: Revolutionizing the
Means of Consumption. Thousand, CA: Pine Forge Press,1999.

[69]Barnaby J. Feder. " Where Have You Gone, Ray Kroc?" New York Times,
June 5,1997,pp.D1ff.

譯注6：以上各個飯店資料都可以參閱中文網站：
http://www.vegaslover.net

[70]"As Hamburger Go, So Goes America." Economist, August 23,1997.

[71]Guy Dinmore. "Milosevic Playing Well at Home." Chicago Tribune,
March 31,1999.

[72]Anne Seardson. "A Report David Strike a Coke Goliath." International
Herald Trubune, August 23,1999,p.5; Roger Cohrn. " Fearful over the
Future, Europe Seizes on Food." New York Times-Week in Review,
August 29,1999,pp.1,3.

[73]Margaret Pressler. " It's a Wrap: Stuffed-Tortilla Chain Falls Flat."
Washington Post, June 2, 1998, p.C01.

[74]Julia Llewellyn Smith. " French with Tears: Club Med Goes Mickey

Mouse." Sunday Telegraph, July 27,1997, pp. 19ff.

[75]Andrew Clark. "City: Ailing Body Shop Gets a Makeover." Daily Telegraph（London）, October 23,1998,p.16.

[76]Penny Parker. "Franchisees Left Holding the Bag: Boston Chicken's Financing Plan Took Toll on Restaurant Develops." Denver Post, October 26, 1998, pp.E01ff.

[77]Lorraine Mirabella. " Trouble Brews for Starbucks as Its Stock Slides 12 Percent." Baltimore Sun, August 1, 1998, pp.10C.

[78]Bryan Wagoner. " They Have Grounds for Discontent." Boston Globe, February 8, 1998, pp.1ff（City Weekly）; Monte Willans. "The Local Flavor Only, Please." New York Times, October 23,1996, pp.B1ff.

[79]Ian King. "Burger King to Close in France as Gramdmet Cuts It Losses." Guardian, July 30, 1997, p.18.

[80]Edwin McDowell. "Holiday Inn, Passed By, Fight Ravages of Time." International Herald Tribune, March 30,1998, pp.B1,B5.

[81]"Franchising: Rattling the Chains." Brandweek, April 21, 1997.

[82]Paul Farhi. "McDonald's Customers: Made to Order Audience." Washington Post, November 19,1991,pp.B1,B5.

[83]Starbucks has recently sought to expand its offerings and types of outlets, but so far with little success.

[84]George Ritzer. "The McDonldization Thesis. London: Sage, 1998, p.181.

譯注7：Seuss Landing 爲已故之Theodor Geisel（又稱Seuss博士）作品裡的人物。這個遊樂場是環球影城偷閒樂園的一個小島遊樂場，其遊樂設施均以Seuss Landing故事爲藍本建立起來的。

[85]Robert Johnson. "Wouldn't It Have Been Simpler to Build a Quick Brick Stack?" Wall Street Journal , April 13, 1999, p.B1.

[86]Steven L. Goldman, Roger N. Nagel, and Kenneth Preiss. "Why Seiko Has 3000 Watch Styles." New York Times, October 9,1994, p.9; Steven L.

Goldman, Roger N. Nagel, and Kenneth Preiss.Agile Competitors and Virtual Organizations: Strategies for Enriching the Customer. New York: Van Nostrand Reinhold, 1995.

[87]Josph Pine. Mass Customization: The New Frontier in Business Competition. Cambridge, MA: Harvard Business School Press,1993.

[88]Josph Pine. Mass Customization: The New Frontier in Business Competition. Cambridge, MA: Harvard Business School Press,1993.

[89]"Agencies Vie for CNN Euro AD campanign." Marketing Week, June 5,1997,p.10.

[90]Dow Jonew News Service. "CNN, Oracle to Deliver Customized News." Denver Rocky Mountain News, June 5, 1997,p.48.

[91]However, that is not to say that there could never be real threats to McDonaldization. For example, shopping and much else on the Internet shifts control away from McDonldized systems and in the direction of the consumer.

第十章

面對麥當勞化：
一個實務性的引導

　　人們究竟應該如何面對日益麥當勞化的世界？對於這個問題的解答，至少部分取決在他們對麥當勞化所持的態度。許多人將麥當勞化世界視之爲「天鵝絨的牢籠」。對他們來說，麥當勞化所代表的並非一種威脅，而是一個極樂世界。韋伯以鐵牢籠比喻理性化時，所欲傳達的是冰冷，嚴厲與極度不舒適的感覺。但這些人喜愛且渴望麥當勞化的發生，並歡迎它的擴散。這當然是可能存在的態度，尤其是那些只居住在麥當勞化社會的人，或在麥當勞化世界降臨後才出生者，更可能持有這樣的想法。麥當勞化社會，成爲他們唯一知道的社會型態，代表著他們所認可好品味和高水準的標準。他們無法想像比統整過多選擇和自由更好的世界。他們喜歡自己生活的多方面都有可預測性。他們也喜愛在一非私人的世界裡，與人性化和非人性化自動機械進行互動。至少在他們世界裡麥當勞化的部分，他們極力避免親密的人際互動。這些人或許代表著人群中逐步增長的一大部分。

　　對許多其他人來說，麥當勞化宛如一個「橡膠牢籠」，它的門栓可被擴展以允許適當工具的逃脫。這類人厭惡許多麥當勞化的面向，但卻發現其他面向著實吸引人。就像那些認爲自己居處在天鵝絨牢籠裡的人，這些人相當喜愛麥當勞系統和服務所帶來的效率，速度，可預測性和非個人化。這群人通常相當忙碌，也因此感謝有效率地解決一餐（或者其他麥當勞式服務）。然而，他們同時也明白麥當勞化的代價，故在允可的範圍下都試著逃離它。它的高效率甚至提升這些人逃離的能力。也就是說，快速解決一餐後，讓他們節省出更多的時間來享受其他非理性化的活動。這類型的人們通常會選擇在週末和假期時

間，到野外以老式的方式露營，登山，洞穴探險，釣魚，打獵（不使用精密的裝備），把玩古物，參觀博物館，搜尋傳統餐館，旅社，床及早餐。這些人試著藉由錄製個人化訊息，將電話答錄機加以人性化，如：「我現在不在家，當你聽到這段語音時，別心碎喔。」[1]也仍舊有很多人繼續在家烘焙麵包並自行在家準備精緻的早點，而不選擇到速食店隨便找點東西打發過去。一個選擇烘烤早點而非匆忙打發者說道：「親自動手烘焙麵包的習慣，其理由其實超越食物本身，而是對於生活的依戀。這是一種體驗和過程…對我而言，到達這樣的境界才是重要的。」另一位則提到「在當中充滿神奇，難道不是嗎？」[2]

但即使限制看來像是橡膠般有彈性，但仍舊是存在的。舉個例子來說，一家公司就販售事先錄製完成的幽默訊息，其作用在於將那些本來偏好創造個人化答錄機留言者，過去用來逃避麥當勞化的路徑予以理性化。因此，人民如今可以去購買錄有模仿印象派作家韓佛理包嘉特的錄音帶，來替他們接聽電話：「世上所有的電話答錄機中，你必須撥打這支。」[3]無獨有偶的，對許多在家中自行烘焙麵包者而言，也轉而成為使用簡便的麵包機，這種機器無法製造出品質絕佳的麵糰，但卻「除了塗抹奶油外，可以完成所有的步驟。」[4]

第三種類型的人則相信麥當勞化的牢籠是由鋼鐵製成的。假使這座牢不可破的牢籠並未使得此類人全然的投降，他或她則傾向深沈的厭惡這個過程，但卻只能預見極少，如果果真存在，逃脫的路徑。不像前述第二種類型的個人，這些人瞭解逃脫的路徑（如果他們這樣看待之）所提供的只是暫時的喘息，很快就會再度落入麥當勞化的掌控中。他們和馬克斯韋伯一樣

看來陰暗且悲觀，看待未來如同一「覆蓋著冰雪，黑暗又嚴峻
的極地夜晚」。[5]當中有人對於麥當勞化作最嚴厲的批判，並有
人常常認為現在社會中已經愈來愈沒有他們的容身之地了。[6]

這個章節中，指出在麥當勞化世界中，這三種類型的人還
有哪些活動的空間。那些認為麥當勞化宛如天鵝絨般牢籠者，
將不採取任何行動，只是繼續光顧速食餐廳和複製這些速食特
質後的社會其他部分，甚至積極的尋求將那些嶄新尚未理性化
的場所，加以麥當勞化。在光譜的另一端，那些認為麥當勞化
是一鐵牢籠者，將從事激進轉型麥當勞化社會的工程，這可能
包括致力於回歸前麥當勞化社會或在黃金拱門崩毀後，自其瓦
礫堆中創立一個新而非麥當勞化的世界。

然而基本上，本章主要還是針對那些將麥當勞視為橡膠或
鐵牢籠者，他們通常對於改善某些有關於麥當勞化的問題抱持
興趣。所以，這兒的焦點最主要的還是在說明處置麥當勞化的
溫和作法。

我將以說明某些建立非麥當勞化制度的嘗試為開端。其
次，我將提供集體嘗試修正麥當勞系統和縮減其負面效應的概
要論述。最後，我討論到少數其他例子，人們以較為個人化的
方式處置麥當勞化社會。

創造「合理」的選擇：有時你真的必須打破這些規則

麥當勞化的氾濫，引起較不理性化選擇的發展。他們並不

視高效率的貨品和服務生產，或者有效率的替換顧客爲首要目標。他們集中於高品質產品的製造而非巨大的出貨量。他們沈迷於商品或服務的不可預測性當中。不同於非人性化的科技，他們傾向於雇用技巧純熟的雇員，在相對較無外在控制力壓迫的情況下，完成精密商品的製作。因此，無論是對員工或顧客而言，都沒有所謂的麥當勞化設置。

理性化設置的替代選擇存在於商業和其他社會制度中。舉例來說，專門販賣給素食者和供應健康食物的食品合作商店，就成爲超級市場的另類選擇。[7] 這兒的食物要比超市來得健康，購買者通常都是合作商店的會員，因此積極的介入商店的管理，且員工們和他們的工作也較爲緊密連結，同時也更有認同感。

在教育方面，能夠替代高度理性化國立大學的是類似麻薩諸塞州內艾摩斯特市漢普郡大學的那種小學校[8]，這所學校的格言是：「能夠讓你超越標線的地方。」（速食餐廳並不使用類似上述的警語，舉漢堡王爲例，店內使用的是「有時候你不得不打破規則」，但即使如此，打破成規卻是餐廳最不希望人們作的事。）在這些小學校中，並沒有指定的主修領域，也沒有硬性規定畢業的平均成績。

隨著非理性化制度的成功，勃然而升的壓力使得他們遭逢麥當勞化的可能。於是問題就演變爲如何防止理性化的發生。過度擴張就是必須被迴避的一個層面。就某些觀點而言，任何制度都會擴張得過大，以致必須提高理性化的原則以維持其功能。較大的規模還會導致另外一個危機-經銷化，這幾乎無可避免的將導致至度的理性化。因爲較大的規模和經銷權都象徵著

強大且難以抗拒的利潤誘惑，因此非理性化企業背後的經營者就必須時時刻刻，都以自己最初創辦此種企業的想法來自我警醒。他們也必須牢記自己對於那些老主顧的義務，畢竟他們是因為非麥當勞化才經常光顧。但作為一個資本主義社會的一份子，經營者通常還是屈服在賺取較高營利的能力下，擴張本身的企業或經銷化。假使他們選擇後者，我希望他們能夠利用這些額外的利潤，再度創辦新的非理性化企業。

以下將討論企業家們致力於對抗麥當勞化的三個特殊例子。他們同時顯示出成功的抗拒經驗，但也都落入陷阱。也就是說，當他們成功後，這些企業的產品和操控過程就落入麥當勞化的邏輯中，故而使得他們的成功黯然失色。現在就討論汽車工業的嘗試，尤其是在瑞典，他們為了減輕某些麥當勞化引發的問題而作出轉變。

奇異商場：「酥脆的外皮與豐富的口感」

首都華盛頓的奇異商場是相對而言非理性化，合理企業的良好例證。[9]（譯按：指此公司的相對非理性化），它也並未完全迴避所有的理性化模式。這是一家提供外帶服務的商場，強調可以「快速」的取得販售的食品，且用來不需費心的準備晚餐。因此，即使像這樣一家反對麥當勞化的企業，也無法完全忽視社會在不斷習慣速食系統後，對於食物供應的需求類型。

然而，奇異商場主要還是朝向合理化而非理性化發展，最顯著的是它對於品質而非數量的強調。在奇異商場的報紙中討論食物時就提到：「烹調不僅僅是下廚的方式，同時也是生活

的方式。食物不光只是飢餓時的解答？食物牽動著情緒和回憶，流露出需求和慾望，抒解緊張且刺激創造力。」[10]（你可以想像速食餐廳會這樣說嗎？）奇異商場最主要的產品是麵包：

> 我（負責人）在一九六一年搬往華盛頓，且立刻就有人告訴我，「華盛頓沒有好麵包。」許多年間同樣的說法，或許重複了有好幾千次。民眾普遍都以渴望的口吻懷念過去的歲月。
>
> 我不希望再聽到這種論調了。過去歲月重新回來了。
>
> 奇異商場的麵包有著酥脆的外皮和豐富的口感…
>
> 每天都有圓形核桃麵包和灑有小葡萄乾的黑麵包，良好處理的乳酸麵糰，中間挖空富有嚼勁的鄉村麵包，迷迭香和黑橄欖麵包，法式的棍子麵包，在午餐前烘焙一次，下午四點再度送烤，因此它們在晚餐時享用都是恰好新鮮的。
>
> 對於那些習慣於麵包事先切片並以塑膠袋包裝的人們而言…這些麵包可能會有些嚇到他們。你不用再接受以前那種麵包，因為這些現烤麵包…將使人上癮。

奇異商場的新聞稿的結論為，「我們的使命就是要販賣口味絕佳的食物。」

奇異商場並非處於有效率的控制下。它的食物都是不具可預測性的。顧客面對的是真實的人而非自動化機械或機器人。

奇異商場說道：「你將發覺一個友善的店鋪，在這裡麵包師傅和廚師說明或講解，並且致力於開發麵包和食物新秘方。」

　　儘管速食店已經迫使許多這類的店鋪關門大吉，但類似上述的商店和零售店存在已久。新奇的地方在於當這類商店的出現，是特別在麥當勞化氾濫後，提供人們在忍無可忍的情況下的另類選擇。但基於諸多緣由，我認為像奇異商場的地方，在已經麥當勞化的社會中，終究還是被限制和孤立的小區域：

◆這類地點的成長被他們的本質所侷限。當規模日益拓張後，就對於品質造成無比強大的威脅。

◆並沒有很多有擁有創立如同奇異商場時，所必須具備的技巧和動力。

◆當人群自幼兒時期就接受速食後，他們傾向於將速食產品當作品質極致的表現。麥當勞漢堡的小圓麵包成為這一代人心目中品質的標準。一位四歲小孩的母親曾說道：「我希望某一天凱文會喜歡我煮的食物…但截至目前為止，我甚至無法跟麥香堡和薯條相比。」[11]

◆最重要的是，假如這類商場和店面真的出現接收此類商機的重要部分時，麥當勞化的趨力就會開始顯著，且試著將這些商店轉為理性化系統，而得以在全球行銷。舉例來說，波斯灣和西方或其他更大的企業集團可以收購奇異商場，理性化它的產品（就像是肯德基對可憐的老上校—山得的獨家秘方所做的那樣），並將奇異商場創造為一個遍及全球的連鎖店。

　　奇異商場迅速的成為華盛頓地區的成功現象。由於銷售量

成長的巨幅成長，以致於它們無法應付顧客的龐大需求。商場於是很快地就必須限制每個人只能購買兩個麵包，且一天之中有好幾個小時必須暫時打烊。負責人訂製一個新且較大的烤箱，並成立另一家新的麵包店，專門生產而不販賣，並購買了一台卡車負責在華盛頓地區的各個地點分送麵包，也開始將他的麵包賣到超市和餐廳去。當這些擴張開始時，負責人宣稱他的商場繼續強調對於品質的要求：「我們當然試著致力於品質，拒絕為了增加出貨量而犧牲品質，拒絕放棄手工製作，每個星期都由我們的儲藏櫃丟棄數千磅不符合標準的麵粉。」然而，就我的觀點來看，以及許多其他的消費者的觀點，麵包的品質的確被損害了，舉例來說，商店販賣較多的烤焦麵包。對於數量的要求看來造成品質的滑落。

在理解這些問題後，負責人於一九九一年十一月九日，在新麵包店開張時，發表了一封寫給顧客群的公開信。一方面，這封信認同多方擴張的確導致非理性：

> 我們正在轉型⋯
>
> 在這樣的過程中，我們或許因為我們麵包品質的不一，以及並未堅持住麵包出爐的時間表，而對您多所冒犯⋯
>
> 在一週內的某些日子裡，像是星期六，在您方便來店消費前，我們就已經銷售一空了。您們或許希望可以去打打網球或者作些其他的事，如今卻在星期六的早晨大排長龍⋯
>
> 更有甚者，即使您數月以來已經忍受著品質的變

化，我們仍舊持續的被它們所觸怒（斜體為作者所加）。

另一方面，負責人保證擴張並不代表品質的低落（或其它的非理性）：

> 所以我們建立了一個又新又大的麵包店，在當中有最新的設備可以製造出我們特殊風味的麵包。它並非一個自動化的機器，我們在其他麵包店製作麵包的過程，就如同我們在總店製作的一樣，慢工細活，純手工…我們的麵包也因此有更高的品質和一致性。
>
> 除此外，我們希望能夠以此吸引新麵包界的佼佼者加入我們…成為此國家頂尖的麵包師傅…
>
> 某些人認為我們將步上其他華盛頓麵包店後塵——一開始的承諾終將成為妥協，但這種事在本店絕不會發生。

顯然地，奇異商場的負責人由於留意到理性化操控過程的危機，故他試著在大幅擴張商場經營版圖時盡力迴避。然而，他失敗了。奇異商場瀕臨破產，並在一九九六年被賣出。（負責人重新經營一個新公司，名為麵包前線，強調非麥當勞化的「速食」例如「新鮮烘烤且容易攜帶的食物」——三明治，披薩，烤豬肉麵包等等。[12]）奇異商場的迅速竄升和沒落同時意味著提供不同於麥當勞化選擇的強大吸引力，以及一旦這些企業成功後，所產生幾乎無法抵抗的操作麥當勞化壓力。

例如奇異商場的小企業直到目前仍舊慘淡經營著。當然有

些事情它們可以去作，例如發展出它們獨到的特殊性（相對於連鎖店的如出一轍），尋找一個連鎖店尚未觸及的立基點，提供不同的產品，並試著面對來自連鎖店的競爭，將事物拓展到某些連鎖店提供給顧客的服務，如接受退貨和提供免費的禮品包裝。[13]

班和傑瑞公司：「富有愛心的資本主義」

另一個有別於高度理性化經營模式，建立更久且聲名遠播的例子則是總部設立於佛蒙特州華特堡的班和傑瑞冰品公司[14]。最早投資一萬兩千美元，班和傑瑞公司從一九七八年五月五日起，在一家兼營打蠟磨光的加油站內開始販賣冰品。班寇罕與傑瑞葛林非爾對於這行都沒有任何實務經驗。他們為高品質的產品定下了低廉的價位。所謂的高品質保證在於這些冰淇淋內含高脂肪，以及加入大塊的添加物。（說實話，班對「生產高品質產品有著狂熱的承諾」。[15]然而，使用大塊切片倒不是因為某些理性的決策過程，而是因為班無法辨認過於細微的香料或調味。）對於高品質的堅持反映在一九八五年出品的超級巨無霸冰淇淋的製造：

班提議一個製造方式，必須將液狀巧克力糖漿打入我們一般的巧克力中混合。結果作出來的冰淇淋難以置信的口感豐富，鬆軟且無與倫比的香甜。至於添加物方面，班加入了白和黑巧克力的碎片，包裹著巧克力的杏仁，胡桃…他擬定好製造流程，以確保每一

塊的總重量，重量和體積，比起我們過去使用於其他風味冰淇淋的多出百分之四十。這是有史以來我們製造最為昂貴的商品，但對於班而言，這些都是微不足道的，因為他從來不讓商品成本的高低，影響他構思和創造的過程。假如吃起來美味可口，那麼班就會堅持我們可以由當中賺到錢。[16]

第一家店面不帶有任何理性化的成分。經年累月在收銀台前大排長龍的景象顯示出它的無效率。不可預測性則表現在冰淇淋變化不一的挖取大小和不一致的服務。可計算性幾乎不存在。在開幕的兩個月後，這家冰店關門且張貼出一張標語，「本店今日關門，好估計看看我們是否有賺到錢。[17]」從一開始，甚至到目前為止的某些程度，被使用的技術都相當基礎且只對員工施以極小的壓力。不同於理性化和麥當勞化的企業，

班和傑瑞形容他們的企業為「稀奇古怪的」，這對他們而言象徵的是童叟無欺，毫無矯飾，純手工和家庭風味。這些特色正好和光譜另一端的華而不實，矯飾，精鍊或陳腐套裝恰恰相反。[18]

班和傑瑞冰品公司有意識的致力於拉大本身和理性化企業那種冷酷非人性化的差距，並期望給一般人的印象為「關懷您的公司」。他們也希望能夠將這間公司「進步的」價值觀—舉例說來，強調貧困者的問題—整合到每日的營運當中[19]。不像有別於此公司的大多數理性化選擇，班和傑瑞的關注的焦點不僅在品質上，同時還包括它的員工和環境。直到一九九五年，主

管人員的薪資不得超過最低薪資雇員的五倍一直是這家公司的政策。爲實現「富有愛心的資本主義」，班和傑瑞撥出稅前收益的百分之七點五到公司的基金會，而基金會再將此筆款項作爲「對於社會變遷富有創造力且忠誠」組織的補助金，支付款項購買佛蒙特州內那些經營不善家庭農莊所出產的牛奶，且以基金購買當地印地安人摘採的藍莓、喬治亞黑人種植的桃子，亞馬遜熱帶雨林森林土著的花生。這家公司的股東會議也不只是選舉主席，同時還從事一些非傳統性的活動，例如將股東們偏好的訴訟以錄影帶的形式將訊息傳遞到國會。

班和傑瑞冰品公司避免且盡量縮減企業活動對於環境造成的傷害。它們回收塑膠和硬紙板，在辦公室中使用再生紙，並節約能源。這間公司甚至體認到它們的主力商品，也就是上述的超級巨無霸冰淇淋，至少會對某些民眾的健康造成傷害。它於一九九一年的年度報告中說道「除卻它的高熱量和糖份，冰淇淋仍具有營養成分。在健康的考量下，人們有權力自由選擇是否食用它。[20]」近幾年來更具體的作爲是它們開始積極販售輕量冰淇淋和低脂或無熱量的冷凍優格。這些產品在在反映了班和傑瑞對於健康的考量（雖然它們仍舊積極的推銷超級巨無霸冰淇淋且每日都供應旗下員工免費享用三品脫的冰淇淋）。它們同樣也表示大眾逐漸在健康意識下，抗拒高熱量的冰淇淋。

班和傑瑞公司也希望避免某些麥當勞化的效應發生在其員工身上。雇員並不需要穿著制服或服從規章，實際上至今日爲止，班和傑瑞都「擁抱多元的生活風格，人們可以穿著任何喜愛的服裝，且假如喜歡的話，雇員也可以將工作地點布置的充滿個人風格。[21]」班和傑瑞本人（儘管目前主要由執行經理打

理事物，但傑瑞目前仍參與經營工作）就習慣穿著T恤和球鞋上班。至少到最近爲止，雇員們都相當熱中於他們的工作。員工每日有幾項選擇，可以任意變換所需完成的任務。公司內有一個「歡樂幫派」，可以協助將工作中的陳悶及不愉快降低。我們可以看到「公開旅遊中，員工在色調柔和的華德堡公廁中捧腹大笑」，高級主管的答錄機可能會告訴來電者主管無法接聽，因爲他或她正「不在工作崗位上，無法提供卓越的處理能力」[22]，而我所接獲的一封來自班和傑瑞冰品公司，公關部經理的信件，則署名「P.R.消息女王」。且那兒有許多員工福利，比方說免費的資訊，免費的健康俱樂部會員證，紅利，和幼兒照護。一位員工說道：「這才是工作。」一位專欄記者形容此爲「最友善對待員工的企業」。[23]

然而，由一開始班和傑瑞的公司就顯露出麥當勞化的跡象。舉例而言，早期公司內就注意到冰淇淋每球大小的不一致，也斷斷續續致力於理性化的過程。日後因其無效率而被放棄的一種解決方式，是使用秤子來測量每球的重量。一九八一年班和傑瑞的第一家授權店鋪「冰球之家」在佛蒙特州開張，第一家跨州經銷商則於一九八三年正式營業。至一九八九年初，已經有一百七十家冰球之家，主要設立在美國，但在以色列，加拿大和蘇俄也有分店[24]。爲了消費者的需求，許多其他公司也在班和傑瑞公司的授意下，開始生產他們公司的冰淇淋。銷售量，收益和員工的數量都大幅的成長。早在一九八二年，傑瑞就注意到理性化正在發生：「我們過去以家庭風味的冰淇淋起家，而如今則演變成爲某種工業化的設備...過去我們手工製造每一次的冰淇淋，且親自挖掘每一球，如今人們在購

買我們的冰淇淋時，壓根沒有見過班或傑瑞。」[25]

　　傑瑞曾經離開公司，但在數年後回來，並希望結合經濟面的獲益與這間公司當初成立時所著重的價值觀。雖然曾經達到國際性的成功，這家公司卻有意識的訂立限制成長的政策。不同於所有麥當勞化企業領導者的擴張意識，「班對於一家公司如果不成長就會倒閉的說法，從來不買帳。[26]」這家公司限制經銷權的成長，比起一九八九年的盛況，目前只有九十餘家的冰球之家（雖然成長的速度後來增快了）且集中於改善它們與計有經銷商間的關係。同樣的，也減緩員工雇用的數量。更聘用一位顧問改善工作和產品品質[27]。

　　《超越時尚二〇〇〇》的合著者派翠西亞阿伯登（另一位是約翰奈斯比），認為班和傑瑞的公司為「我們所見到創立於一九九〇年代，並邁入二十一世紀最確定的...公司型態的新典範。[28]」這樣的觀點與我本人的想法恰好對立，我相信高度理性化的麥當勞企業，和並非絕對非理性化的班和傑瑞冰品公司都將繼續成為主要的公司模式。至少，作為一個實存的另類選擇，班和傑瑞必須持續保持警覺，以保證公司的運作行銷不但能成功，還能在轉型期中避開麥當勞化的發生。

　　近來的發展讓麥當勞的反對者不怎麼好受。在一九九五年初，班和傑瑞公司的股價由最高價跌了大約三分之二，一九九四年的總銷售量只比一九九三年略微成長，在一九九四年的第四季中，這家公司損失了近乎五百萬美元[29]，是一九八四年上市以來首度賠錢。一九九五年，收益成長圖戲劇化的有所改善，一九九六年則略微下降，一九九七年則保持與相同的水準。這間公司雖然仍舊賺錢但只是少量的。

也因此導致一九九〇年代中期，他們開始積極徵求一個新的總裁和主要的首席執行官。和以往「稀奇古怪」的印象一致，這家公司展開一項競賽，「呦！我是你的首席執行官。」這引來兩萬個民眾打電話進來，以一千字以內的短文解釋自己為什麼應該得到這份工作。然而結果這家公司卻放棄了這些參賽者和公司的俏皮形象，逕自雇用了一個主流經理人員「負責為公司物色人才」。這也導致公司聘用了一位具備實務經驗的商人，羅伯霍蘭二世掌管公司營運。（他很快就離開了班和傑瑞的公司，並於一九九七年換上過去替美國主要槍枝製造廠工作的彼得歐達克，他以能讓公司突然有起色著稱。）他是在約談過後才遞交一首詩作為進入「競賽」的方式。他被聘用的經過只不過是爭議問題中的一小部分罷了。舉例而言，當他被雇用後，他聲稱班和傑瑞冰品公司的收益目標是「從一千五百萬美元增加到五千萬美元或更多。[30]」這樣的一個政策和班所強調的減緩成長速度正好相反，且史無前例的將班和傑瑞的公司帶往高度的麥當勞化。值得注意的是為了招募這位新主管，公司還違反了過去薪資差異的限制，支付給這位主管一年二十五萬美元的基本薪資（接任他的人，起薪為三十萬美元，再加上優渥的股票選擇計畫。[31]）。

時至今日，班和傑瑞公司成為一個燙手山芋。舉個例子，班和傑瑞公司過去倚賴於規模更大（也更麥當勞化）的醉爾斯皇家冰淇淋公司來分配產品。然而，最近班和傑瑞卻因為被「在未被知會的情況下，被醉爾斯接手，且擔憂公司會因此逐漸失去對於發展方向的控制」[32]所觸怒，因此宣布將結束這樣的關係。它於是希望可以強化本身的分配系統且尋求哈根答的合

作，哈根答為它們在高級冰品市場的主要勁敵（約莫瓜分了市場大餅的百分之七十五）。目前我們仍須觀察此策略的可行性，且更重要的是班和傑瑞冰品公司作為一相對非麥當勞化的公司，還能夠存活多久？

針對班和傑瑞公司的攻訐數量與方式在近年來不斷升高，也引發我們思索這家公司所面對的諸多問題。例如：

◆ 員工之間的士氣被認為下滑[33]。一位員工說道「他們總是以很多好理由來發放金錢。但我認為他們首先應該專注在本身內部的人員，畢竟支付是惡名昭彰的。」[34]

◆ 結果一群堅持住的員工開始嘗試組成工會—而公司試圖阻撓。[35]

◆ 他們向巴西公司購買花生，以支援森林地區的民眾和雨林，但只有5%被用於冰淇淋中。[36]

◆ 一個環保團體聲稱，供應班和傑瑞公司奶製品的農場，其奶油中含有毒性殺蟲劑，包括致癌物質等。[37]

◆ 這間公司毀棄了麵包店將雇用戒毒者烘焙麵包的承諾。[38]

班和傑瑞公司的手中看來將有一場戰事，假使他仍希望堅持迴避每況愈下的麥當勞化氾濫，且重新取得往昔「富有愛心的資本主義」的金字招牌。[39]

B&B公司：「麥克睡眠，麥克早餐」的另類選擇

另外一個相對於麥當勞化的非理性化企業選項是床與早餐

公司（bed-and-breakfast，簡稱B&B）。實際上，一則報導B&B的新聞的標題為「B&B提供旅行者外於麥克睡眠與麥克早餐的服務。」[40]B&B公司是將私人化住宅的房間出租給旅行者，並提供他們家庭式的親切服務和早餐。傳統上，旅館老闆居住在住宅中，當有客人來訪時，依照個人的喜好選擇客人。雖然B&B公司由來已久，一九八〇年代初期，他們才開始繁榮起來[41]。某些旅行者逐漸對於冷酷非個人化的理性化汽車旅館感到厭惡，並轉而以B&B企業所提供的非理性化膳宿類型作為替代。一位B&B的客戶就提到，「這兒真是太令人感動了…旅館主人招呼我們就像是一家人般。它是如此的舒適，友善，吸引人且浪漫。[42]」

但是成功再度使得B&B旅館沾染上麥當勞化的徵兆。B&B當中所提供的服務範圍增加了，且價位也提高了。愈來愈難分辨B&B是一家旅館或者是小型的飯店。所有人開始不再住在B&B內，而改由雇用的管理人員負責此處的運作。某位觀察者指出「有負責人親自居住於內的，才是狀態最好的B&B……當負責人離去且雇用管理人員時，壞事就上場了。灰塵毛屑開始在床底堆積，咖啡變的不夠新鮮美味，土司也都烤焦了。[43]」換句話說，品質開始惡劣。由於B&B的拓展，1981年開始成立了美國床與早餐協會，並出書宣揚B&B公司的蓬勃發展。如今開始進行巡視檢查的工作，標準被建立，並推動評比系統。也就是說，B&B工業的為了蓬勃發展與理性化付出了許多努力。

麥當勞化的壓力在英國更顯巨大。英國官方旅遊局要求B&B公司若想要得到官方榮譽評比的榮耀，那麼就必須將旅館內部的擺設一致化，例如全身鏡，燙衣板，電話，電視機和褲

管摺線熨製器，這樣的壓力導致B&B的同質化，並增加區別B&B和其他汽車旅館，飯店設置間差異的困難度。B&B藉由他們內部有多少擺設來評比，而非以更美學的，主觀的和非量化的因素，例如迎接顧客的熱情度，氣氛的友好，裝潢的吸引力或建築物的歷史性和建築價值。[44]

瑞典的自動裝配線：去除惡劣的行為

麥當勞系統也可以修正自己來消除過程中的不良問題。這種逆轉的最好例證可以在汽車工業和它的裝配線技術中找到。通常是在重要的外部壓力下，汽車公司會尋找降低某些有關於自動化和其產品的非理性。在環境主義者的壓力下，汽車公司已經完成某些事物來協助減輕汽車所的空氣污染。當壓力來自政府或者海外其他國家的嚴酷競爭時，工業會製造小型汽車，並使降低燃料耗費率（雖然過去販售的是大型，吃油車，污染性高的車輛）。

然而，此工業最大的非理性是關於自動裝配線的運作。傳統裝配線的高速度和工作的過份特殊化，都使得工作容易導致異化和去人性化。許多年來，工人和他們所屬的工會都要求汽車公司改善這類工作的本質。然而，公司們並沒有實際改善很多，除了或許試著支付員工多一些的薪水。因為有為數可觀的民眾能夠且期望可以取代裝配線上那些工人不甚令人愉快的職位，汽車公司因此肆無忌憚，故只有些許的實際壓力驅使他們將工作人性化。

在一九六○年代和一九七○年代,很多因素導致裝配線業務的顯著人性化發展。許多瑞典的員工不喜歡裝配線的工作。[45] 由於傾向擁有較高的教育水準,與較高的抱負,因此他們的厭惡感比美國的裝配線工人顯得更加強烈。他們透過高度的缺席,緩慢工作,妨害和離職來表示他們的高度厭惡。瑞典的工業因此無法如同美國的汽車工業般,漠視這些問題,尤其是離職。一九六○年代瑞士的失業率很低,於是找到新員工來接替離職的員工如果不是不可能,也相當困難。故瑞典人開始被迫降低裝配線上,去人性化且異化的工作性質。

瑞典的汽車公司,Saab及必須特別指出的富豪(Volvo),都大刀闊斧的修改裝配線以消除它帶來的惡劣行為。單一的長線道被分隔為許多次區域,每一區都由相對較小的工作團隊所掌控,每一小隊大約是二十五到三十個人。工作團隊的成員間也會培養出團隊意識。不同於以往執行高度特殊化的任務,每個團隊的成員都可以執行多種較為複雜的任務。工人間還可以交換工作。不同於以往被指導該作什麼工作以及如何完成,工作團隊和他們的成員如今可以在某些限制下自行決定之。這些轉變至少在初期,都帶來了可觀的成績。

美國的汽車工業也對於這些人性化的改革顯示莫大的興致。但是由於美國並沒有瑞典般低失業率的壓力,故許多年後,實際被採納的轉變仍舊微乎其微。之後,這些轉變的發生大抵上是因為必須與日本汽車工業相互競爭,而非因為尋求工作的人性化。

集體的反擊：心臟照護，心智，老饕和司帕格納廣場

前面的那些例子都可以被視為抗拒麥當勞化的積極作為。但更為直接，有時更加消極的行動也存在。假使一群人聚集在一起，他們就可以形成對抗此過程中特定成分（例如麥當勞或華爾超市），甚至是過程整體的社會運動。這些社運中最重要的三個例子，分別為國內有時是國際性的活動，包括抗拒麥當勞（控訴麥當勞支援會，全國善心救助者），抗拒速食（慢食，Slow Food），及對抗華爾和其他連鎖店與超級市場（懶散終結者）。我們將簡短的討論每一個活動，以及許多由地方社群發起的打擊麥當勞化行動。

控訴麥當勞支援會：麥當勞的狼狽勝利

控訴麥當勞支援會的起源可以追溯到一場由麥當勞（英國）發起的控訴案，麥當勞控訴兩名倫敦綠色和平的失業伙伴，海倫史提與大衛莫理斯[46]。他們涉嫌散播一份「事實傳單」，上頭指責麥當勞許多事項，就像本書所說明的那些般（危害人們的健康，破壞環境，以及惡劣的工作環境與報酬）。審判於一九九七年一月結束，總共花費了超過三十個月才完成，並成為英國史上費時最久的控訴案件。法官在許多項目都同意麥當勞的說法，但在幾點上則偏好被告的說詞。舉例來說，法官裁決麥當勞的確雇用童工，欺騙性的宣稱自己的食物是營養的，並對

於它的老主顧帶來健康上的風險。雖然外界普遍而言視之為公共關係的災難，但這個判決對麥當勞而言是一項勝利。當一貧如洗的史提和莫理斯自行辯護時，麥當勞卻花費大約一千五百萬美元在這場官司上，以聘用最好的律師。更讓麥當勞感到困窘的是史提與莫理斯仍繼續要求上訴。

原版的傳單「麥當勞作錯了什麼：他們所不希望你知道的事。」被複製了數百萬份，並轉譯為多種語言，在全球各地散發。更重要的，一個網路上的網頁「透視麥克」（http://www.mcspotlight.org）每個月平均都登錄一千七百五十萬筆的抨擊-至一九九三年三月共有六千五百萬筆揭露真相的資料。它逐漸成為全球反對麥當勞和其他麥當勞化面向運動的重要核心。[47]它就像是全球那些抗拒當地麥當勞行動者的寶庫般提供各種訊息。舉例來說，一九九九年三月，網站就報導在英國薩里，紐西蘭的克理克理，澳洲的拓葵，加拿大愛德蒙頓等地，所行的阻礙新麥當勞開張活動。「透視麥克」網站的其他攻擊目標則是美體小舖，美體小舖被指控藉由綠色形象來隱瞞其產品對於環境有害的事實，且它僅支付低薪給員工，並鼓勵消費主義。

控訴麥當勞會也支持麥當勞員工組織工會，且美國或其他各地也偶有朝此方向進行的徵兆。[48]雖然這種初步的嘗試還面對一般工會的沒落，但若是組織工會果真能有所進展，則必然提供對抗麥當勞化的另一基礎。然而，速食餐廳仍舊展現極微弱的傾向願意主動處理去人性化的工作環境。以漢堡王為例，就極力阻撓工會的出現[49]。只要仍有穩定的人數願意在惡劣的環境下加入速食餐廳的工作行列，即使只是短短的幾個月，速

食連鎖店就不會改善他們的工作環境。

　　在某些地區，麥當勞必須面對無法適當的由過去主要的勞動庫中-也就是青少年，補充人才的窘境。麥當勞寧可擴張它的雇用網，也不願因此就改善工作環境來吸引更多員工的加入或讓他們願意待更久。現在的麥當勞的策略是從距離更遠的社區吸引青少年加入，雇用殘障的成年人，並接受年長的員工，有時候是退休者的二度就業，讓這些人加入名爲「麥克主人翁」的計畫。[50]

　　過去，麥當勞不願意聘用年長的員工，是因爲管理者相信這些人將發現薪水過低和工作項目難以忍受的本質。然而，許多年長的員工，例如那些因爲煙囪工業（例如鋼鐵）倒閉或沒落而遭到裁員的員工，他們因爲急需工作因此願意忍受這些狀況。愛心照護也開始任用年長者來補充年輕雇員的短缺。實際上，一位專家認爲「對於那些需要感到被需要的老年人而言，它（愛心照護）的工作顯然要勝過麥當勞的工作許多。」[51]

全國心臟照護協會：麥克阻塞（McClog）的動脈

　　許多營養學家都抨擊過速食。即使是強尼卡森也加入這個行動中，指出麥當勞的漢堡導致「麥克阻塞的動脈」[52]。目前爲止對於速食所提出最受矚目批評的是非爾梭可羅夫和他主導的非營利性組織，全國心臟照護協會。一九九一年，梭可羅夫買下了紐約時報和其他二十二家主要報紙的一整頁廣告版面，並打上標題「中毒的美國」。這則廣告指出麥當勞提供的食物中含有過量的脂肪與膽固醇。

當梭可羅夫於一九八八年首次刊登這則廣告時，麥當勞的回應是稱呼他們為「魯莽的，誤導大眾，譁眾取寵的惡劣手段」[53]。但梭可羅夫卻堅持這樣的觀點，並於一九九〇年七月再度刊載以「麥當勞，你的漢堡仍然含有過多的脂肪！而且你的薯條仍然是以牛油油炸。」為題的廣告。調查顯示民眾降低他們對於速食餐廳的支持度，這使得麥當勞和其他連鎖店結合在一起。在一九九一年中，漢堡王，溫蒂漢堡和麥當勞宣布他們將使用植物油來炸薯條。梭可羅夫說「我是再快樂不過了。數百萬盎司的飽和脂肪將不會阻塞在美國民眾的動脈中了。[54]」然而，近期的研究顯示以植物油烘炸的薯條一般來說將製造與牛油烘炸同樣多的動脈負擔。[55]

麥當勞也對這些批判主義有更廣泛的回應。一九九〇年晚期，麥當勞推出瘦肉豪華堡（Lean Deluxe Burger）。不同於四分衛堡中所含二十克的脂肪和四百一十大卡的熱量，瘦肉豪華堡只含有十克脂肪和三百一十卡熱量。（辛納寶回應類似抨擊的作法也是推出歡樂迷你堡，比迷你堡的脂肪含量足足少了40%）[56]。雖然比起減肥食物還有一大段差距，豪華堡反映的是麥當勞對於這類議題的回應。一九九一年麥當勞甚至進一步推出麥克瘦肉豪華堡，當中只有百分之九為脂質（這仍被許多營養家認為是過高的含量），比一般麥當勞的漢堡減少一半的脂肪含量。為完成這項英勇事蹟，麥當勞在麥克漢堡中還添加有一種海藻抽取物，角叉菜。這種添加物讓水分保留在肉類中，防止水分因為過低的脂肪含量而流失，導致肉質過乾。為彌補流失的美味，麥當勞還在材料中加入天然的牛肉香料。

有些販售漢堡的脂肪含量約為百分之二十五的速食連鎖

店，並不急著躍入低脂肪的浪潮中。一位哈弟的發言人說道
「我們並不打算推出一種水和海藻的漢堡。[57]」漢堡王在一九
九○年代早期，本來致力於監控產品重量的實驗，但很快就終
止這些努力。在遭受到對於某些產品脂肪含量和卡路里過高的
抨擊後，章魚鈴噹餐廳在一九九五年初宣布一條新產品線「接
近輕盈」的推出。這系列的產品比起一般菜單上的菜色，只有
一半的脂肪含量，減少五分之一的肉量，低脂的起士，和無脂
肪的沙拉醬。[58]

　　有些速食連鎖店則是一更廣泛的方式回應這些批判。舉例
來說，在西岸一家小型墨西哥餐廳連鎖店「馬其斯諾之家」
中，就採用「新鮮─瘦身─快速」為標語。標榜低脂，低卡路
里的菜色一一推出，以烘，蒸和烤的烹調方式取代油炸。菜單
上頭還包括每一種菜色的營養成分。公司的管理人員稱之為
「聰明人的速食」[59]。

　　有趣的是，這些嘗試大部分都失敗了。麥當勞於一九九六
年由於銷量過差而放棄繼續販賣瘦肉豪華堡[60]。章魚鈴噹被迫
停售低熱量的產品[61]。這些產品嘗試沒有味道的，必須耗費較
長的時間準備，通常那些原本抗拒速食餐廳者也並未因此接受
他們的產品，畢竟大家並不是要到速食店節食。馬其斯諾之家
不但撤銷這些菜色且面臨生存的危機。[62]

慢食：創造一個傳統的，地方性的，高品質的用餐地點

　　慢食運動更為菁英化。然而，它的起源卻是在一九八○年

代中期，對抗麥當勞在羅馬開幕的草根運動，主要是由一位義大利籍食物評論家所發起的組織（參考下面）[63]。這個活動反對食物風格的同質化，並將這個運動的目標訂為「讓地方烹飪風格和單一慢工烹煮製造者發聲」。更為晚近時，它的任務為「迴避歐盟規則造成的同質化效應及對於地域性烹煮寶藏的抹煞」[64]。更積極的，它的目標是「提供來自不同國家的成員認同，這也是向全球宣傳歡樂的基本方式」[65]。

　　慢食擁有四萬名會員，大部分集中在歐洲，但仍有五分之三的成員遍布在其他國家。並有超過四千個分會（名為享樂酒宴）。除此外，此運動還擁有自己的網頁（http://www.slowfood.com）並發行一本精緻的期刊《慢》，他們為孩童舉辦活動，並幫助遭難的受害者[66]。慢食會在一九九八年於義大利的杜靈舉辦首次兩年一度的會議，「世界各地風味聚集於山麓」。會議中包括品嚐工作坊，食物展示廳，品酒，和烹飪課程。受邀與會者大多來自小型，地方性的製造者，他們都強調食物是「世代相傳」且「難以取代的」[67]。參觀者品嚐食物，某些人的脖子上帶著可攜帶的食物袋，裡頭並裝有他們的品酒眼鏡。飽餐一頓世界級大廚的晚餐要價一百七十五美元。這場會議中引起熱烈爭辯的議題是巴馬乾酪在兩年後或是四年後食用風味最佳？以及最好的火腿來自何地？

　　顯然慢食運動和控訴麥當勞團體或全國心臟照護協會有著極大的不同。麥當勞控制案中赤貧的目標者當然和慢食會中富裕的老饕天差地遠。許多控訴麥當勞會的支持者可能會被慢食會議中一頓飯的價錢給嚇壞了，而全國心臟照護協會也會被慢食會議中吸煙的人數和那些食物中的脂肪含量嚇得毛骨悚然

（義大利榮塔哥李歐理尼每公斤中含有四十顆蛋黃）。當控訴麥當勞注重速食對於健康，環境和雇員的威脅時（如同全國心臟照護協會般），慢食會著重的議題是麥當勞餐廳中惡劣的食物品質（且，隱含著所有其他商品）。無論如何，當忽略目標，方法和參與者社會階級的差異時，這些團體都對於社會的麥當勞化抱持敵意。

懶散終結者：麥當勞化超市的一份黑名單

《懶散終結者》（http://www.sprawl-busters.com　）是由艾爾諾曼創立的網站，在他的努力下成功發展，並讓華爾超市不得入侵他的家鄉—麻薩諸塞州的葛林菲爾。現在這個組織提供和地方社群諮商的服務：商討防止麥當勞化超商和連鎖店進駐的方式。在他的努力下，電視節目「六十分鐘」稱呼諾曼為「反華爾超商運動的導師」[68]。

懶散終結者提供給地方社群的服務中，包括協助監視媒體操作，募集款項，收羅請示書，指揮資料收集等等。除了華爾超市外，懶散終結者黑名單上的組織還包括超級K商店，家庭補給站，CVS，和老地方補給站。主要的目標在阻礙這些超市和連鎖店的進駐，以保障當地企業和地方意識的整合。

地區性的反對：不想對街坊鄰居說「掰掰」

某些社區當地本身就致力於對抗速食餐廳的入侵[69]，有時也相當成功—他們抗拒刺眼的招牌和建築物，交通阻塞，噪音

和某些速食餐廳顧客的粗暴無理。更重要的是他們抗拒速食餐廳所象徵的非理性，以及對於傳統的攻擊。因此，某些社區（例如加州的薩尼班島）雖然對於速食連鎖店而言，有著莫大的吸引力，但裡頭卻沒有或者很少家速食餐廳存在。

密西根的度假勝地索加塔克，就抗拒麥當勞致力於取代當地雅致的老咖啡館紅伊達的嘗試。一位當地的生意人說道，「人們可以在各地看到麥當勞—他們並不是專程到索加塔克吃速食的。」一家當地旅館的經營者就發現這座小鎮確實抗拒更廣泛的理性化過程：「我們正在抗拒的是福華強生，麥當勞，和世界性的購物城…你很可能進入一座購物城，卻不知道你在哪一州。我們可以說是不同於這些的世外桃源。」[70]

在美國之外，抗拒活動通常更為劇烈。以義大利第一家麥當勞的開張為例，就引起近乎數千民眾的反對。義大利麥當勞的店面在羅馬優美的司帕格納廣場旁，也鄰近知名流行設計師范倫鐵諾的總部。一位羅馬的政治家認為麥當勞是「造成古羅馬街道格調降低的主因」[71]。最近，反對者抗拒麥當勞在波蘭克拉科夫的中世紀主要市集廣場中開張，一位評論家認為，

> 這家企業的活動作為大眾工業市民化和世界各地一致的膚淺生活方式的象徵符號…許多歷史性的事件都發生在這兒，而麥當勞可能成為精緻都市區域文化降格的始作俑者。[72]

一流的度假城市霍福是英國城市中，沒有開立麥當勞或漢堡王（這兩家速食店合計在英國共有一千四百家分店[73]）[74]的最大城鎮（有六萬七千六百零二個居民）。因為抵抗速食的入

侵，霍福內擁有興盛且多元的餐飲業，在它的主要街道上，共計有「六家義大利餐廳，五家印度餐廳，兩家法國餐廳，兩間披薩店，兩間印度烤肉屋，日本，泰國，美國，西班牙，土耳其和英國餐館，一家大陸餐館，一間咖啡屋和出售炸魚加炸薯條的小店。」[75]

其他麥當勞化的企業也面臨類似的抗拒。以舊金山的例子來說，當地企業至少在某時期內阻礙新百視達商店的開張。當地錄影帶出租店的老闆說「百視達以掠奪的手段逼死其他小型商店。假如我們讓百視達成立，那麼麥當勞，波士頓烤雞和時時樂都將一一進駐，那麼你就可以跟過去的鄰里情誼說掰掰了。[76]」

雖然某些地區對於麥當勞化企業採取積極抵抗，但很少社區能夠完全成功的抗拒經銷商的進駐。相同的，即使連鎖店的進入[77]通常造成當地企業的倒閉，或者當他們在極少的情況中決定撤離時[78]，對於當地造成的傷害，小社區通常也無法阻止華爾超市的開張[79]。

對於這類反對聲浪和批評的回應，同時也嘗試著未來能夠先發制人，麥當勞所開設的分店都努力的融入他們所設立的社區。因此，麥當勞在邁阿密的小哈瓦那分店，就有一個西班牙風的屋頂且更像是西班牙的大莊園。另外則是在緬因州的自由港分店，則看來像是一個古雅的新英格蘭旅館[80]。一九九一年，麥當勞的第一萬兩千家分店開張，地點是在長島著名的一八六〇年代殖民風格白的屋舍中。其內部設備有著一九二〇年代的風味[81]。麥當勞的波蘭管理總裁就提到「我們將一破敗的十四世紀建築物加以改造，重新修繕回到既有的美觀。[82]」

在維也納，麥當勞設立了一家麥克咖啡店。然而，這項舉措遭到維也納咖啡協會的反對，他們害怕麥克咖啡將造成當地著名的咖啡屋紛紛倒閉。當地咖啡屋的一位經營者認為，「你無法再將他們找回來…我們所提供的其實是維也納起居室的延伸——一種生活風格。[83]」

麥當勞看來也試著回應環保團體，開始製作對於環境傷害較小的包裝袋[84]。一九九〇年，麥當勞開始全面停用以聚苯乙烯製造的漢堡盒。這種包裝盒遭到環境保護者的抨擊，因為製造的過程將製造污染。更重要的，這種漢堡盒將在垃圾掩埋場或路邊堆積上幾十年。外面覆蓋有類似玻璃紙薄膜的包裝紙取代了過去漢堡盒的地位。一九九一年，哈弟宣布將在包裝時採用回收的保麗龍。一位環境主義者說，「我想大眾的態度迫使這些人採取積極的回應。[85]」

速食餐廳對於抱怨的回應，顯示他們是相當具有適應性的制度，儘管這些修正與適應仍在更廣泛的理性化範圍中。舉例而言，顯然我們對於麥當勞食物的惡劣品質無能為力。試想在田納西哈特斯威爾，麥當勞所開張的黃金拱門咖啡屋提供的餐點。它仍然是如同過去的餐點且販售的仍是那些習以為常的玩意，例如漂浮可樂和索爾茲伯里牛排餐再加上兩種青菜綴飾。這頓晚餐包括老式的「黃色的裝飾玻璃，霓虹燈，櫃臺邊可旋轉的椅子，舒適的雅座，和一台提供五〇年代和六〇年代音樂的自動點唱機。[86]」麥當勞之所以進行這種實驗，是因為相信這兒的用餐者要比小鎮中的顧客來得富裕。然而，黃金拱門咖啡屋的開立，看樣並沒有針對食物品質進行任何的改善：

直到你所點的餐送上桌時，你就可以發現這家餐廳再度顯示出它仍舊是速食工業：實際上各種東西在過程中都發出強烈的臭味。最近一次的經驗中，在他們重口味的橘子麵包屑下，鯰魚味都消失了；馬鈴薯泥略帶苦味，這表示水分過度流失；橢圓形炸豬肉排的形狀美觀，但過於乾澀，肉質鬆散，並以籠子滿滿的盛裝起來，鹹味肉汁都凝固了，所以你必須用叉子享用它—如果你吃得下去的話。不同於早餐的吃起來新鮮的金黃小麵包，這兒烘烤的麵包口味過重且麵糰沒有嚼勁。甜點名為香蕉布丁，充其量不過將一片香蕉塞到現成的布丁中，並且添加了許多人工香料在裡頭。只有炸雞可以稱為「真的」。假如你把炸雞油膩辛辣的外皮剝下，你就能夠獲得尚可接受的一道菜；夫復何求呢？看到一塊令人驚訝的完整雞肉塊就夠讓你潸然淚下了。現在我有點想家了。[87]

　　無論這兒食物的品質有多糟，這間餐廳至少在開幕後的數個月內，都是人滿為患。

　　麥當勞的還有其他方式的調整。有些人抱怨巨大，老式黃金拱門的消失，至少一家麥當勞分店的回應方式是重新擺上它。另一方面，針對愈來愈多顧客抱怨去人性化的用餐環境，在曼哈頓商業區的麥當勞就以平台鋼琴提供蕭邦的樂曲，吊燈，大理石的牆壁，鮮花和門房小弟，並有女侍帶領顧客到他們的座位。黃金拱門在這裡是看不到的。但是除了某些別緻的餐點被加入菜單外（濃咖啡，卡布其諾，水果蛋糕），這兒的菜

單大致上和所有其他麥當勞是一樣的（除了比較高昂的價錢外）。一位光顧者就強調這家經銷商和其他麥當勞的一致性，「一個幽雅的地方，但最棒的是你仍然可以用手抓著東西吃。[88]」

讓速食企業提心吊膽的原因，是因為他們發現現今流行的食物已經產生轉變，即使是龐大的經銷商都能夠發現他們正處於失敗的邊緣。至一九九○年，紐約市的花生滿滿咖啡連鎖店只剩下一家店面，一九六○年代是它的高峰期，當時總共擁有八十家餐廳。它所販售的花生起士三明治「奶油起士和花生切片塗抹在黑葡萄乾的麵包上，並用乾淨的蠟紙包裹起來」曾經被形容為「速食始祖」[89]。接著就是福華強生（HoJo's），過去它曾是連鎖餐廳的龍頭老大，如今縮小營業範圍為汽車旅館連鎖店。一位連鎖餐廳的專家說道，「在六○年代，（福華強生）曾經是頭號連鎖店...他們可以讓全世界掌握在指尖上，但他們卻錯過它了...他們被困在一九五○和一九六○年代裡頭。福華強生只是和它的冰淇淋和蛤蠣一塊呆坐在那兒。[90]」

個人性的處置：「臭鼬型工作」，被誤導的孩童和神奇的世界

個人對於麥當勞化若感到不舒適或嘗試著加以反對，則可藉由多種方式挑戰之。那些認為理性化牢籠的門栓是由橡膠製成的人，通常選擇抽離出麥當勞化世界提供給我們最好的部分，並不屈服於它所帶來的危險性和氾濫。然而這並不容易，

因為麥當勞制度的誘惑極高，人們很容易就成為理化活動的熱中者，甚而沈溺於其間。當人們使用麥當勞化系統所提供的事物時，必須時時警醒自己麥當勞化所可能招致的危險。但是能夠在半夜裡調頭寸，麥克醫師提供的服務能夠讓略有小病痛者，無須到醫院的急診室看診，並且能夠在珍妮桂格店內，快速而安全的瘦身，以及許多其它的便利性，這些對於大部分的民眾都有著莫大的吸引力。

人們要如何能夠善加利用麥當勞化世界所提供的好處，但卻不被囚禁於其間？一個可能的方式是他們只在確實無法避免，或所需無法經由非理性化系統完成的情況下使用麥當勞系統。為了協助降低對於這些理性化系統的使用頻率，或許我們應該在這些麥當勞化系統的前門，擺上一塊類似在香菸盒上可以看到的警告標語：

警告！

社會學家經由研究發現使用麥當勞系統的習慣，對於您的身心健全，甚至對社會整體都將造成傷害。

至少人們應該避免規律和系統的使用麥當勞系統。為逃避鐵牢籠的束縛，他們必須在任何可能的時候，找出非理性化的另類選擇。要尋找這些立基點（譯按：指非理性化選擇）不但困難而且耗費時間。故採取多元的觀點來看待麥當勞社會遠比尋找和使用非理性化選擇來得輕鬆。迴避麥當勞化需要努力的嘗試和高度警覺。

最極端的作法是打包行李，並離開高度麥當勞化的美國。然而有許多其它的國家（如果不是全部）也已經開始理性化的過程，或者即將這麼做。因此，遷移到另一個社會或許讓人們有些許喘息的時間，但到最後，麥當勞化仍是必須被面對的，到時候的景況又將大不相同。

非理性化的利基點：臭鼬型工作

比起離開麥當勞社會，較不極端的作法事致力於在理性化系統中，開拓出非理性化的立足點。在此我將集中於討論勞動世界，但類似的利基必然可以在任何其它的社會制度中被開展。

開拓上述利基的能力多寡與個人在工作階層中的位置有關。那些位居較高職位階層者比起那些低階層的工作者，擁有較高的能力來創生非理性的利基。醫生，律師，會計師，建築師等人，在私下的實作活動中，都有能力為自己創造這類環境。在較大的組織中，對於那些位居頂峰者來說，當他們本身的工作盡可能非理性化的同時，一般（不成文）規則卻是被用來強加理性於他人身上的工具，尤其是針對只擁有稀少權力者。理性化是某種被加諸於它人身上的東西，尤其是那些沒什麼權力的人。

某些低階工作者也處在不受理性化約束的職位中。以計程車司機為例，因為他們大多是自雇者，所以可以自由的建立非理性化的工作生涯。他們可以到任何想去的地方，選擇乘客，在任何時候吃飯或休息。同樣的情況也可能存在於夜間警衛和

自動化廠房的維修人員身上。那些自雇者或是相對與組織分離者，都處於一個創造一個非理性化工作環境較佳的位置。

讓我們以一位大型州立大學中（拜託讓我匿名吧）具有終身職的資深大學教授爲例，她所居處的位置就是一個極端例子，這使得她能夠在一個高度理性化的大學科層系統中，擁有非理性化的工作生涯。以這個學期爲例，這位教授的所開的課程是每星期一下午三點到四點十五分，以及晚上六點半到九點鐘，星期三則是由下午三點上到四點十五分。除此外，約談時間（約莫兩個鐘頭），例行性的教職員會議（一個月一次，每次一個小時），以及另外一個小時的工作時間，用來進行偶爾由校方決定舉辦的會議。其它的時間這位女教授仍可能在校園出現，但主要是爲了以她方便爲原則下，所約定的各種面談。而且，預先安排課程的時間，每年只不過將進行三十週，或是兩個學期，換言之其他二十二週都將是自由的。因此，每年僅有大約半年多一些的時間內，每週的區區幾個小時，她無法自由自在的在任何時間、到任何地點作任何她想作的事。也就是說，她的工作時間幾乎完全是非理性化的。

作爲一個終身全職的教授，只要她希望，那麼她就可以一整天閒晃。然而她卻選擇以專業性的活動來充實自己，例如寫書或文章。但是必須注意的是，她在什麼時候寫作或者寫作內容爲何，卻是完全非理性化的：大可以在半夜或清晨進行，不管是利用文字處理器書寫，或是在黃色墊子或大理石版上頭，內容可以是麥當勞化或是人口學趨勢的最新概況。她也可以穿著套裝或浴袍寫作。她可以隨時決定要休息，帶著小狗去散步，且隨時都可以收聽她所喜歡的有聲書。簡而言之，她的職

業生涯幾乎是完全非理性化的。

　　至少在某種程度上，我們可以在其他類型的工作中找到類似的非理性化工作。例如，某些高科技組織就創造了所謂的「臭鼬工作」，讓人們可以由過去千篇一律的組織要求中解脫，並且自行決定合意的工作時間。[91]

　　臭鼬工作所強調的是創造力和獨創性，而非服從。湯瑪斯彼得和羅伯華特曼形容此為異常的非理性，甚至是反理性（irrational），工作環境的設置為：

　　　　他們被創造的幾乎是極端的去中心化和自治，出席者重疊，角落一片亂糟糟，缺乏合作協調，內部競爭和混亂的狀態，而這些都是為了培養出企業的活力。他們徹底捨棄講究整潔以達成創新的方式。[92]

　　上述引文中的詞句，都是在麥當勞社會的觀點中被視為非理性或反理性的部分。

　　非理性化的時間與空間分配被視為有利於創造力的提升。在面對連續不斷，外部施壓和反覆枯燥的壓力下，還想具備創造力十分困難。因此，在一個非理性化設置的環境下工作，不但對於個人，同時對於許多雇主和社會也都有幫助。社會所需持續的湧入創新想法和產品，能夠透過臭鼬工作中取得，但在一個嚴格管控的科層設置中卻無疑是緣木求魚。

　　即使在高度理性化的組織中，人們也可以開拓出非理性化的工作空間與時間。舉例來說，盡快結束例行性的職務，讓員工（他或她）自己可以從事非理性化的活動-雖然還是和工作相關的。我並不是說要找到非理性化的職業，或在麥當勞化組織

中開拓出非理性化的空間是輕而易舉的。但對於某些人和某些時間而言，開拓出屬於自己的非理性化利基確實是可能的。

我不想將這個想法過度推展，有以下幾個原因：

◆ 理性化組織提供從事創造性工作所需的資源和設置，以及販賣創造性產品的商店。換言之，非理性化創造性利基需要理性化系統的支援。

◆ 假使只是單純由所謂的非理性化利基所組成，那麼沒有任何一個大規模的組織能夠存在。

◆ 並非每個人都希望在所謂的非理性化利基下工作，或者有能力在這樣的利基下工作。事實上，有許多人反而喜歡自己每日的工作能夠程序化。

所以我並不主張建立一個純粹由創造性職業空間所組成的勞動世界。然而，我認為在這個高度理性化的世界中，必須有更多的非理性化利基。

人們也可以在一個高度麥當勞化的環境中，創造並從事非理性利基商業的營運。奇異商場，班和傑瑞冰品公司，B&B旅館都是這類企業的例子。某些獨立運作的錄影帶店之所以仍能存活，是因為他們以提供外國電影，經典黑白片，獨立製片家的影片，主要探討特殊道德或族群議題，以及色情錄影帶（尤其是這種連鎖店，如百視達避之唯恐不及的類型）[93]作為號召。他們也提供更多個人化的服務（如果有好的理由，就可以免費較晚還片，建議顧客好電影，接受特殊的預定），更廣泛的產品種類，甚至包括接送片子的服務。地方性和獨立的餐廳也一樣，他們總是能夠在一個最為麥當勞化的事業中[94]，找到自

己的利基。一家小型當地連鎖餐廳（不過壓根沒有其他分店）的老闆說道：「總是會有知道箇中奧秘的餐廳可以打倒連鎖店⋯。[95]」某些整軍備戰的小型地方性書局也存活下來，原因可能是主辦討論會，定期邀請作者現身，以某種特定類別的書籍為特色等等。[96]

個人行動的範圍：如果其餘的都失敗，請救救孩子

下面的要點是寫給想要對抗麥當勞化的讀者的建議[97]。雖然部分建議只是僅供參考，但是讀者仍不應忘記麥當勞化是一個極為嚴重課題的事實。

◆ 如果你的經濟能力足夠，就不要住在公寓或是郊區新開發的住宅區。嘗試居住在與一般環境不同的地區，最好居住在由你親自建造或是專為你建造房屋。如果你必須住在公寓或是郊區，盡量讓你的房屋變得人性化與個人化。

◆ 盡可能避免每日規律的生活。盡可能每天以不同的方式處理不同的事情。

◆ 更為普遍的，盡量親自完成你能力範圍所及的事情。如果必須請別人服務，盡量找非理性化以及非連鎖形態的組織與人員幫忙。以幫你的愛車打蠟為例，如果你不願意或是沒有能力獨立完成，請到你當地獨立經營的加油站打蠟。不管價格多少，千萬不要選擇到連鎖打蠟公司。

◆取代在報稅時節走進H＆R街區，改請地區性的會計師協助，而且最好是辦公室與住家分離的會計師。

◆當你下次受了小傷或者感到牙齒痛，讓你會想到「麥克醫生」與「麥克牙醫」的時候，請試圖抵抗這種誘惑，取而代之向你鄰近的醫生或牙醫求助，而且最好是單獨開業的。

◆下次你想要配眼鏡的時候，請找當地眼鏡行的驗光師，而不要到連鎖眼鏡公司。

◆避免到理髮師、超級美髮以及其他連鎖理髮店；請找你當地的理髮師與美髮師。

◆一個禮拜中至少有一天不在麥當勞享用午餐，而選擇當地的咖啡廳與餐廳。晚餐也是如此，每個禮拜至少有一晚待在家裡，拔掉微波爐的插頭，拒絕冷凍食品，親自下廚準備晚餐。

◆為了讓百貨公司的服務生感到震驚，盡量以現金取代信用卡。

◆將所以垃圾郵件退回原地址，特別是信封上寫明給「居住者」以及「居民」的郵件。

◆下一次接到電腦語音的電話，慢慢的把話筒放在地板上，讓沒有人性的聲音繼續嗡嗡作響，佔著電話語音的線路，讓它們有一陣子不能再打擾其他人。

◆打電話的時候，永遠選擇能讓你與真人對談的選項。

◆絕不買人工製作的產品，像是莫里麥克奶油。

◆尋找使用真正的瓷器與金屬的容器的餐廳；避免到那些使用會破壞環境的保麗龍容器的餐廳。

◆組織團體對抗麥當勞化的系統帶來的傷害。如同你看到的，部分麥當勞化的系統已經出現這樣的團體。如果你在麥當勞化的系統工作，將你的同事組織起來，創造一個更具人性的工作環境。

◆如果你必須經常到速食餐廳，請盡量到展現出對於麥當勞化所帶來的危險較為敏感的餐廳，像是瑪奇斯諾之家（Macheezmo）以及老鼠墨西哥餐廳。

◆如果你習慣到麥當勞用餐，試著認識在櫃檯的服務人員。並且做出任何會破壞這個系統以及讓這個系統更為人性化的舉動。例如，取代以往匆忙的點餐，許多購買早餐的消費者，特別是較年長的消費者，組成非正式的「早餐俱樂部」以及「每天都來看報紙、聊天、喝咖啡以及大口吃掉麥當勞的早餐漢堡」[98]。如果早餐可以被去麥當勞化，沒有理由其他的餐點不行；沒有理由速食餐廳的其他層面不行。

◆取代今日美國，選擇每個禮拜閱讀一次紐約時報。相同的，每個禮拜收看一次公共電視台對於三個故事的深入報導，而非選擇收看充滿零碎訊息的電視新聞網，例如CNN頭條新聞。

◆盡可能不要看電視。如果你必須看電視，請選擇公共電視。如果你必須收看某個電視網，當節目進入廣告時間，請你把聲音轉小並且轉過頭去。畢竟，大多數的商業廣告都是由企業家提供，象徵著理性化的特質。

◆避免食用大多數用手抓取的餐點。如果你必須吃用手指抓取的食品，那麼就吃家裡做的三明治、新鮮的水果與

蔬菜。

◆下次度假的時候，只選擇一個目的地，並且熟悉這個地方與當地的居民。

◆千萬不要去巨蛋式以及舖設人工草皮的球場，固定到波士頓的芬威球場（Fenway Park）以及芝加哥的瑞格里球場（Wrigley Field）走走。

◆避免選擇使用電腦計分與簡短答案的考試的課程。如果電腦計分式的考試試無可避免的，在考卷上作出無意義的記號或是將考卷邊緣折角，讓電腦無法處理這份考卷。

◆儘量選擇人數較少的班級；讓教授認識你。

◆不去看片名之後帶有羅馬數字的電影。

舒柏林提出與上面類似的多種策略，以便處理由於食品生產的理性化所帶來的對於健康的威脅（例如，沙門桿菌）[99]。有趣的是，舒柏林並不認為回到理性化之前的養雞方式是解決問題的答案。她表示，雞的「生活型態」包含吃蟲，也因此雞隻有可能帶有沙門桿菌，甚至是前理性化時期的養雞過程也是如此。然而，她偏愛到用老方法養雞的農家買雞。她向「同一個紐約州的農夫購買好幾盒雞蛋」。就她的觀點，相較於大量生產的雞蛋，這種雞蛋顯得較為新鮮以及較為乾淨。她也向農夫購買甜瓜，而拒絕購買超級市場所供應的甜瓜，因為超級市場的甜瓜由於經過長時間的搬運，也增加甜瓜壞掉以及出毛病的風險。儘管理性化讓人們終年都可以吃到蔬菜與水果，但是理性化也帶來浪費以及危險。如同她所強調的，這些蔬菜與水果

生長在「我們連當地的水都不敢喝的國家,自由的使用各種被禁止的殺蟲劑」。因此,當然,她只在當地正確的生長時節購買蔬菜與水果。

舒柏林爭辯人們應該了解每種水果與蔬菜都有它有限的生長季節:

> 我們要記住,草莓的成熟如螢火蟲般瞬間即逝,甜玉米的生長也不會等待任何人;最好在摘下來後數小時食用。一月的農村集市看起來什麼都沒有,只看得到馬鈴薯、南瓜以及蘋果,讓我們對大自然的循環有更深的一層領悟。

人們必須了解「我們不可能在任何時間都能得到任何一種的食物」[100]。

舒柏林的論點似乎相當合理,甚至是令人佩服的,但是麥當勞化的力量卻持續壓迫著。舉例而言,最近的科學發現,經過基因改良的蕃茄不會產生某種讓蕃茄成熟的氣體[101]。因此,蕃茄以及其他有可能的蔬菜與水果可以留到成熟時再加以採收,取代以往提早採收,在沒有冷凍設備的情形下運送很長一段距離,經過幾個禮拜的儲存,當零售商需要的時候,再透過釋放乙烯讓蕃茄成熟。如果這樣的技術在商業上被證明是可行的,人們將會──與舒柏林說的相反──在整年都能得到許多蔬菜與水果,甚至是採收果實。

類似的,現在的草莓並非像舒柏林所說的「稍縱即逝」。生長於加州華森維爾(Watsonville,草莓的世界首都)的德里斯科(Driscoll)草莓品種,不但大而且有光澤,更重要的是,由

於適合的天氣，整年都可以吃到這種草莓。但是令人訝異的是，德里斯科的草莓「事實上也加入某些香料」[102]。

我們要注意到麥當勞化的系統致力於開發兒童的市場，因此特別重要的是採取一些方式避免孩童成為麥當勞化系統盲目的支持者。速食業者資助卡通節目，並且結合以兒童為目標的電影，提供相關的促銷玩具。事實上，麥當勞成為 "世界上最大的單一玩具製造商，每年委託製作大約七億五千萬個玩具"。商品推廣辦事處的總裁表示，「根據研究，我們已經發現小孩是受到玩具驅動，而非餐點」[103]。

為了保護孩子，試著採取下面的方式：

◆ 取代利用「麥克兒童」看護中心，把你的孩子交給有興趣賺外快的鄰居。

◆ 儘可能讓你的孩子遠離電視，並且鼓勵他們參與具創造性的遊戲。特別重要的是避免將孩童暴露在由理性化機構提供的商業廣告所構成的彈幕之下，特別是星期六早上的卡通節目。

◆ 盡一切努力避免學校系統麥當勞化。

◆ 如果你的經濟能力足夠，請將你的孩子送到小型非麥當勞化的教育機構。

◆ 最後，如果可能的話，避免與小孩談論速食餐廳及其涉足的各種領域。如果當下沒有適當的替代品（例如，你正在高速公路上奔馳，唯一的選擇是各種的速食餐廳），考慮把孩子眼睛矇起來直到通過這段折磨的旅程（請記住，這些建議只有一半是可行的）。

自由：如果你應付不來，你逃脫得了嗎？

　　如果—並且極為可能的—你所有應付麥當勞化的集體與個人的努力都遭到失敗那該怎麼辦？有什麼是你還能做的？自殺當然是選擇之一，但是對我來說似乎過於極端。然而，或許存在著其他較不激進，但是能有效的逃離理性化社會的方式。

　　其中一種可能性是脫逃到那些設計用來作為逃離區域的地方。在《逃離的方法》（Ways of Escape）一書中，羅傑克（Chris Rojek）提出幾個明顯作為逃離區域的地點型態，包括主題公園（例如，迪士尼世界）、歷史遺跡（例如，蓋茲堡戰役的戰場）以及其他較不明顯的地點型態，包括「黑色地點」（black spots，例如位於阿靈頓軍人公墓的甘迺迪墓園）與「文學的場域」（例如海明威常去的佛羅里達的奇西，Key West）[104]。這些地點類型都並未被麥當勞化，因此它們具備成為逃離區域的潛質。然而，問題在於麥當勞化的強大壓力不斷向這些地點施壓，特別是當這些地點試圖吸引更多的群眾前來參觀的時候。當這些地點開始吸引更多的遊客的時候，它們麥當勞化的程度就越高，以迪士尼世界來說，成立之初便已經被麥當勞化。

　　將關注的範圍拉大，羅傑克分析類似海灘或者荒野的觀光景點提供人們「自由的小窗」[105]。再一次的，這樣的地點由於麥當勞化程度較低或者完全未受到影響，使得這些地點也可以充作逃離的區域。但是，只要人們發現這些可供逃離的區域，麥當勞化的巨大壓力也隨之而來。

　　在《逃離的企圖：抗拒日常生活的理論與實踐》（Escape

Attempts：The Theory and Practice of Resistance to Everyday Life）一書中，科罕（Stanley Cohen）以及泰勒（Laurie Taylor）提出一連串各種能逃離每天規律的生活的方式[106]。儘管並非所有規律的生活都是麥當勞化造成的（例如，有時人們化發展出自己的慣習），由麥當勞化的過程所導致的慣習卻越來越多。許多科罕以及泰勒討論的替代品，都是針對著麥當勞化的過程，其中有兩項值得我們注意。首先是有關在麥當勞化世界之內的逃離，特別是幻想的部分。不管我們遭遇的場景的麥當勞化程度如何，任何人都能逃離到自己在心中製造出來的幻想空間。因此，當迪士尼經變成高度麥當勞化的夢幻之後，人們可以在自己的想像空間中思索，但是他們必須避免在自己建構的幻想空間中越陷越深。逃向個人擁有的想像空間非關挑戰，更不是對於麥當勞系統的挑戰，但是這樣的方式仍能作為可行的逃脫方式。

　　另一個可能性是科罕與泰勒所稱的「到邊緣旅行」，或是傅柯（Michel Foucault）所謂的「有限經驗」（limit experience）[107]。這些概念都被界定為藉由「踰越的行為」與「惡行」，像是嗑藥甚至是可能帶來生命危險有關性的奇特行為，像是參觀舊金山在1980年代興起的同性戀酒吧。但是我們不見得需要精確的採取這些不合常理以及惡行形式的逃離方式。例如，我們「可以把所有人拋在背後，獨自在夜晚旅行」[108]。走過整個美國（避免利用高速公路、連鎖汽車旅館、速食餐廳以及其他類似的地方），在西藏的山上紮營（不要帶貼有REI、L.L. Bean以及溫尼培果標籤的東西），在那裡住上一年，寫下你原本就想寫的書或是歌的旋律（最好用筆記本與鉛筆寫）。喔！如果你喜

歡,你可以選擇嗑藥或者有關性的狂放行為達到驚世駭俗的效果,但是這些並不是能到達麥當勞化的邊緣或是邊界,而且尚未被麥當勞化的唯一方式。只要記住,儘管你可能深陷其中(而且或許沒有麥當勞化的安全網能拯救你),這樣的旅程應該是令人開心的。但是記得要快一點,因為麥當勞化絕不會落後你太遠。

結論

有許多方式可以用來應付或是逃離麥當勞化的社會。然而,我認為藉由這些行動想扭轉麥當勞化的潮流的希望渺茫,即使許多人採取這些行動結果也將是如此。但是儘管反映著宿命論的觀點,我仍認為這樣的奮鬥是有意義的:

◆ 這樣的努力將會緩和麥當勞化的系統向最糟糕的境地發展。

◆ 這樣的奮鬥讓人們發現、創造以及利用更多適合的活動範圍讓人們與團體至少在一天的微小部分或者生命中的大部分時間,能逃離麥當勞化的陰影。

◆ 或許最重要的是,這樣的奮鬥本身就是高貴的。透過非理性化的、個人的以及團體的奮鬥,人們才可以表現出人類真正的理性,而在這個世界上已經建立的理性化系統則是禁止人們展現這樣的理性。

雖然我在本書中不斷強調麥當勞化的不可抵抗,但是我仍

希望我的分析是錯的。確實的，本書背後的主要動機是警告讀者麥當勞化可能的危險，並且鼓勵讀者採取行動，逆轉麥當勞化的潮流。我希望人們能夠抵抗麥當勞化，並且創造出更符合理性以及更有人性的世界。

幾年前，麥當勞受到著名的法國廚師包可士（Paul Bocuse）的指控，因為麥當勞在未得到同意的情形下，便將包可士的照片放在廣告上。包可士憤怒的說道，「怎麼可以用我來為每樣都是軟綿綿、沒有味道也沒有骨頭的食品做促銷」。但是，包可士似乎也承認麥當勞化的不可避免：「這樣的東西有存在的需要…要去除掉它，對我而言，就像完全除掉巴黎的妓女一樣困難」[109]。但是請大家注意，兩個禮拜後，巴黎警方便宣布剷除該地區的色情業者。警方的發言人表示，「沒有漏網之魚」。因此，如同包可士對於剷除色情行業的錯誤評估，或許我之前提到麥當勞的不可抵擋也是不正確的。在我進入過度理想化的境界之前，我應該說明「每個人都知道當警方的行動結束後，色情行業又會死灰復燃。警方預測，到了春天，這裡的色情行業甚至會比掃蕩之前興盛」[110]。類似的，不管我們的抵抗有多激烈，未來整個社會麥當勞化的層面只會越多不會越少。

即使麥當勞化變得更為普及，我希望讀者能依循本章所提供的部分建議，以便保護以及減輕麥當勞化所帶來最壞的結果。面對韋伯的鐵牢以及未來可能被極為黑暗與困難的夜晚所宰制的預想，我希望—如果沒有別的—你們能想起詩人湯瑪士（Dylan Thomas）所說的：「不要順從那安適的夜晚…我對於光明的熄滅感到無比憤怒」[111]。

註釋

[1]Vic Sussman，The Machine We Love to Hate，Washington Post Magazine，June 14，1987，p.33。

[2]Kirk Johnson，Bread：Satisfying a Need to Knead，New York Times，February 8，1995，p.C1。

[3]Vic Sussman，The Machine We Love to Hate，Washington Post Magazine，June 14，1987，p.33。

[4]Tanya Wenman Steel，Have Time to Bake？What a Luxury！New York Times，February 8，1995，p.C4。

[5]Weber，轉引自Hans Gerth and C. Wright Mills編，From Max Weber，New York：Oxford University Press，1958，p.128。

[6]這裡所區分的三種類型並未窮盡。麥當勞系統也可以被視爲「攀架」。由這個觀點來看，鐵牢籠不過是讓其中的人們能夠依照期待讓它隨意變化的遊戲廣場機器而已。因此只要願意，人們可以讓它成爲天鵝絨的暖巢，橡膠，或鐵牢籠。或許這種觀點有其洞見，但或許高估了人類的能力。鐵牢籠無論是天鵝絨，橡膠或是鐵牢籠，都是結構，換言之他們（還有那些支持他們的人）通常會抗拒轉變的嘗試。參考Jay Klagge，Approaches to the Iron Cage：Reconstructing the Bars of Weber's Metaphor，Administration & Society 29(1997)：63-77。

[7]Andrew Malcolm，Bagging Old Rules to Keep a Food Co-Op Viable，New York Times，November 8，1991，p.B7。

[8]其他的例子包括馬里蘭的聖瑪莉大學和華盛頓的長春藤大學。

[9]其他商店的例子，如奇異商場，參考Marian Burros，Putting the Pleasure Back into Grocery Shopping，New York Times，February 21，1987，section 1，p.54。

[10]這段引言和此部分的其他部分，均轉引自奇異商場的定期報紙。

[11]Eating out Is In，and the Chains Add Variety to Lure New Diners，

Time，August 26，1985，p.60。

[12]Phyllis C. Richman，Bread and Beyond，Washington Post Magazine，September 7，1997，p.W21ff。

[13]Rhonda M. Abrams，It's Time for You Small Retailers to Get Real，Des Moines Register，April 6，1998，p.10。

[14]Fred "Chico" Lager，Ben & Jerry's：The Inside Scoop，New York：Crown，1994。Suzanne Alexander，Oh，Wow，Man：Let's，Like，Hear from the Auditors，Wall Street Journal，June 28，1991，p.A1，A6。

[15]Fred "Chico" Lager，Ben & Jerry's：The Inside Scoop，New York：Crown，1994，p.148。

[16]Fred "Chico" Lager，Ben & Jerry's：The Inside Scoop，New York：Crown，1994，p.133。

[17]Fred "Chico" Lager，Ben & Jerry's：The Inside Scoop，New York：Crown，1994，p.28。

[18]Fred "Chico" Lager，Ben & Jerry's：The Inside Scoop，New York：Crown，1994，p.36。

[19]Ben Cohen and Jerry Greenfield，Ben & Jerry's Double-Dip，NY：Fireside，1998。

[20]Ben & Jerry's 1990 annual report，p.7。

[21]Fred "Chico" Lager，Ben & Jerry's：The Inside Scoop，New York：Crown，1994，p.145。

[22]前面兩段引言轉引自Maxine Lipner，Ben & Jerry's：Sweet Ethnics Evince Social Awareness，COMPASS Readings，July 1991，p.26-27。

[23]前面兩段引言轉引自Carol Clurman，More Than Just a Paycheck，USA WEEKEND，January 19-21，1990，p.4。

[24]Glenn Collins，Organization Man for Ben & Jerry's，New York Times，February 2，1995，p.D1，D7。

[25]Maxine Lipner，Ben & Jerry's：Sweet Ethnics Evince Social Awareness，COMPASS Readings，July 1991，p.25。

[26]Fred "Chico" Lager，Ben & Jerry's：The Inside Scoop，New York：Crown，1994，p.164。

[27]Eric J. Wiffering，Trouble in Camelot，Business Ethnics 5(1991)：16，19。

[28]Patricia Aburdene，Paycheck，USA WEEKEND，January 19-21，1990，p.4。

[29]Digest，Washington Post，March 4，1995，p.D1。

[30]Glenn Collins，Organization Man for Ben & Jerry's，New York Times，February 2，1995，p.D7。

[31]Ben & Jerry's Appoints Former Gun Exec as CEO，Los Angeles Times，January 3，1997，p.D4。

[32]Laura Johannes，Ben & Jerry's Plans to End Ties with Dreyer's，Wall Street Journal，September 1，1998，p.A4。

[33]John Willman， Large Scoops ofSocial Values， Financial Times(London)，February 9，1998，p.12ff。

[34]Cole Moreton，Cookie Dough Dynamos，Independent(London)，February 15，1998，p.12ff。

[35]Boston Globe，Ben & Jerry's，Union Face Off before Board，November 18，1998。

[36]Constance L. Hays，Getting Serious at Ben & Jerry's，New York Times，May 22，1998，p.D1ff。

[37]Yvonne Daley，Group Takes on Ben & Jerry's Bread and Butter，Boston Globe，June 13，1998，p.B1ff。

[38]Hanna Rosin，A Textbook Case of 'Ethical Marketing'，Ottawa Citizen，October 7，1995，p.B3ff。

[39]欲了解班和傑瑞對於這些批判主義的觀點，參考Ben Cohen and Jerry

Greenfield，Ben & Jerry's Double-Dip，New York：Fireside，1998。

[40]June R. Herold，B &B's offer Travelers Break from McBed，McBreakfast，Business First-Columbus，5，15：1，p.1 (網路)。

[41]Betsy Wade，B & B/ Book Boom，Chicago Tribune，July 28，1991，p.C16ff。

[42]Paul Avery，Mixed Success for Bed-Breakfast Idea，New York Times，July 28，1991，p.12NJ，8。

[43]Eric N. Berg，The New Bed and Breakfast，New York Times，October 15，1989，p.5ff。

[44]Harvey Elliott，All Mod Cons and Trouser Presses 'Ruining B &Bs'，Times(London)，April 3，1996。

[45]George Ritzer，Implications of and Barriers to Industrial Democracy in the United States and Sweden，收錄在Irving Louis Horowitz編之 Equity，Income and Policy：A Comparative Developmental Context，New York and London：Praeger，1977，p.49-69。

[46]John Vidal，McLibel：Burger Culture on Trial，New York：New Press，1997。

[47]Danny Penman，Judgment Day for McDonald's，Independent(London)，June 19，1997，p.20ff。

[48]Jacqueline L. Salmon，McDonald's，Employees Reach Pact：Strike Ends，Washington Post，October 23，1998，p.C3。

[49]Ester Reiter，Making Fast Food，Montreal and Kingston：McGill-Queen's University Press，1991，p.70ff。

[50]James Brooke，Two McDonald's in Darien Do Their Hiring in Bronx，New York Times。July 13，1985，section 1，p.24。Michael Winerip，Finding a Sense of McMission in McNuggets，New York Times，August 23，1988，section 2，p.1。McDonald's Seeks Retirees to Full Void，New York Times，December 20，1987，section1，頁54。Jennifer

Kingson，Golden Years Spent under Golden Arches，New York Times，March 6，1988，section 4，p.26。

[51]Glenn Collins，Wanted：Child-Care Workers，Age 55 and Up，New York Times，December 15，1987，section 1，p.1。

[52]Anthony Ramirez，When Fast Food Goes on a Diet，Washington Post，March 19，1991，p.D1，D7。

[53]Marian Burros，Fast-food Chains Try to Slim Down，New York Times，April 11，1990，p.C1，C10。

[54]Leon Jaroff，A Crusader from the Heartland，Time，March 25，1991，p.56，58。

[55]Marian Burros，Eating Well，New York Times，March 2，1994，p.C4。

[56]Seattle Times，May 5，1997，p.E1。

[57]Anthony Ramirez，When Fast Food Goes on a Diet，Washington Post，March 19，1991，p.D1，D7。

[58]Ross Kerber and Greg Johnson，Getting Leaner，Los Angeles Times，February 9，1995，p.D1。

[59]Anthony Ramirez，When Fast Food Goes on a Diet，Washington Post，March 19，1991，p.D1，D7。

[60]Denise Gellene，Sales of Low-Fat Items Fall on lean Times，Los Angeles Times，February 6，1996，p.1Dff。

[61]Greg Johnson，Fat. Sales：An Unpredictable Relationship，Los Angeles Times，March 20，1996，p.6D。

[62]Alex Fryer，Macheezmo Mouse Quits Here，Scurries Back to Oregon Base，Seattle Times，July 10，1997，p.E6。

[63]Phyllis C. Richman，Savoring Lunch in the Slow Lane，Washington Post，November 22，1998，p.M1ff。

[64]Phyllis C. Richman，Savoring Lunch in the Slow Lane，Washington

Post，November 22，1998，p.M1。

[65]Slow，July-September 1998，npi。

[66]實際上我曾對此發表一篇文章。George Ritzer，Slow Food versus McDonald's，Slow，July-September 1998，p.6-11。

[67]Phyllis C. Richman，Savoring Lunch in the Slow Lane，Washington Post，November 22，1998，p.M8。

[68]Sprawl-Busters Website：http://www.sprawl-busters.com

[69]Hawke Fracassa，Sterling Hts. Stops Burger King，Detroit News，August 14，1998，p.C5。

[70]Isabel Wilkerson，Midwest Village；Slow-Paced，Fights Plan for Fast-Food Outlet，New York Times，July 19，1987，p.1，16。

[71]Mary Davis Suro，Romans Protest McDonald's，New York Times，May 5，1986，p.C20。

[72]Janet Perlez，A McDonald's？Not in Their Medieval Square，New York Times，May 23，1994，p.A4。

[73]Robin Young，Britain Is Fast-Food Capital of Europe，Times(London)，April 25，1997。

[74]Dominic Kennedy，Welcome to Burger-Free Heaven，Times(London)，January 3，1998。

[75]Dominic Kennedy，Welcome to Burger-Free Heaven，Times(London)，January 3，1998。

[76]Peter Pae，Retail Giant Rattles the Shops on Main Street，Washington Post，February 12，1995，p.B3。

[77]一個著名的特例是佛蒙特州，至少到一九九〇年代中，華爾超市都沒有在此設立分店。參考Paul Gruchow，Unchaining America：Communities Are Finding Ways to Keep Independent Entrepreneurs in Business，Utne Reader，January-February 1995，p.17-18。

[78]Steve Ginsberg，Blockbusted：Neighborhood Merchants Produces

Summer Flop，San Francisco Business Times，September 2，1994，section 1，p.3。

[79]Peter Kilborn，When Wal-Mart Pulls out，What's Left？New York Times/business，March 5，1995，p.1，6。

[80]Eating Out Is In，and the Chains Add Variety to Lure New Diners，Time，August 26，1985，p.60-61。

[81]Anthony Ramirez，In the Orchid Room...Big Macs，New York Times，October 30，1990，p.D1，D5。

[82]Janet Perlez，A McDonald's？Not in Their Medieval Square，New York Times，May 23，1994，p.A4。

[83]Kate Connolly，McCafe in Vienna？Grounds for War，Observer，August 30，1998，p.19。

[84]John Holusha，McDonald's Expected to Drop Plastic Burger Box，Washington Post，November 1，1990，p.A1，D19。John Holusha，Packaging and Public Image：McDonald's Fills a Big Order，New York Times，November 2，1990，p.A1，D5。

[85]Warren Brown，Hardee's to Introduce Recycled Plastic in Area，Washington Post，March 22，1991，p.B1，B3。

[86]Phil West，Cafe's Decor，Not-So-Fast Food Evoke McMemories，Washington Times，August 30，1990，p.C1。

[87]Laura Shapiro，Ready for McCatifh，Newsweek，October 15，1990，p.76-77。

[88]Ron Alexander，Big Mac with Chopin，Please，New York Times，August 12，1990，p.42。

[89]Eric Maykuth，Chock Full o'Nuts Restaurants Are Dying Quietly，Washington Post，September 16，1990，p.H16。

[90]Anna D. Wilde，Just Like Ice Cream in the Sun：Hojo's Dominance Has Melted Away，Patriot Ledger，August 13，1994，p.B25。

[91]Thomas J. Peters and Robert H. Waterman，In Search of Excellence：Lessons from America's Best-Run Companies，New York：Harper & Row，1982。

[92]Thomas J. Peters and Robert H. Waterman，In Search of Excellence：Lessons from America's Best-Run Companies，New York：Harper & Row，1982，p.201。

[93]Duayne Draffen，Independent Video Stores Survive Within Niches，New York Times，February 19，1998，p.B5ff。Edward Guthmann，Vintage Video：Bay Area's Independent Video Stores Enjoy Blockbuster Success，San Francisco Chronicle，October 5，1997，p.38ff。

[94]Robert Nelson，Chain Reaction Franchises Have Taken a Big Bite Out of Omaha's Sit-Down Restaurant Market. But There is Still Room for the Savvy Independent Owner，Omaha's World-Herald，March 1，1998，p.1Eff。

[95]Robert Nelson，Chain Reaction Franchises Have Taken a Big Bite Out of Omaha's Sit-Down Restaurant Market. But There is Still Room for the Savvy Independent Owner，Omaha's World-Herald，March 1，1998，p.1Eff。

[96]Carol Emert，Between the Lines：Changes in industry Will Have Big Impact on What We Read and Where We Buy Our Books，San Francisco Chronicle，May 5，1998，p.E1ff。

[97]相關的作品請參閱，Neil Postman，Technology，New York：Knopf，1992，pp.183ff。

[98]Peter Perl，"Fast Is Beautiful."，Washington Post Magazine，May 24，1992，pp.10ff；Allen Shelton，"Writing McDonald's, Eat the Past: McDonald's as a Postmodern Space"，（unpublished），p.47；Eileen Schulte，"Breakfast Club Marks Member's 99th Birthday."，St. Petersburg Times，November 22，1998，pp.11ff。

[99]Regina Schrambling，"The Curse of Culinary Convenience."，New York Times，October 19，1991，p.A19。

[100]本段的內容都是引自Regina Schrambling，"The Curse of Culinary Convenience."，New York Times，October 19，1991，p.A19。

[101]Warren Leary，"Researchers Halt Ripening of Tomato."，New York Times，October 19，1991，p.7。

[102]John Tierney，"A Patented Berry Has Sellers Licking Their Lips."，New York Times，October 14，1991，p.A8。

[103]Eric Schmuckler，"Two Action Figure to Go, Hold the Burger."，Brandweek，April 1，1996，pp.38ff。

[104]Chris Rojek，Ways of Escape：Modern Transformations in Leisure and Travel，London：Routledge，1993。

[105]Chris Rojek，Ways of Escape：Modern Transformations in Leisure and Travel，London：Routledge，1993，p.188。

[106]Stanley Cohen and Laurie Taylor，Escape Attempts：The Theory and Practice of Resistance to Everyday Life，2nd ed.，London：Routledge，1992。

[107]James Miller，The Passion of Michel Foucault.，New York：Anchor，1993。

[108]Stanley Cohen and Laurie Taylor，Escape Attempts：The Theory and Practice of Resistance to Everyday Life，2nd ed.，London：Routledge，1992，p.197。

[109]Roger Cohen，"Faux Pas by McDonald's in European."，New York Times，February 18，1992，p.D1。

[110]這兩段資料引自Sharon Waxman，"Paris's Sex Change Operation."，Washington Post，March 2，1992，p.B1。

[111]Dylan Thomas，The Collected Poem of Dylan Thomas，"Do Not Go Gentle into That Good Night."，New York：New Directions，1952，p.128。

參考書目

　　我希望利用這個部分介紹提供本書資料來源的某些重要學術著作，換言之，並非重複條列章節註腳已經列出的書目。這些書目可以被區分為三個類別。第一部份是馬克斯韋伯的作品，主要集中於討論理性化的部分。第二部分則是介紹各種新韋伯論者，他們針對韋伯既有的概念來從事修正或擴充。最後則是探討麥當勞化社會的一系列作品。

韋伯的著作

Max Weber. The Protestant Ethic and the Spirit of Capitalism. New York: Scribner's, 1904-1905/1958. （新教倫理與資本主義精神，唐山或左岸出版社有中譯本）

Max Weber. "Religious Rejections of the World and Their Directions." In H. H. Gerth and C. W. Mills, eds., From Max Weber: Essays in Sociology. New York: Oxford University Press, 1915/1958, pp. 323-359

Max Weber. "The Social Psychology of the World Religions." In H. H. Gerth and C. W. Mills, eds., From Max Weber: Essays in Sociology. New York: Oxford University Press, 1915/1958, pp. 267-301

Max Weber. The Religion of China: Confucicanism and Taoism. New York: MacMillan, 1916/1964 （中國的宗教：儒教與道

教，遠流有中譯本）

Max Weber. The Religion of India: The Sociology of Hinduism and Buddhism. Glencoe, IL: Free Press, 1916-1917/1958（印度的宗教I, II,，遠流有中譯本）

Max Weber. The Rational and Social Foundations of Music. Carbondale, IL: Southern Illinois University Press, 1921/1958

Max Weber. Economy and Society, volumes 1 throuth 3. Totowa, NJ: Bedminister, 1921/1968（《經濟與社會》，北京商務有中譯本）

Max Weber. General Economic History. New Brunswick, NJ: Transaction Books, 1927/1981.（台北商務有中譯本）

新韋伯學派的相關著作

Rogers Brubaker. The Limits of Rationality: An Essay on the Social and Moral Thought of Max Weber. London: Allen & Unwin, 1984.

Randall Collins. "Weber's Last Theory of Capitalism: A Systematization." American Sociological Review 45(1980): 925-942.

Randall Collins. Weberial Sociological Theory. Cambridge, UK: Cambridge University Press, 1985.

Arnold Eisen. "the Meanings and Confusions of Weberian 'Rationality.'" British Journal of Sociology9(1978): 57-70.

Harvey Greisman. "Disenchantment of the World." British Hournal

of Sociology 27(1976): 497-506.

Harvey Greisman and George Ritzer. "Max Weber, Critical Theory and the Administered World." Qualitative Sociology 4(1981): 34-55.

Jurgen Habermas. The Theory of Communicative Action. Vol. 1, Reason and the Rationalization of Society. Boston: Beacon, 1984. (溝通行動理論,上海三聯出版社有中文譯本)

Stephen Kalberg. "Max Weber's Types of Rationality: Cornerstones for the Analysis of Rationalization Processes in History." American Journal of Sociology 85(1980): 1145-1179.

Stephen Kalberg. "The Rationalization of Action in Max Weber's Sociology of Religion." Sociological Theory 8(1990): 58/84.

Stephen Kalberg. Max Weber's Comparative Historical Sociology. Chicago: University of Chicago Press, 1994.

Stephen Kalberg. "Max Weber." In George Ritzer, ed., The Blackwell Companion to Major Social Theorists. Oxford: Blackwell, forthcoming.

Donald Levine. "Rationality and Freedom: Weber and Beyond." Sociological Inquiry 51(1981): 5-25.

Arthur Mitzman. The Iron Cage: A Historical Interpretation of Max Weber. New York: Grosset & Dunlap, 1969.

Wolfgang Mommsen. The Age of Bureaucracy. New York: Harper & Row, 1974.

George Ritzer. "Professionalization, Bureaucratization and Rationalization: The Views of Max Weber." Social Forces

53(1975): 627-634.

George Ritzer and David Walczak. "Rationalization and the Deprofessionalization of Physicians." Social Forces 67(1988): 1-22.

George Ritzer and Terri LeMoyne. "Hyperrationality." In George Ritzer, ed., Metatheorizing in Sociology. Lexington, MA: Lexington Books, 1991, pp. 93-115.

Guenther Roth and Reinhard Bendis, eds. Scholarship and Partisanship: Essay on Max Weber. Berkeley: University of California Press, 1971.

Lawrence Scaff. Fleeing the Iron Cage: Culture, Politics, and Modernity in the Thought of Max Weber. Berkeley: University of California Press, 1989.

Wolfgang Schluchter. The Rise of Western Rationalism: Max Weber's Developmental History. Berkeley: University of California Press, 1971.

Mark A Schneider. Culture and Disenchantment. Chicago: University of Chicago Press, 1993.

Alan Sica. Weber, Irrationality and the Social Order. Berkeley: University of California Press, 1988.

Ronald Takaki. Iron Cages: Race and Culture in 19th-Centry America. New York: Oxford University Press, 1990.

一些與麥當勞化社會有關的議題與研究

Mark Alfino, John Caputo, and Robi Wynyark, eds. McDonaldization Revisited. Westport, CT: Greenwood, 1998.

Benjamin Barber. Jihad vs. McWorld. New York: Times Books, 1995.

Zygmunt Bauman. Modernity and the Holocaust. Ithaca, NY: Cornell University Press, 1989. (上海譯林有中譯本，現代性與大屠殺)

Daniel Bell. The Coming of Post-Industrial Society: A Venture in Social Forecasting. New York: Basic Books, 1973. (後工業社會的來臨，桂冠出版社有中文譯本)

Max Boas and Steve Chain. Big Mac: The Unauthorized Story of McDonald's. New York: E. P. Dutton, 1976.

Daniel Boorstin. The Image: Guide to Pseudo-Events in America. New York: Harper Colophon, 1961.

Pierre Bourdieu. Distinction: A Social Critique of the Judgment of Taste. Cambridge, MA: Harvard University Press, 1984.

Alan Bryman. "The Disneyization of Society." Sociological Review 47(1999): 25-47.

Deborah Cameron. Good to Talk? Living in a Communication Culture. London: Sage, forthcoming.

Simon Clarke. "The Crisis of Fordism or the Crisis of Social Democracy?" Telos 83(1990): 71-98.

Ben Cohen, Jerry Greenfield, and Meredith Mann. Ben & Jerry's Double Dip: How to Run a Values-Led Business and Make Money, Too. New York: Fireside, 1998.

Stanley Cohen and Laurie Taylor. Escape Attempts" The Theory and Practice of Everyday Life, 2nd ed. London: Routledge,

1992.

Thomas S. Dicke. Franchising in America: The Development of a Business Method, 1840-1980. Chapel Hill, NC: University of North Carolina Press, 1992.

Richard Edwards. Contested Terrain: The Transformation of the Workplace in the Twentieth Century. New York: Basic Books. 1979.

Marshall Fishwick, ed. Ronald Revisited: The World of Ronald McDonald. Bowling Green, OH: Bowling Green University Press. 1983.

Stephen M. Fjellman. Vinyl Leaves: Walt Disney World and America. Boulder, CO: Westview, 1992.

James T. Flink. The Automobile Age. Cambridge: MIT Press, 1988.

Herry Ford. My Life and Work. Garden City, NY: Doubleday, Page, & Co., 1922.

Thomas L. Friedman. The Lexus and the Olive Tree: Understanding Globalization. New York: Farrar, Straus, Giroux, 1999.

Herbert Gans. The Levittowners: Ways of Life and Politics in a New Suburban Community. New York: Pantheon, 1967.

Barbara Garson. All the Livelong Day. Harmondsworth, UK: Penguin, 1977.

Steven L. Goldman, Roger N. Nagel, and Kenneth Preiss. Agile Competitors and Virtual Organizations: Strategies for

Enriching the Customer. New York: Van Nostrand Reinhold, 1995.

Richard E. Gordon, Katharine K. Gordon, and Max Gunther. The Split Level Trap. New York: Gillbert Geis, 1960.

Roger Gosden. Designing Babies: The Brave New World Reproductive Technology. New York: W. H. Freeman, 1999.

Harold Gracey. "learning the Student Role: Kindergarten as Academic Boot Camp." In Dennis Wrong and Harold Gracey, eds., Reading in Introductory Sociology. New York: Macmillan, 1967.

Allen Guttmann. From Ritual to Record: The Nature of Modern Sports. New York: Cambridge University Press, 1978.

Jeffery Hadden and Charles E. Swann. Primetime Preachers: The Rising Power of Televangelism. Reading, MA: Addison-Wesley, 1981.

Jerald Hage and Charles H. Powers. Post Industrial Lives: Roles and Relationships in the 21st Century. Newbury Park, CA: Sage, 1992.

David Harvey. The Condition of Postmodernity: An Enquiry into the Origins of Cultural Change. Oxford: Basil Blackwell, 1989.

Kathleen Jamieson. Eloquence in an Electronic Age: The Transformation of Political Speedmaking. New York: Oxford University Press, 1988.

Robert Kanigel. One Best Way: Frederick Winslow Taylor and the

Enigma of Efficiency. New York: Viking, 1997.

Aliza Kolker and B. Meredith Burke. Prenatal Testing: A Sociological Perspective. Westport, CT: Bergin & Garvey, 1994.

William Severini Kowinski. The Malling of America: An Inside Look at the Great Consumer Paradise. New York: William Morrow, 1985.

Jon Krakauer. Into Thin Air. New York: Anchor, 1997.

Ray Kroc. Ginding It Out. New York: Berkeley Medallion Books, 1977.

Raymond Kurzweil. The Age of Intelligent Machines. Cambridge: MIT Press, 1990.

Fred "Chico" Lager. Ben & Jerry's: The Inside Scoop. New York: Crown, 1994.

Frank Lechner and John Boli, eds. The Globalization Reader. Oxford: Blackwell, forthcoming.

Robin Leidner. Fast Talk: Service Work and the Routinization of Everyday Life. Berkeley: University of California Press, 1993.

John F. Love. McDonald's: Behind the Arches. Toronto: Bantam, 1986.

Stan Luxenberg. Roadside Empires: How the Chains Franchised America. New York: Viking, 1985.

Jean-Francois Lyotard. The Postmodern Condition: A Report on Knowledge. Minneapolis: University of Minnesota Press,

1984.（後現代狀態，上海三聯有中譯本）

Frank Mankiewicz and Hoel Swerdlow. Remote Control: Television and the Manipulation of American Life. New York: Time Books, 1978.

Jessica Mitford. The American Way of Birth. New York: Plume, 1993.

Ian Mitroff and Warren Bennis. The Unreality Industry: The Deliberate Manufactruing of Falsehood and What It Is Doing to Our Lives. New York: Birch Lane, 1989.

Sherwin B. Nuland. How We Die: Relections on Life's Final Chapter. New York: Knopf, 1994.

Martin Parker and David Jary. "The McUniversity: Organization, Management and Academic Subjectivity." Organization 2(1995): 319-337.

Thomas J. Peters and Robert H. Waterman. In Search of Excellence: Lessons from America's Best Run Companies. New York: Harper & Row, 1982.

Neil Postman. Amusing Ourselves to Death: Public Discourse in the Age of Show Business. New York: Viking, 1985.

Neil Postman. Technopoly: The Surrender of Culture to Technology. New york: Knopf, 1992.

Peter Prichard. The Making of McPaper: The Inside Story of USA Today. Kansas City, MO: Andrews, McMeel and Parker, 1987.

Stanley Joel Reiser. Medicine and the Reign of Technology.

Cambridge University Press, 1978.

Ester Reiteer. Making Fast Food. Montreal and Kingstone: McGill-Queen's University Press, 1991.

George Ritzer. "The McDonaldization of Society." Journal of American Culture 6(1983): 100-107.

George Ritzer and David Walczak. "The Changing Nature of American Medicine." Journal of American Culture 9(1987): 43-51.

George Ritzer. Expressing America: A Critique of the Global Credit Card Society. Newbury Park, CA: Pine Forge, 1995.

George Ritzer. The McDonaldization Thesis. London: Sage, 1998.

George Ritzer. Enchanting a Disenchanted World: Revolutionizing the Means of Consumption, Thousand Oaks, CA: Pine Forge, 1999.

Roland Robertson. Globalization: Social Theory and Global Culture. London: Sage, 1992. （有中譯本，由上海人民出版社出版）

Chris Rojek. Ways of Escape: Modern Transformations in leisure and Travel. London: Routledge, 1993.

Charles E. Silberman. Crisis in the Classroom: The Remaking of American Education. New York: Random House, 1970.

Peter Singer. Animal Liberation: A New Ethics for Our Treatment of Animals. New York: Avon, 1975. （有中譯本）

Alfred P. Sloan, Jr. My Years at General Motors. Garden City, NY: Doubleday, 1964.

Barry Smart, ed. Resisting McDonaldization. London: Sage, 1999.

Frederick W. Taylor. The Principles of Scientific Management. New York: Harper & Row, 1997.

James L. Watson, ed. Golden Arches East: McDonald's in East Asia. Stanford, CA: Stanford University Press, 1997. (中譯本由經典傳訊所出版的《麥當勞的成功傳奇》)

Shoshana Zuboff. In the Age of the Smart Machine: The Future of Work and Power. New York: Basic Books, 1988.

社會的麥當勞化

作　　者／George Ritzer

譯　　者／林祐聖、葉欣怡

校　　閱／王乾任

主　　編／張家銘

副 主 編／王乾任、徐偉傑

編　　輯／趙美惠

封面設計／弓長張

出 版 者／弘智文化事業有限公司

地　　址／新北市深坑區北深路三段 260 號 8 樓

電　　話／（02）8662-6826・8662-6810

傳　　真／（02）2664-7633

發 行 人／馬琦涵

總 經 銷／揚智文化事業股份有限公司

地　　址／新北市深坑區北深路三段 260 號 8 樓

電　　話／（02）8662-6826・8662-6810

傳　　真／（02）2664-7633

製　　版／信利印製有限公司

版　　次／2012 年 03 月再版

定　　價／350 元

弘智文化出版品進一步資訊歡迎至網站瀏覽：
http://www.ycrc.com.tw

ISBN 957-0453-48-6

國家圖書館出版品預行編目資料

社會的麥當勞化 / George Ritzer著；林祐聖，
　葉欣怡譯 ‧-- 初版 ‧-- 臺北市：弘智文化，
2001〔民90〕
　　面；　公分.
參考書目：面
譯自：The McDonaldization of society ：
an investigation into the changing
character of contemporary social life
　ISBN 957-0453-48-6（平裝）

1.社會—美國 2.文化—美國 3.飲食業—美國

540.952　　　　　　　　　90021952